要素错配、收入分配差距与产出增长研究

Research on Factors Misallocation,
Income Gap and Output Growth

杨志才　著

中国社会科学出版社

图书在版编目（CIP）数据

要素错配、收入分配差距与产出增长研究／杨志才著 . —北京：中国社会科学出版社，2021.9
ISBN 978 – 7 – 5203 – 8770 – 5

Ⅰ.①要… Ⅱ.①杨… Ⅲ.①资源配置—影响—经济增长—研究—中国 Ⅳ.①F124

中国版本图书馆 CIP 数据核字（2021）第 150242 号

出 版 人	赵剑英	
策划编辑	周　佳	
责任编辑	张冰洁	
责任校对	韩天炜	
责任印制	王　超	

出　　版	中国社会科学出版社	
社　　址	北京鼓楼西大街甲 158 号	
邮　　编	100720	
网　　址	http://www.csspw.cn	
发 行 部	010 – 84083685	
门 市 部	010 – 84029450	
经　　销	新华书店及其他书店	
印　　刷	北京君升印刷有限公司	
装　　订	廊坊市广阳区广增装订厂	
版　　次	2021 年 9 月第 1 版	
印　　次	2021 年 9 月第 1 次印刷	
开　　本	710×1000　1/16	
印　　张	20.25	
字　　数	278 千字	
定　　价	109.00 元	

凡购买中国社会科学出版社图书，如有质量问题请与本社营销中心联系调换
电话：010 – 84083683
版权所有　侵权必究

出 版 说 明

为进一步加大对哲学社会科学领域青年人才扶持力度，促进优秀青年学者更快更好成长，国家社科基金2019年起设立博士论文出版项目，重点资助学术基础扎实、具有创新意识和发展潜力的青年学者。每年评选一次。2020年经组织申报、专家评审、社会公示，评选出第二批博士论文项目。按照"统一标识、统一封面、统一版式、统一标准"的总体要求，现予出版，以飨读者。

全国哲学社会科学工作办公室

2021年

摘　要

中国经济进入新常态，单纯增加要素投入的经济模式已经不可持续，亟须通过优化供给侧的要素资源配置和结构调整来实现经济增长。那么探究要素错配影响经济增长的作用机制、寻找要素错配的成因、提供政策减轻要素错配的影响就成为亟须解决和完善的工作。基于此，本书考察了各省份产业间和城乡间要素错配的演变趋势以及城市层面要素错配的动态格局、空间格局和规模格局；从理论和实证两个方面考察了要素错配加剧的影响因素；探寻了要素错配对收入分配差距的影响，并从两条路径重点研究了要素错配、收入分配差距与经济增长的传导机制。

首先，各省份要素错配整体上呈现以2008年国际金融危机为拐点的"U"形趋势。地区间比较，起初东部地区的要素错配程度较低，但金融危机后有快速上升的趋势，且上升速度高于中西部地区。整体上看，各省份工资差异前期较低，但增长趋势明显；与工资差异相比，产业内部劳动力市场的贡献量更加突出。虽然中部地区和西部地区的全要素生产率低于东部地区，但中部地区和西部地区的资源投入却高于东部地区；虽然随着离大城市距离、离大港口距离、城市规模和城市等级的增加，企业全要素生产率有下降的趋势，但是企业的资源投入却有上升的趋势，即全要素生产率的分布格局与资源投入的分布格局不一致，如此便表现出资源在空间上的错配格局。其次，政府干预、户籍制度、二元经济结构等制度性因素显著提高了劳动力、资本错配程度；市场化水平、对外开放度和信息交流显著降低了劳动力、资本错配程度；但金融危机后，结构性因素的凸显导致产业结构、教育水平、技术进步的非均衡发展，加剧了劳动力、资本的错配程度。劳动力错配和资本错配均具有自我调节过程和惯性特点，且劳动力错配的自我调节时滞为两年及以上，而资本错配的自我调节时滞为两年以下。再次，要素错配对收入差距的解释力度以金融危机为界，有先下降后上升的趋势。2014年劳动力、资本错配的叠加效应分别可以解释全国和东部、中部、西部地区省份间收入差距的19.4%、27.1%、10.4%、29.0%。与实际劳动报酬份额比较，要素错配并没有改变劳动报酬份额的变动趋势及"U"形结构，但明显降低了各省份的劳动报酬份额。最后，要素错配加剧了收入差距对经济增长的阻碍作用。2014年由于要素错配的存在，收入差距对经济增长的水平阻碍效应提高22.1%，且经济增长缺口提高4.7%。

因此可见，结构性因素的存在，导致近年来中国各省份要素错配程度有上升的趋势，不仅直接影响产出的增长，也扩大了收入分配差距，加剧了收入差距对经济增长的阻碍作用。需要结合中国经济进入新常态的特点，提出矫正中国劳动力、资本要素错配的具体路径，为中国现阶段的供给侧改革提供一定的参考。

关键词：要素错配；收入分配；产出增长；供给侧改革

Abstract

China's economy has entered a new normal state. The economic model that simply increases the input of factors is not sustainable. It is urgent to achieve economic growth by optimizing the allocation of resources and structural adjustment on the supply side. So, it is important to explore the effect mechanism of factor mismatch on economic growth, to find the causes of factor mismatch and to mitigate the influence of factors mismatch by improving policies. Based on that, This book examines the evolution trend of factor mismatch between industries and between urban and rural areas in various provinces, as well as the dynamic pattern, spatial pattern and scale pattern of factor mismatch at the urban level. From two aspects of theory and demonstration, this paper examines the causes of the factor mismatch, explores the influence of the factor mismatch on income gap, and studies the transmission mechanism of factor mismatch, income gap and economic growth from two paths.

Firstly, the factor mismatch of each province presents a "U" trend with the financial crisis as the inflection point as a whole. In comparison between regions, at first, the factor mismatch degree in the eastern region is low, but there is a rapid upward trend after the financial crisis, and the rising speed is higher than that in the central and western regions. On the whole, the wage difference among provinces is low in the early stage, but the growth trend is obvious; Compared with the wage gap, the contribution of the labor market within the industry is more prominent. Although the total factor productivity of the central and western regions are lower than that of the eastern region, the resource investment of the central and western regions are higher than that of the eastern region; Although the total factor productivity of enterprises tends to decline with the increase of distance from big cities, distance from big ports, city size and city level, the resource input of enterprises tends to rise, that is, the distribution pattern of total factor productivity is inconsistent with that of resource input, which shows the spatial mismatch pattern of resources. Secondly, institutional factors such as government intervention, household registration system and dual economic structure significantly improve the mismatch degree of labor and capital, and the level of marketization, openness and information exchanging significantly reduce the mismatch degree of labor and capital. However, the unbalanced development of technological progress, industrial structure and educational level worsen the mismatch degree of labor and capital after the financial crisis, which can be attributable to the structural factors. Both labor mismatch and capital mismatch have the characteristics of self-regulation process and inertia, and the self-regulation delay of labor mismatch is more than two years, while the self-regulation delay of capital mismatch is less than two years. Thirdly, the explanatory power of factor mismatch to the income gap is bounded by the financial crisis. The superposition effect of labor and capital mismatch can explain the 19.4%, 27.1%, 10.4% and 29% of the income gap between the national, the eastern, the central and the western provinces respectively in 2014. Compared with the actual share of labor remuneration, the factors mismatch does not change the trend of labor remuneration share and the "U" structure, but which obviously reduces the share of labor remuneration in all provinces. Factor mismatch aggravates the hindering effect of income gap on economic growth. In

2014, due to the existence of factor mismatch, the hindrance effect of income gap on economic growth increased by 22.1%, and the economic growth gap increased by 4.7%.

Therefore, the existence of structural factors leads to the rising trend of the factor mismatch of various provinces in China in recent years, which not only directly affects the growth of output, but also worsens the income gap, and aggravates the obstacle of income gap to economic growth. Combining with the characteristics of the new normal state, it is necessary to put forward the concrete paths of correcting the elements mismatch, and to provide some reference for the supply side reform at the present stage in China.

Key Words: Factor Mismatch, Income Distribution, Output Growth, Supply – Side Reform

目　　录

第一章　引　言 ……………………………………………………（1）

第二章　要素错配与收入分配差距的相关文献回顾…………（13）
　第一节　要素错配的相关文献梳理……………………………（13）
　　一　要素错配的概念界定……………………………………（13）
　　二　要素错配的测算方法……………………………………（17）
　　三　要素错配的经济影响……………………………………（22）
　　四　要素错配的影响因素……………………………………（27）
　第二节　收入分配差距的相关文献梳理………………………（31）
　　一　要素间收入分配的相关研究……………………………（31）
　　二　居民间收入分配的相关研究……………………………（34）
　　三　收入分配差距的经济影响………………………………（35）
　第三节　要素配置与收入分配差距的相关文献梳理…………（38）
　第四节　简要评述………………………………………………（39）

第三章　中国省际要素错配程度的演变趋势与分析…………（41）
　第一节　中国省际产业间要素错配程度的演变趋势…………（42）
　　一　测度模型…………………………………………………（42）
　　二　参数设置与数据处理……………………………………（47）

三　劳动力错配程度的演变趋势………………………………(49)
　　四　资本错配程度的演变趋势…………………………………(58)
　第二节　中国省际城乡间要素错配程度的演变趋势……………(67)
　　一　测算模型……………………………………………………(68)
　　二　参数设置与数据处理………………………………………(71)
　　三　城乡劳动力错配程度的演变趋势…………………………(73)
　　四　城乡资本错配的演变趋势…………………………………(78)
　第三节　中国省际要素错配的空间与时间演变特点……………(80)
　　一　劳动力、资本要素错配的空间自相关性…………………(80)
　　二　劳动力、资本要素错配的时间收敛性……………………(83)
　第四节　本章小结…………………………………………………(86)

第四章　中国城市层面要素错配的表现格局……………………(88)
　第一节　城市层面要素错配的动态格局…………………………(91)
　　一　各地级以上城市及城市群的僵尸企业的分布……………(93)
　　二　僵尸企业带来的效率损失…………………………………(105)
　　三　各城市群的要素错配程度…………………………………(114)
　第二节　城市层面要素错配的空间格局…………………………(116)
　　一　东部、中部、西部空间区位与资源错配…………………(119)
　　二　离大城市距离与资源错配…………………………………(125)
　　三　离大港口距离与资源错配…………………………………(129)
　第三节　城市层面要素错配的规模格局…………………………(134)
　　一　城市规模与资源错配………………………………………(135)
　　二　进一步研究：城市等级与资源错配………………………(139)
　第四节　本章小结…………………………………………………(144)

第五章　中国要素错配的影响因素分析 (147)
第一节　理论与假说 (149)
第二节　研究设计与数据处理 (154)
第三节　实证结果及分析 (158)
第四节　本章小结 (181)

第六章　要素错配对收入分配格局的影响 (183)
第一节　要素错配与收入分配格局的影响机制分析 (184)
一　要素配置与收入分配格局的供求分析 (184)
二　要素错配与收入差距扩大的理论机制分析 (188)
三　要素错配与收入差距扩大的分类机制表现 (193)
第二节　劳动力、资本错配影响收入差距的经验分析 (200)
一　模型构建 (201)
二　实证结果及分析 (204)
第三节　劳动力、资本错配影响要素报酬份额的经验分析 (220)
一　模型构建 (220)
二　实证结果及分析 (220)
第四节　本章小结 (223)

第七章　要素错配、收入分配差距对产出增长的影响 (224)
第一节　要素错配通过配置效率对产出增长的影响 (225)
一　要素重置下总量产出的增长 (228)
二　要素重置下人均产出的增长 (235)
第二节　要素错配通过收入分配差距对产出增长的影响 (243)
一　研究设计与数据处理 (244)
二　实证结果及分析 (248)

三　作用机制的探讨 …………………………………………（260）
　第三节　要素错配叠加影响的近似估计 ……………………（265）
　第四节　本章小结 ……………………………………………（266）

第八章　结论、政策启示与进一步研究方向 ……………………（268）
　第一节　研究结论 ……………………………………………（268）
　第二节　政策建议 ……………………………………………（274）
　第三节　进一步研究方向 ……………………………………（280）

参考文献 ……………………………………………………………（281）

索　引 ………………………………………………………………（302）

Contents

Chapter 1　Introduction ································· (1)

Chapter 2　Literature Review on Factor Mismatch and Income Gap ···························· (13)

　Section 1　Literature Review on Factor Mismatch ············ (13)

　　1.　Definition of Factor Mismatch ····························· (13)

　　2.　Measurement Method of Factor Mismatch ···················· (17)

　　3.　The Economic Impact of Factor Mismatch ···················· (22)

　　4.　Factors Affecting Factor Mismatch ························ (27)

　Section 2　Literature Review on Income Gap ················ (31)

　　1.　Research on Income Distribution among Factors ············ (31)

　　2.　Research on Income Distribution among Residents ·········· (34)

　　3.　The Economic Impact of Income Distribution Gap ·········· (35)

　Section 3　Literature Review on Factor Allocation and Income Gap ·· (38)

　Section 4　Review ··· (39)

Chapter 3　The Evolution Trend of Provincial Factor Mismatch ······································· (41)

　Section 1　Evolution Trend of Factor Mismatch among Provinces ··· (42)

1. Measurement Model ………………………………………… (42)
   2. Parameter Setting and Data Processing ……………………… (47)
   3. The Evolution Trend of Labor Mismatch Degree ……………… (49)
   4. The Evolution Trend of Capital Mismatch Degree ……………… (58)
  Section 2 Evolution Trend of Factor Mismatch Between
             Urban and Rural Areas …………………………… (67)
   1. Measurement Model ………………………………………… (68)
   2. Parameter Setting and Data Processing ……………………… (71)
   3. Evolution Trend of Labor Mismatch Between Urban and Rural ……… (73)
   4. Evolution Trend of Capital Mismatch Between Urban and
      Rural ……………………………………………………… (78)
  Section 3 Spatial and Temporal Evolution Characteristics of
             Factor Mismatch ………………………………… (80)
   1. Spatial Autocorrelation of Factor Mismatch …………………… (80)
   2. Time Convergence of Factor Mismatch ………………………… (83)
  Section 4 Summary ………………………………………… (86)

Chapter 4 The Performance Pattern of Urban Factor
           Mismatch …………………………………………… (88)
  Section 1 Dynamic Pattern of Factor Mismatch at Urban
             Level ……………………………………………… (91)
   1. Distribution of Zombie Enterprises in Cities …………………… (93)
   2. Efficiency Loss Caused by Zombie Enterprises ………………… (105)
   3. The Factor Mismatch of Each Urban Agglomeration …………… (114)
  Section 2 Spatial Pattern of Factor Mismatch at Urban
             Level ……………………………………………… (116)
   1. Spatial Location and Resource Mismatch ……………………… (119)
   2. Distance from Big Cities and Resource Mismatch ……………… (125)
   3. Distance from Big Port and Resource Mismatch ………………… (129)

Section 3　Scale Pattern of Factor Mismatch at Urban
　　　　　　Level ……………………………………………… (134)
　　1.　Urban Scale and Resource Mismatch ……………………… (135)
　　2.　Urban Hierarchy and Resource Mismatch ………………… (139)
Section 4　Summary ………………………………………………… (144)

Chapter 5　Factors Analysis of Affecting Factor Mismatch ………………………………………… (147)

Section 1　Theory and Hypothesis ………………………………… (149)
Section 2　Research Design and Data Processing ……………… (154)
Section 3　Empirical Results and Analysis ……………………… (158)
Section 4　Summary ………………………………………………… (181)

Chapter 6　Influence of Factors Mismatch on Income Gap ……………………………………………… (183)

Section 1　The Influence Mechanism of Factor Mismatch on
　　　　　　Income Gap ………………………………………… (184)
　　1.　Supply and Demand Analysis ……………………………… (184)
　　2.　Theoretical Mechanism Analysis …………………………… (188)
　　3.　Performance of Classification Mechanism ………………… (193)
Section 2　Empirical Analysis of the Influence of Factor
　　　　　　Mismatch on Income Gap ………………………… (200)
　　1.　Model Building ……………………………………………… (201)
　　2.　Empirical Results and Analysis …………………………… (204)
Section 3　Empirical Analysis of Factor Mismatch Affecting
　　　　　　Factor Reward Share ……………………………… (220)
　　1.　Model Building ……………………………………………… (220)
　　2.　Empirical Results and Analysis …………………………… (220)
Section 4　Summary ………………………………………………… (223)

Chapter 7 Impact of Factor Mismatch and Income Gap on Output (224)

Section 1 Effect of Factor Mismatch on Output through Allocative Efficiency (225)

1. The Growth of Total Output under Factor Replacement (228)
2. Growth of Per Capita Output under Factor Replacement (235)

Section 2 Influence of Factor Mismatch on Output Growth through Income Gap (243)

1. Research Design and Data Processing (244)
2. Empirical Results and Analysis (248)
3. Discussion on the Mechanism of Action (260)

Section 3 Approximate Estimation of Superimposed Effects (265)

Section 4 Summary (266)

Chapter 8 Conclusions, Policy Implications and further Researchs (268)

Section 1 Research Conclusions (268)

Section 2 Policy Suggestions (274)

Section 3 Further Research Directions (280)

References (281)

Indexes (302)

第一章

引　言

　　生产要素和生产活动在同时点不同空间域的分布并非均质的，不同空间域的经济发展水平也不是同步的，决定着不同空间域的生产要素必然要发生流动，以满足生产要素的天然特性——追求更高的边际产品价值，即要素流动到价格相对更高的空间域。如若不然，对于整个经济体来说，资源出现错配，经济并未实现帕累托最优，存在帕累托改进的余地。而要素流动受阻并不是要素错配的根本原因，由于要素的空间禀赋不同、经济活动的空间密度和经济结构的演变、产业集聚与产业协同等原因，不同时点要素在不同经济域之间需要重新配置，促使经济向帕累托最优靠近，所以要素流动是优化要素配置的方式。如果要素流动受阻，则要素错配的程度将不能有效减轻，经济生产效率将下降。

　　首先，要素在空间上的自然禀赋不同。经济发展状况和经济结构决定了经济中的生产形态，进而决定了人和资本等要素的空间分布结构和生产组合结构。所以，随着经济的不断推进，经济生产形态的变化必然导致要素的组合方式发生改变，需要不同要素在空间上的分布随之改变，而要素的时点分布受到现实中空间限制的影响，并不能随时满足生产形态变化的需要，所以需要要素的空间流动。基于此，人类历史上手推车、马车、汽车、火车、飞机等交通工具的不断升级正促进要素的空间流动，使之适应于生产形态的变化。

放眼全球，环顾人类历史，从采集狩猎的原始生产方式到农业革命后的男耕女织，再到后来的工业技术革命以及大航海时代的到来，无不蕴含着要素和能源在空间上的流动和重新布置。现实中，中国地区间、城乡间的劳动力、资本、土地以及各自然要素的分布是不均匀的，供求原理带来的结果是地区间的要素价格不一致，要素的天然特性是追求更高的边际产品价值，即要素流动到价格相对更高的地区。改革开放以来，在"让一部分人先富起来，然后先富带后富"的策略下，国家的优惠政策向东南沿海各省份倾斜，短期内大量的资本集聚于东部沿海省份，其企业投资明显高于中西部地区。而对于中西部地区来说，大量的劳动力由于户籍制度的限制，并不能迅速自由流动到东部沿海城市。东南沿海省份的资本相对丰富，但劳动力相对稀缺；而中西部省份的资本相对稀缺，但劳动力相对丰富，所以才会有"孔雀东南飞"的现象，大量的中西部劳动力流向东部沿海城市，东部省份成为农民工集聚的地区。在农业补贴工业（要素价格"双轨制"等）的发展模式下，国家重点扶持城市的优先发展，造成城乡间的劳动力、资本和土地要素的禀赋差异更为显著，城市的经济腾飞更加需要农村劳动力和相应土地的流入。纵观中国的城市化进程，劳动力等要素从农村到城市的空间流动十分显著。

其次，经济活动的空间密度变化。人类的生活方式和生产方式是互动影响的。在生产力低下的历史初期，生活方式对生产方式的影响要更多一些。这个时期，人类生活的地域选择并没有现在这么自由，受到自然界原有资源分布的影响较大，人类往往集聚于离河流较近或有安全屏障保护的地域生活。在生产剩余充足的条件下，便有了交换的需要，"集""市"就有了产生的必要。随着人口的增长，最初的"集""市"的规模不断壮大，进而吸引更多的人选择在"集""市"的周围定居下来（"集""市"周围交换便利性和高地租的综合选择），这个时候生产方式逐步对生活方式产生影响。当然，对于现在的人类来说，生活的地域选择没有那么多的限制，生产方式对生活方式的影响要更多一些。从生活方式和生产方式的互动关系中可知，无论是自然的原因还是人为的原因，经济活动的密度在空间上并不是均匀分布的。经济活动密度的空间不均衡性决定了经济要素在空间的迁移必要性。区域经济学中韦伯提到的一个重要理论是区位理论。区位在经济生产中是一个重要变量，它能影响企业的生产成本以及市场份额（离中心区域较近，虽然地租较高，但离消费市场较近）。增长极理论是区位理论的现实应用。其核心是某些主导产业或有创新能力的大企业在核心区或大城市的集聚，导致资本与技术的高度集中，容易形成规模经济和相关的外部经济，从而通过自身增长迅速的增长极对邻近地区产生强大扩散作用，带动相邻地区共同发展。当一个经济体处于经济发展的初期，由于资本、技术和高技术人才不足，不能够支撑广域空间上的齐头发展，往往将有限的资源和政策倾斜投向优先发展的增长极。然后在"看不见的手"的作用下，增长极周围大量的资本、劳动力、技术和高技术人才将向中心增长点聚集，形成极化或虹吸效应。随着中心增长点经济密度的增大，"中心—外围"结构将逐渐显现。当增长极的经济密度达到一定程度后，增长极将对周围经济体起到辐射和带动作用，形成扩散或涓滴效应。

再次，经济结构的演变。经济结构含义很广，其中最重要的是产业结构和行业结构等，且每一种经济结构蕴含的要素组合方式是不同的（如劳动密集型生产、资本密集型生产和技术密集型生产，或者它们的不同组合），其生产效率也不一样。比如农林牧副渔等第一产业主要是劳动密集型产业，经济生产中需要更多的劳动力与土地和相对少量的资本与技术；以加工制造业为主的第二产业利用自然界和第一产业提供的基本材料进行加工处理，主要是劳动力和资本密集型产业，经济生产中需要更多的投资资本与相应的劳动力；以商业、金融、交通运输、通信、教育、服务业等为主的第三产业主要是劳动密集型产业，经济生产中需要更多的劳动力。高技术产业对于经济的发展起着举足轻重的作用，其主要是技术密集型产业。

当局部空间内经济结构发生变化，要求必须有相应的要素空间密度与之匹配，以适应局部空间内新的经济结构。否则，会导致经济生产中要素过剩与要素不足同时存在。一般来说，局部空间内经济结构是逐步升级的，从劳动密集型向资本密集型和技术密集型转变，同一时点上局部空间之间的经济结构是有差异、不同步的，当一个局部空间内部经济结构发生变化，必然导致劳动力、资本等要素的需求发生变化，出现劳动力过剩与资本稀缺或者劳动力稀缺与资本过剩等情况。稀缺的要素需要其他局部空间的要素转移作为补充，过剩的要素需要流动到其他局部空间以追逐更高的边际要素价值。比如，改革开放初期，在国家优惠政策的扶持下，东部沿海省份以组装加工制造业（劳动密集型产业）为主的出口贸易实现了经济的快速发展，需要大量的中西部省份转移的劳动力作为补充。东部沿海省份在得到相应的资本积累后实现了产业结构升级，经济结构发生变化，才有了后来的东南沿海地区向中西部地区的产业转移和中西部地区的产业承接，资本和劳动力在一定程度上向中西部省份回流。

最后，产业集聚与产业协同。每个空间域的区位、资源禀赋、制度、环境、文化等方面是有差异的，决定了空间地域的比较优势也会不同，且这种比较优势会随着时间的推移因外界环境的改变而改变。基于比较优势理论，空间域应优先发展自身具有相对优势的产业，以降低成本获得最大化收益。我们同时要意识到，比较优势是否真实，需要得到市场的检验。在市场竞争"看不见的手"的作用下，如果经济主体自由流动得到保障，可以预期，经济主体将在不同空间域之间选择性流动，不同空间域将逐步形成具有比较优势的特色产业群，形成产业集聚。产业集聚是市场竞争下经济主体流动的结果，Marshall最早提出集聚和集聚外部性的概念，并指出投入品的分享、劳动力池效应和知识技术的溢出效应是导致集聚的根本原因（Marshall，1890）。Duranton和Puga将这些外部性进一步总结为分享、匹配和学习机制（Duranton，Puga，2004）。产业集聚往往伴随着空间域规模的扩大,给企业带来深远影响。第一,空间域规模扩大带来的集聚效应,使得更多的消费者分摊企业的固定投资,摊薄了企业的平均成本,有利于企业尽早收回产品在研发阶段的初始投入。第二,空间域规模扩大带来的规模经济,有利于企业提供更加专业化的产品和服务,也有利于企业更好地选择中间投入品和拥有特殊技能的劳动力。第三,空间域规模扩大带来的空间集聚,促进了企业之间的交流,带来了技术知识的外溢,有利于新创意、新思想的产生,即产生正的外部性,集中表现为劳动生产率的提高和企业的研发能力的提升。第四,空间域规模的扩大,有利于大量微小的企业创新在市场上得以生存,因为即使较小的细分市场也有足够大的市场规模。次一级空间域的产业集聚带来了集聚外部性,有利于降低成本、促进知识分享与技术进步;高一级空间域需要统筹规划各个次级空间域的产业分布,形成产业协同。这既可以降低产业链断链风险、提高产业链链点韧性,保障产业链或产业价值链的稳定与安全,又可以降低各种交易成本和运输成本,而经济要素的流动在产业集聚和产业协同的形成过程中起关键作用。

经济活动的空间非均质性要求生产要素在不同的经济域中流动,以优化要素配置、提高生产效率。生产要素流动的实质是实现自身价值的最大化,到最需要自身的地方去。生产要素在经济域中的流动需要经过信息的识别、决策和实施三个阶段。三个阶段是相辅相成的,每一个阶段出现问题,都将阻碍生产要素的流动。而在这三个阶段背后起推动作用的是市场和政府的互补共生。

其中,识别是指生产要素的流动需要首先对外界信息和知识进行收集和分析,以供经济个体做出最优化的决策。而收集外界信息的前提是有信号来源,信号的发出需要市场的介入。市场发出信号的手段主要有价格机制、供求机制和竞争机制,三个机制也是相互融合的。市场经济中有众多的消费者和生产者,他们均不具有市场势力,都是市场价格的接收者,这样价格信号的作用将得到充分发挥,如劳动力市场的工资机制、资本市场的利率机制和土地市场的地租机制等。市场发出的信号具有准确、灵敏、迅速的特点。比如，市场中处于供过于求的商品或要素的价格将会下降，引导企业减少这种商品的生产，将资本和生产要素投入其他供不应求的商品生产中，这也是我们所熟知的市场经济中供求决定价格、价格调节供求的规律。竞争机制有两个作用：一个是可以将经济主体内心中不为人知的对商品或要素的评价准确地反映出来，使得商品或要素的价格与价值保持一致；另一个是可以有效地实现"适者生存、优胜劣汰"，经济主体的进入与退出使得生产要素可以在经济主体之间实现流动。政府也可以发出信号，但政府是基于行政计划的指令发出信号，这种信号并不具有准确灵敏的特点，所以发出信号的任务最好由市场担任。

科斯认为企业存在的主要原因是市场机制的运行存在交易费用，以企业内部计划配置资源的方式替代市场机制可以节约一定的交易费用，比如市场价格信息的发现需要较高的成本。一般来说，市场中的信息不是以集中、整合的形态存在，而是分散在不同的经济域中，经济个体需要同时识别不同经济域发出的信号，以便做出相应的流动策略。但是由于空间局限性和信息非完全性，经济个体往往收到的信息是局部的、分散的、不完整的，所以不可能理性做出最优化的决策，需要把分散的经济域的信号汇集起来。市场经济中信息的特性决定了单一经济域中分散的信号不能只是集中到某个个体或者集团的手中，由他们做出优劣判断，然后据此给出经济个体的流动决策；而应该建立一套制度，使信息的拥有者能使他们的信息为社会所用，其他经济个体可以在制定计划决策时使用这一信息。由市场自身搭建信息平台的方式不可取。其一，公共品缺乏竞争机制，通过竞争将经济个体心目中对产品使用的支付意愿表露出来的机会渺茫，所以"林达尔均衡"实难实现。其二，奥尔森的集体行动理论表明，一个组织的规模越大，达成集体一致性行动的成本越高，导致经济个体参与维护权益行动的投入和个体收益不一致，那么个体就产生"搭便车"或机会主义倾向，其结果是没有人愿意参与集体行动。基于奥尔森的集体行动理论，市场经济中虽然产权可以做到明晰，但经济个体提供公共品的交易成本很高，且初始产权的确定对收入差距以及资源配置效率产生重大影响，不能有效避免垄断的产生。所以，这一过程需要政府的加入，政府需要建立信息平台帮助经济个体汇集市场中不同经济域发出的信息，但政府要做的仅仅是提供汇集信息的平台，做决策判断的事情需要经济个体解决。虽然信息平台的设立和运行需要成本和资源投入，但这部分投入（完善交易制度或机构的资源）可以看作"润滑剂"，它可以有效地降低难以度量的"摩擦力"成本（获取信息的时间成本或其他成本），总交易费用将会得到显著降低，资源配置得到优化。

我们知道，市场也有失灵、难以发出有效信号的时候。市场失灵的表现有垄断、信息不对称、公共产品等。其中垄断企业有一定的市场势力，可以通过控制产品的产量来操控产品价格。在有垄断企业存在的市场中，竞争机制、供求机制和价格机制将不能正常运行，比如工资和利率的涨跌不能反映出劳动力市场和资本市场的供求状况，要素的市场价格不再有效，从而不能为要素的流动提供有效依据。信息不对称常常会导致我们所熟知的结果——逆向选择或"劣币驱逐良币"，而"劣币驱逐良币"的本质就是买卖双方信息不完全导致的产品价格与产品价值的矛盾或者社会必要劳动时间和个别劳动时间的矛盾。此时，价格机制调整要素流动的结果与理想预期相反。理论上，拥有信息少的一方可以付出成本获取足够的信息，避免信息不对称带来的影响，但这种成本较大。公共产品因为巨大的交易成本，使得市场的三大机制不能发挥效用，并且竞争机制的缺失常常导致"搭便车"的现象，市场信号难以有效传送。当这些问题出现的时候，政府这只"看得见的手"要发挥作用，弥补市场失灵，和市场之间实现优势互补，有机结合，以达到经济域中信息发出快捷、信息发出有效、信息覆盖全面、信息利用便利的效果。

决策是经济个体在对市场信号充分识别之后的决定。决策正确的前提是市场信号发送准确、迅速、有效。但正确的决策并不一定是有效的决策。经济个体或生产要素分布在不同的经济域中，经济域之间的流动需要成本，成本的大小决定了正确的决策能否成为有效的决策。比如对于劳动要素来说，这种成本包括迁移成本、时间成本、制度成本和归属成本等。公共品（如交通工具）的适用性决定了迁移成本和时间成本，体制性规定（如户籍限制、公共服务缺失）决定了制度成本的大小，社会保障和文化差异等决定了归属成本的大小。对于资本要素来说，流动成本主要是市场进入成本和风险成本，当市场准入限制大，工商注册门槛高、市场壁垒多，保护主义和市场分割现象突出，市场主体不能够平等进入相应的经济域，则市场进入成本就大，正确的决策并不能成为有效的决策。风险成本主要是指不同经济域之间的政策、法律、制度以及文化环境的差异导致的不确定性所带来的成本。另外，对于土地要素来说，经济域之间的土地市场不统一、土地的产权归属问题不明确等导致较高的制度性成本。所以正确的决策要成为有效决策，需要靠政府。政府需要尊重市场经济规律，建立健全现代市场体系（如劳动市场、金融市场、城乡统一建设用地市场等），建立公开透明的市场规则，塑造公平的竞争环境，提供优质的公共产品和公共服务，优化行政审批程序，最大限度地给各类市场主体松绑，充分发挥市场主体的活力和能动性。

实施阶段是生产要素在经济域之间流动的最后阶段。虽然是最后阶段，但却十分重要，如果实施阶段出现问题，会对前期的两个阶段产生倒逼作用。实施阶段要做的是健全两个机制——自由退出机制和保障机制。哈耶克认为每个人都不可能知道市场所有的信息，个人所拥有的信息是零碎、片面的，相对于社会总体信息来说是微不足道的。理论上即使政府搭建的信息平台有助于获取社会总体信息，但可以设想，这也只是社会总体信息的一个附属样本，不可能是社会总体知识信息的全貌。那么经济个体做出的决策只是次优，而不可能是最优，且动态不一致理论和卢卡斯批判均指出市场经济的信息是不断变化的，前一时点做出的最优化决策可能在现在看来就不是最优的决策，因为市场信息发生了新的变化。所以这一阶段需要为经济个体提供试错的机会，建立市场退出机制。在经济个体的退出选择方面，需要把主权让给经济个体本身，让市场竞争在其中起主导作用。关于企业之间的破产兼并问题，也要坚持企业自主原则。政府应该为经济个体的退出和重塑创造良好的外部环境。保障机制有利于降低经济个体在经济域流动中面临的不确定性带来的成本，有助于提高经济个体抵抗风险的能力。对于经济个体来说，保障机制也起到激励的效果。比如，针对劳动力市场的社会保障体系、再就业培训和失业救济等，针对兼并重组的金融支持等。

总体上看，经济要素在不同经济域流动需要市场和政府的互动补充，市场"看不见的手"起决定性作用，政府"看得见的手"起辅助作用。市场负责发出信号，产生信息流，但信息的收集平台需要政府搭建。经济个体需要通过信息平台获取信息流，但由个体意志做出决策。在决策和实施阶段，政府需要弥补市场的不足，在市场不能有效发挥作用的地方主动补位。整体来说，并不是简单的"政府少管一些、市场多管一些"的问题，而是二者的有机结合。

目前中国的要素市场体系并不健全，价格机制运行还存在一定障碍；市场规则公平性仍显不足，竞争机制运行不畅；政府的手伸得过长或过短，利益机制仍需完善。如此，生产要素的流动并不顺畅，要素存在错配现象。

基于 Hsieh 和 Klenow 的研究发现，劳动力和资本的扭曲配置造成 1998—2005 年中国全要素生产率下降了 30%—50%，如果资本积累与全要素生产率的增长一致，中国的 GDP 将增长 2 倍（Hsieh，Klenow，2009）。在此基础上，Brandt 等分别从时间、空间和部门的角度研究了中国省份间要素错配的相对大小与变化趋势，发现省份内部和省份间要素配置扭曲造成 1985—2007 年中国全要素生产率平均减少 30%（Brandt et al.，2011）。蔡昉认为要素密集投入的粗放型经济已经不能维持中国经济的快速增长，要素组合效率将成为今后经济增长的决胜点（蔡昉，2013）。目前国家实施的土地流转、户籍制度等供给侧改革，实质上就是重新调度劳动力、资本、土地的有效配置，激发各种要素参与生产的积极性。微观层面的要素流动障碍会导致中观层面的经济结构失衡，而这一定会对宏观层面的经济增长产生影响（袁志刚、解栋栋，2011）。经济新常态下，中国实施的各项供给侧改革，最重要的目的就是解决好生产要素的投入问题，解除阻碍劳动力、资本、土地等要素自由流动的各项制度约束，发挥政府在资源配置中的作用。

另外，中国社会保障制度的不完善，加上房价、医疗、养老、教育等生活成本以及地区间、城乡间贫富差距的拉大，导致边际消费倾向变低，大量财富进入储蓄状态或被用于再次投资，国内消费需求表现出疲软态势。在全球贸易争端加剧，国家大力提倡国内、国际双循环的背景下，消费力度的不足成为经济发展的拦路虎。目前来看，提高消费的着力点之一是减少收入差距。

那么，中国的收入差距程度如何呢？改革之初大量的资本、劳动力、技术等生产要素投向东南沿海地区，造成了东南沿海相对发达、中西部地区较为落后的局面（洪兴建，2010）。在农村反哺城市的过程中，城乡二元经济结构愈加明显，城乡间收入差距也不断加深，且已成为全国收入差距的主要来源（李实、赵人伟，1999；王震，2010）。近年来，受市场准入条件等各种体制性因素的影响，中国的收入差距还表现出新的特点：地区间的收入差距出现极化现象，地区内部收入差距也逐年增大；行业间的收入差距到了严重的地步，且行业内部的工资差距也较为明显；城市内部的收入差距也较为严重。国家统计局公布的数据显示，2014年中国基尼系数达到0.469，中国已经成为世界上收入差距较为严重的国家之一。其中城市居民的人均收入是农村居民人均收入的3倍，高收入行业的平均工资是低收入行业的4倍。以索罗为代表的新古典学者认为经济体之间的收入差距主要归因于投资资本的不同。内生增长学派认为制度和技术创新引起的全要素生产率的差异才是各国经济增长差距的源泉。

中国学者针对中国收入差距不断扩大的趋势，也进行了详细的讨论。首先，罗楚亮和李实从行业特征与人力资本的角度探讨了收入差距的影响机制，发现企业间福利补贴的不均等程度比工资的不均等程度更为严重，前者对收入差距的影响更大（罗楚亮、李实，2007）。于凌云在卢卡斯模型的基础上，将人力资本的投入分解为政府投入与非政府投入，利用教育投入比的不同解释了地区间收入差距的变化趋势（于凌云，2008）。罗楚亮讨论了工资收入差距与就业稳定性之间的关系，认为劳动力市场分割下，对非稳定就业人群的歧视性因素是导致稳定就业人群与非稳定就业人群之间收入差距不断扩大的重要原因，且就业稳定性对低收入群体的工资收入影响更大（罗楚亮，2008）。田新民等基于二元经济模型解释了城乡收入差距、农村劳动力转移与经济增长效率三者的演化关系，认为城乡之间的收入差距过大，是由于农村劳动力向城市流动受阻所致（田新民等，2009）。另外，曲兆鹏和赵忠基于生命周期理论，讨论了人口老龄化对农村收入不平等和消费不平等的影响（曲兆鹏、赵忠，2008）。

  学者们从各种角度给出了收入差距扩大的原因，但鲜有文献从要素配置的角度解释收入差距扩大的原因，缺少对要素错配与收入分配差距二者作用机制的深入探讨。如果搭建了要素错配与收入分配格局二者联系的桥梁，那么通过矫正要素错配，不仅可以优化要素组合效率，直接提高全要素生产率和产出水平；还可以缓解收入差距，促进社会和谐与居民消费，进而促进经济健康发展。但目前通过供给侧改革解除要素错配、缓解收入差距仍面临以下问题：中国劳动力、资本要素错配的表现格局与演变趋势如何？劳动力、资本要素错配加剧的深层原因是什么？仅受行政干预、行业垄断、所有制等体制性因素影响吗？收入差距扩大的原因解释中，要素错配的分量有多重？要素错配引起收入分配格局变动，进而引起消费与投资需求变动，影响经济有效增长的理论和现实依据是什么？政府矫正要素错配，进而缓解收入差距、促进经济有效增长的政策依据是什么？

现阶段，中国经济已从过去的高速发展转变为中高速发展，进入经济发展的新常态，经济增长不能再依靠过去单纯增加要素投入来提高，亟须加快供给侧结构性改革，通过优化供给侧的要素资源配置和结构调整来实现经济增长。那么探究和弄清要素错配影响经济增长的作用机制、寻找要素错配加剧的原因、提供政策减轻和消除要素错配的影响就成为亟须解决和完善的工作。

此外，中国收入差距仍然比较大，尤其是城乡居民之间、城镇居民内部的收入差距更为严重。国家尝试通过西部大开发、中部崛起、振兴东北老工业基地等战略，产业转移、精准扶贫、税制改革、城乡一体化等各项措施缓解地区间、城乡间、行业间收入差距的进一步扩大，但收效并不明显。收入差距的不断攀升，不利于社会和谐与国民经济的稳定增长。为此，本书从要素配置的角度探究收入差距扩大的原因，寻找要素错配引起收入分配差距变动的理论和现实依据，系统考察要素配置扭曲是如何引致收入分配差距的波动，进而影响经济增长。同时，结合中国经济进入新常态的特点，从政策和制度上提出矫正中国要素配置扭曲，进而缓解收入差距、促进经济增长的具体路径，为中国现阶段的供给侧改革提供一定的参考依据。

第二章

要素错配与收入分配差距的相关文献回顾

本章主要从要素错配、收入分配差距以及二者之间的关系三个方面梳理现有相关文献,并给出简要评论。其中,要素错配主要从概念界定、测算方法、经济影响和影响因素四个方面梳理现有研究;收入分配差距主要从要素间收入差距、居民间收入差距和收入差距的经济影响三个方面梳理现有研究。

第一节 要素错配的相关文献梳理

一 要素错配的概念界定

资源配置的问题一直伴随着人类的经济发展。一万年前的农业革命使得人类摆脱了以狩猎和采食为主要生产方式的经济轨迹,农耕和畜养动物成为主要的食物获取方式。在今天看来,有计划性的耕种、处理杂草、保护幼苗以及收割果实是再平常不过的农业生产过程,但就是这么一项突破,给人类的经济生活带来了翻天覆地的变化,人类可以有足够的粮食养活更多的人口,可以创造出剩余产品满足从事其他事项的人口的生活需要。从此,聚集型的村落成为居住的常态，农业专业化分工得以实现，祭祀人员、建造房屋人员、医治人员、畜养人员等都能得到生活必需品。从资源配置的角度看，人类放弃在几十或几百平方英里的土地上狩猎和采食，转变为在几平方英里的土地上耕种和畜养，其实就蕴含着劳动力和土地的配置问题。通过比较可以发现，这种资源配置方式转变后，生产效率得到极大提高：狩猎和采食方式，平均10平方英里可以养活一个人；耕种和畜养方式，平均1平方英里可以养活50人以上。

农业工具的创新提高了农业生产力，使得农业生产有了较多剩余，把一批劳动力从农业中解放出来，从事手工业或提供其他服务。随后，手工作坊等一批早期制造业出现，搬运工或洗衣店等服务型行业出现，劳动力和土地在产业间得以分配。于是出现了交换和贸易，资源配置的问题更加凸显，此时的劳动力需要合理安排自身劳力和土地的用处：是用于耕种土地，取得农产品，还是出租土地，自己建立手工作坊，提供制造品？随后，国家间的贸易得以展开，大航海时代来临之前，地球上出现三大商圈——地中海商圈、西欧商圈和东南亚商圈。国家间的贸易促进了劳动力、土地和资本在国家间的分配，解放了一批拥有创新思想的贸易商，使他们从国内有限的资源中走出来。基于李嘉图的比较优势理论，各国生产自己有优势的产品，进口生产上有劣势的产品，使得劳动力、土地和资本在产业间得以重新配置。

大航海时代的来临，冲击了西欧国家的产业布局，无论是早期的西班牙和葡萄牙，还是后来的荷兰、英国和法国，都靠着殖民统治，发展了本国经济，改变了本国的资源配置。尤其是荷兰和英国，倾向于将本国一部分农作物的种植迁移到殖民地，本国第一产业的大量劳动力填补了工业发展中所缺少的劳动力，促进了劳动力在产业间的转移，使得产业专业化顺利发展。正是由于海外农产品的保障，大批劳动力才可以自由地从事其他高技能职业，促进了整体部门生产率的提高。从当时情况看，这一资源配置的方式对于英国是更为合理的，在某种程度上加速了工业革命的到来。

这一时期，以亚当斯密、西斯蒙第、罗伊为代表的古典学派较高评价了分工对生产力的影响。以前的情形是，一个人出资购买土地、建造生产车间、购买原材料，由一个人完成所有生产工序，生产效率十分低下。现在是多个人合作，土地、车间、原材料可以由不同的合作者提供，所有工序可以由不同的劳动力完成，生产效率显著提高。所以，分工的背后，仍是劳动力、资本和土地等资源的配置问题。有限的资源如果配置得当，生产效率可以得到极大提高。

以索罗为代表的新古典学者认为经济体之间的收入差距主要归因于投资资本的不同，根据新古典模型的经济增长路径，当不发达经济体加强资本的积累，最终不同经济体会实现人均收入趋同的趋势（Marris，1982；Baumol，1986）。但这一结论受到经验的挑战，一些学者对此提出质疑（Summers，Heston，1988；Barro et al.，1991）。后来，Romer 和 Lucas 借鉴 Dixit – Stiglitz 垄断竞争模型，基于规模报酬递增的假设，将全要素生产率内生化，构建了内生增长模型（Romer，1986；Lucas，1988）。基于内生模型，制度和技术创新引起的全要素生产率的提高才是经济增长的源泉。但内生增长模型认为微小的制度和技术创新都会造成国家间人均收入的巨大差异，这与现实经验不符，国家间的收入差距并没有一直处于扩大状态，而是处于停滞稳定状态。后来，一些学者提出了"条件收敛"的概念（Barro，Sala-i-Martin，1991；Mankiw et al.，1992），从而支持新古典学派的主张。Young 对东南亚增长奇迹的研究发现，要素积累是这些经济体快速增长的主要推动力量，而全要素生产率的贡献极低（Young，1995）。然而，核算方法和面板数据的更新使得学术界可以对这一问题做更多更加严谨可靠的工作，经过长时间的研究，许多学者发现要素积累只能解释小部分的收入差距问题，全要素生产率对经济增长具有较大的贡献（Knight et al.，1993；Hsieh，2002）。

近年来，大量学者开始注意到要素配置的合理性对全要素生产率的影响。其中，Caselli 直接将总生产率分解为部门生产率和部门间的要素配置效率，并认为劳动力、资本的不合理配置会大大降低部门间的要素配置效率，在部门内部生产率不变的情况下，整体全要素生产率和经济增长仍会受到影响（Caselli，2005）。如此，要素错配逐渐成为学者们研究的热点问题。

Hsieh 和 Klenow 基于静态的经济系统，认为劳动力、资本要素的边际产出在截面上应当相等，如果不满足相等条件，则经济处于错配状态，即生产技术为凸的条件下，所有企业的边际产出在资源最优配置下都相等，否则就可以通过优化资源配置降低总产出缺口（Hsieh，Klenow，2009）。Banerjee 和 Moll 进一步从企业进入与退出机制方面界定要素的错配，即非凸生产技术条件下，当潜在进入企业比在位企业拥有更高的全要素生产率时，即使经济中所有企业的边际产出相等，通过劳动力和资本在企业间的重新分配，仍然可以提高总产出（Banerjee，Moll，2010）。Restuccia 和 Rogerson 指出在各国经济发展演变过程中，随着工业化的不断深入，地区、产业、行业结构不断调整，相应的各类资源（如劳动力、资本、土地等生产性要素和技术知识、制度规则等抽象性要素）会出现难以协调的情况，当这两类资源不能完美匹配和融合时，就会出现资源错配问题（Restuccia，Rogerson，2013）。

总体来看，在资源稀缺条件下，存在最优产出的要素配置状态，当实际的要素配置偏离这一状态，就会导致产出缺口，使得实际状态产出低于要素最优配置时的产出，造成资源错配。完全竞争市场中，不存在阻碍劳动力、资本、技术等要素自由流动的摩擦障碍，所以各产业、行业、部门或企业的各种要素的边际产出相等，从而高生产率的部门拥有更多的劳动力、资本等资源，生产更多的产品，全社会也就实现了产出和福利的最大化。但是，产品市场和要素市场的非完全性导致各类资源在部门或企业之间的分配并不是以边际产出相等的原则进行，这样更多的资源就会流向低生产率的企业部门，由此产生资源错配。

二　要素错配的测算方法

由于研究视角的不同，学术界对于资源配置扭曲的测度方法并没有统一。Restuccia 和 Rogerson 曾将资源配置扭曲的测度方法分为直接测度方法和间接测度方法。

直接测度指对劳动力、资本和土地等要素投入的扭曲测度，而这种扭曲一般与产业结构、政策、制度相关联，并定义为单位劳动力、资本被征收税收或获得补贴而导致的要素边际产出的不对等程度（Restuccia，Rogerson，2013）。直接测度的文献较多，Hsieh 和 Klenow 将要素配置扭曲定义为某些政策（补贴或税收）使得劳动力和资本的边际产出增加或减少的相对比例（Hsieh，Klenow，2009）。例如面临政府规模的限制或运输成本高昂的企业都有着较高的产出扭曲 τ_Y，而能获得政府公共补贴的企业则面临着相对较小的产出扭曲 τ_Y；国有大中型企业因为有各项优惠条件容易获得银行信贷，它们面临较低的资本扭曲 τ_K，而中小型私营企业因无法低成本地获得信贷而面临着较高的资本扭曲 τ_K。如此，每个企业面临的资本扭曲程度可以表示为：

$$1 + \tau_{ki} = \frac{\alpha_s}{1 - \alpha_s} \times \frac{wL_{si}}{rK_{si}} \tag{2-1}$$

其中，α_s 表示 S 行业中 i 企业的资本份额，w 和 r 分别表示工资和利率。进一步，每个企业面临的产出扭曲程度可以表示为：

$$1 - \tau_{Y_{si}} = \frac{\delta}{\delta - 1} \times \frac{wL_{si}}{(1 - \alpha_s)P_{si}Y_{si}} \tag{2-2}$$

其中，δ 为不同产品之间的替代弹性，P_{si} 和 Y_{si} 分别为企业产品的价格和产出。在 Hsieh 和 Klenow 的基础上，Oberfield 分别定义了企业层面的劳动力、资本和中间品的扭曲程度（Oberfield，2011）：

$$e^{\tau_{Ki}} = \frac{\delta_s - 1}{\delta_s} \alpha_{Ki} \frac{P_i Y_i}{RK_i} \tag{2-3}$$

$$e^{\tau_{Li}} = \frac{\delta_s - 1}{\delta_s} \alpha_{Li} \frac{P_i Y_i}{WL_i} \tag{2-4}$$

$$e^{\tau_{Mi}} = \frac{\delta_s - 1}{\delta_s} \alpha_{Mi} \frac{P_i Y_i}{Q M_i} \tag{2-5}$$

其中，δ_s 为产品的替代弹性，α_{Ki}、α_{Li}、α_{Mi} 分别为资本、劳动力和中间品的产出弹性。基于此，Oberfield 利用测度模型从行业和国家层面分别衡量了劳动力、资本和中间品的扭曲程度（Oberfield，2013）。

Aoki 用行业间劳动边际生产力的扭曲测度行业间劳动力错配程度，并假定资本和劳动存在线性税收，以此构建要素摩擦系数衡量扭曲程度（Aoki，2012）。在 Aoki 构建的模型中，行业 m 的劳动力可以表示为 $L_m = \frac{\beta_m \gamma_m}{\beta} \hat{\lambda}_m L_i$，其中，$\hat{\lambda}_m$ 表示 m 行业劳动力配置的扭曲程度，且可以表示为：

$$\hat{\lambda}_m = 1 \Big/ \sum_i \frac{\beta_i \gamma_i (1 + \tau_m)}{\beta (1 + \tau_i)} \tag{2-6}$$

其中，$\frac{1 + \tau_m}{1 + \tau_i}$ 表示部门税收比例，反映要素成本差异。当 m、i 两行业的劳动边际生产力相等时，意味着 m、i 行业之间不存在劳动力配置扭曲，即有 $\hat{\lambda}_m = 1$；当 m、i 两行业的劳动边际生产力不相等时，意味着 m、i 行业之间存在劳动力配置扭曲，即有 $\hat{\lambda}_m > 1$ 或 $\hat{\lambda}_m < 1$，此时 m、i 行业间的错配劳动量为：

$$\Delta L_m = \frac{\beta_m \gamma_m}{\beta} \left(\frac{1}{\hat{\lambda}_m} - 1 \right) L_i \tag{2-7}$$

间接测度指对各种扭曲因素导致的结果进行测度，一般用实际状态下全要素生产率或产出水平与最优状态下的全要素生产率或产出水平的差异衡量。其中，Restuccia 和 Rogerson 使用要素投入的税收比例表征市场摩擦，测度了美国政策扭曲对产出和全要素生产率的影响（Restuccia，Rogerson，2008）。在此基础上，Hsieh 和 Klenow 在垄断竞争模型的框架下构建收入生产率 TFPR，认为当企业间的收入生产率存在差异时，可以通过企业间的资源重新配置提高总体产出，所以收入生产率 TFPR 的离散程度可以作为劳动力、资本的错配程度的衡量方式（Hsieh，Klenow，2009）。基于 Hsieh 和 Klenow 的推导，TFPR 可以表示为劳动力和资本边际产品的几何平均：

$$TFPR_{si} = \frac{\sigma}{\sigma-1}\left(\frac{MRPK_{si}}{\alpha_s}\right)^{\alpha_s} \times \left(\frac{MRPL_{si}}{w(1-\alpha_s)}\right)^{1-\alpha_s} \qquad (2-8)$$

且行业 S 的总体全要素生产率为：

$$TFP_s = \left[\sum_{i=1}^{M_s}\left(A_{si}\frac{\overline{TFPR_s}}{TFPR_s}\right)^{\sigma=1}\right]^{\frac{1}{\sigma-1}} \qquad (2-9)$$

其中，$\overline{TFPR}_s$ 为 S 行业劳动力和资本的边际产出的几何平均，当行业间不存在劳动力、资本要素扭曲时，则行业内部各企业的劳动力和资本的边际产出均相等，即 MRPL 和 MRPK 均相等，如此，行业的总体全要素生产率实现最大化：$\bar{A}_s = \left(\sum_{i=1}^{M_s} A_{si}^{\sigma-1}\right)^{\frac{1}{1-\sigma}}$。可以看出，收入生产率 TFPR 的离散程度越大，则 $TFP_s/\bar{A}_s$ 的值越小，即要素错配导致的效率损失越大。

Brandt 等突破单一部门的限制，在 Hsieh 和 Klenow 的基础上用资源最优配置状态下（总产出最大）的全要素生产率与实际全要素生产率的差异测度要素错配程度（Brandt et al.，2011），即总体要素错配程度可以表示为 $DIS = -\ln(A/A^*)$。基于推导模型，实际状态下总体全要素生产率 A、无要素错配状态下 i 省份的全要素生产率 A_i^*、无要素错配状态下总体全要素生产率 A^* 分别可以表示为：

$$A = \left[\sum_{i=1}^{m}(A_i l_i^a k_i^b)^{1-\sigma}\right]^{\frac{1}{1-\sigma}} \qquad (2-10)$$

$$A_i^* = \left[\sum_{j=n,s} A_{ij}^{\frac{1-\varphi}{1-(1-\varphi)(a+b)}}\right]^{\frac{1-(1-\varphi)(a+b)}{1-\varphi}} \qquad (2-11)$$

$$A^* = \left[\sum_{i=1}^{m}(A_i^*)^{\frac{1-\sigma}{1-(1-\sigma)(a+b)}}\right]^{\frac{1-(1-\sigma)(a+b)}{1-\sigma}} \qquad (2-12)$$

此外，Bartelsman 等构建了要素配置效率差异模型，在企业收益最大化的模型中加入政策扭曲项：$\pi_{it} = (1-\tau_i-\kappa_{it})P_t \overline{Y}_t^{1-\rho}$

$[A_i\varepsilon_{it}(n_{it}-f)^\gamma k_{it}^\alpha]^\rho - w_t n_{it} - Rk_{it}$，其中 τ 和 κ 包含了所有影响企业要素配置的因子（Bartelsman et al.，2013）。并结合 Olley 和 Pakes 提出的分解框架：$\Omega_t = \sum_i \theta_{it}\omega_{it} = \overline{\omega_t} + \sum_t (\theta_{it}-\overline{\theta_t})(\omega_{it}-\overline{\omega_t})$，从要素配置效率的角度对不同国家之间的生产率差异进行了比较分析（Olley，Pakes，1996）。

比较起来看，Restuccia 等构建了探究要素配置扭曲对全要素生产率影响机制的基础模型，构建的分析框架为探索多种潜在因素的综合作用奠定基础（Restuccia，Rogerson，2008；Hsieh，Klenow，2009）。在此基础上，Bartelsman 等进一步尝试用更严格的假设和完整的模型结构，研究要素错配与异质性企业的全要素生产率之间的作用机制（Bartelsman et al.，2013）。此外，Hsieh 等还分别考察了人力资本、研发创新和要素错配的结合对经济总量的影响机制（Hsieh et al.，2013；Acemoglu et al.，2013；Jovanovic，2014）。Alfaro 等在现有的模型基础上引入强制性许可的放松、异质性市场力量、资本调整成本等研究要素错配对国家间发展差异的解释（Alfaro，Chari，2012；Collard-Wexler et al.，2015）。

国内对于要素配置扭曲的研究也较多，且衡量要素错配程度的方法不一。蔡昉等用农业比较劳动生产率（农业劳动力比重与产出比重的比值）反映劳动力配置的不协调程度，发现中西部的劳动力市场发育不完善，劳动力配置扭曲程度高，阻碍经济的快速增长，是其与东部收入差距拉大的重要原因（蔡昉等，2001）。在此基础上，袁志刚和解栋栋认为农业部门劳动力比重过大，引起了整体全要素生产率的下降，并通过构建摩擦力系数，测算了劳动力错配引起的负效应（袁志刚、解栋栋，2011）。根据袁志刚和解栋栋的推导，劳动力摩擦力系数可以表示为：

$$\hat{\lambda}_m = \frac{1}{\sum_i \dfrac{\beta_i \gamma_i w_m}{\beta w_i}} \qquad (2-13)$$

其中，$\frac{w_m}{w_i}$ 为两部门的工资比例，当部门间的工资回报相等时，则摩擦力系数 $\lambda_m = 1$，此时不存在劳动力错配。

聂辉华和贾瑞雪分别从行业、地区、所有制层面，利用全要素生产率离散度和全要素生产率的 OP 分解方法测度了制造业要素配置扭曲程度（聂辉华、贾瑞雪，2011）。此外，张杰等根据要素市场和产品市场的市场化指数比值衡量要素扭曲程度，实证发现要素配置扭曲降低了出口企业的利润率，同时提升了外资企业在本土市场的竞争力（张杰等，2011）。杨振和陈甬军在资源配置扭曲程度的测算中，同时考虑要素的边际产出和要素的边际成本，并将要素带来的边际净收益定义为产出缺口，也将其作为福利损失的计量（杨振、陈甬军，2013），具体的产出缺口定义为：

$$\Delta \bar{Q}_{gap} = \frac{1}{N} \sum_{i=1}^{N} \left| P_i \frac{\partial Q_i}{\partial L} - W_i \right| dL \quad (2-14)$$

其中，W_i 为劳动力的工资率，当劳动力从高生产率的企业流向低生产率的企业，总产出会下降，并会出现产出缺口。

姚毓春等用实际中 i 行业的劳动力、资本占比与该行业劳动力、资本产出份额理论贡献度占比的比重，来表示行业 i 的劳动力相对流动系数（姚毓春等，2014）。其中劳动力、资本的相对流动系数可以表示为：

$$RM(L_i) = \frac{L_i/L}{\theta_i(1-\alpha_i)/(1-\sum_i \sigma_i \alpha_i)} \quad (2-15)$$

$$RM(K_i) = \frac{K_i/K}{\theta_i \alpha_i / \sum_i \sigma_i \alpha_i} \quad (2-16)$$

另外，林柏强和杜克锐用要素市场扭曲指数衡量要素错配程度，发现能源要素配置扭曲降低了 10% 的能源效率，引致的能源损失量占总能源损失的比重高达 30%（林柏强、杜克锐，2013）。其中要素市场扭曲 $FAC_{it} = [\max(factor_{it}) - factor_{it}]/\max(factor_{it}) \times 100$， factor 为要素市场发育程度指数。在此基础上，王芃和武英涛分别用产品价格与边际成本的相对比重测度产品市场扭曲程度 $\kappa_{12} = \frac{P_1}{MC_1}/\frac{P_2}{MC_2}$，用要素边际产品收益与要素价格的相对比重定义要素市场扭曲程度 $\gamma_{12} = \frac{MRP_1}{\omega_1}/\frac{MRP_2}{\omega_2}$，用企业间因税收或补贴的差异引起的规模扭曲定义产品市场企业间扭曲程度 $\tau_{Y_i} = \frac{1 + tax_i}{tax_0}$，并从行业和企业两个层面测度中国能源产业的扭曲程度，发现两个层面均有严重的要素配置扭曲；且预测无要素扭曲状态下，能源产业的全要素生产率可以提高 43.51 个百分点（王芃、武英涛，2014）。

三 要素错配的经济影响

第一，对产出水平或全要素生产率的影响。Restuccia 和 Rogerson 认为企业匹配劳动力、资本、技术的能力是决定企业能否实现产出最大化的决定性原因之一，并构建静态的企业异质性模型，研究了政策扭曲造成的资源错配对异质性企业全要素生产率的影响，研究发现：生产者面临的不同价格政策造成的资源错配会引起全要素生产率 30%—50% 的损失（Restuccia, Rogerson, 2008）。Hsieh 和 Klenow 在垄断竞争模型的框架下，利用 TFPR 的离散程度衡量劳动力、资本的错配程度，并利用制造业微观企业数据考察了印度和中国的要素配置扭曲对制造业生产效率的影响，发现劳动力和资本的扭曲配置造成 1998—2005 年中国全要素生产率下降了 30%—50%；并假定在资本积累与全要素生产率增长一致的情况下，中国的国内生产总值将增长 2 倍（Hsieh, Klenow, 2009）。David 和 Wei 发现中国的资本扭曲配置造成国内生产总值下降了 5% 左右（David, Wei, 2007）。在以上研究的基础上，Brandt 等分别从时间、空间和部门的角度研究了中国省份间要素错配的相对大小与变化趋势，发现省份内部和省份间要素配置扭曲造成 1985—2007 年全要素生产率平均减少 30 个百分点；并且省份间要素配置扭曲的大小相对稳定，没有表现出下降的趋势，而省份内部的要素配置扭曲有逐年降低的趋势，1998 年以来平均每年提高全要素生产率大约 0.73 个百分点（Brandt et al., 2011）。Aoki 以发达国家为研究对象，考察了劳动力要素错配对全要素生产率和产出的影响，发现国家间经济差异主要来源于要素资源错配造成的全要素生产率的下降（Aoki, 2012）。借鉴 Aoki 构建的摩擦力系数，Miyagawa 等进一步研究了日本不同部门之间的劳动力错配对全要素生产率的影响（Miyagawa et al., 2008）。

此外，国内也有大量文献从全要素生产率的角度研究要素错配对经济增长的影响。其中，姚战琪基于 1985—2007 年产业面板数据，研究了总体经济和细分工业部门的全要素生产率和要素配置效率，发现无论是总体经济还是细分的工业部门内部，要素配置效率对全要素生产率的贡献度均较低，其中劳动生产率的总配置效应甚至为负值，引起全要素生产率大幅度降低（姚战琪，2009）。朱喜等进一步利用 2003—2007 年全国农户跟踪调查数据，研究农村劳动力、资本要素配置状况对全要素生产率的影响，发现全国不同地区均有不同程度的劳动力、资本错配，使得农村的全要素生产率平均损失了大约 20 个百分点，东部和西部地区农村的全要素生产率甚至降低大约 30 个百分点（朱喜等，2011）。罗德明等将中间产品引入垄断竞争模型中，考察了资源在不同所有制之间的不合理配置程度，发现国有企业的优惠待遇引起了劳动力、资本在不同类型企业间的错配，这种偏向性政策扭曲导致的资源错配引起严重的全要素生产率损失；且根据参数拟合的结果可知，偏向国有企业的政策扭曲可以解释全要素生产率损失的 80%（罗德明等，2012）。在此基础上，张天华和张少华发现偏向国有企业的政策容易导致国有企业过度扩张，无限度地投入劳动力和资本等要素，出现产能过剩问题，造成资源浪费（张天华、张少华，2016）。另外，盖庆恩等认为要素错配不仅影响市场中已经存在的企业间的生产活动，降低企业生产率，而且可以通过企业的市场势力影响潜在企业的进入与退出机制，进而影响总体生产率（盖庆恩等，2015）。陈永伟和胡伟民提出测度资源错配影响全要素生产率和产出变动的方法，基于测度框架和制造业企业数据发现，中国制造业行业的资源配置扭曲造成的产出缺口达到 15 个百分点，且近年来要素错配及其影响程度并没有减弱的迹象（陈永伟、胡伟民，2011）。董直庆等认为由于劳动力的偏向性配置和劳动力的非自由流动，中国的传统行业和新型行业均具有不同程度的劳动力错配，并利用 1978—2010 年相关行业的数据测度了中国具体行业的劳动力错配程度及其对全要素生产率的影响，发现行业劳动力错配引起行业全要素生产率缺口呈现"W"形趋势，且劳动力错配使得全要素生产率平均损失 20% 左右（董直庆等，2014）。此外，汪伟和潘孝挺基于世界银行调查的企业数据，发现金融要素扭曲不仅影响企业的生产效率，也影响企业的研发投入和创新成果，且民营企业或中小企业比国有企业或大型企业受到的影响更大，敏感性更高（汪伟、潘孝挺，2015）。郭晓丹等对城市层面的企业生产率进行研究，不同于以往城市集聚效应和选择效应的作用机制，通过对生产率的分解，发现改善资源配置对大城市生产率的优化作用大于对中小城市的影响（郭晓丹等，2019）。郑江淮等在寻求中国经济在新旧动能转换时期新的动力发展源中指出，要素已成为新动能的重要载体，并以经济增长动能这一指标反映 TFP 的变化，提出优化市场主导下的资源配置应成为促进 TFP 以及中国经济高质量增长的重点政策（郑江淮等，2018）。与此类似，在寻求经济增长新动力目标下，宋建和王静借鉴 Massell 增长源分解模型，发现要素配置扭曲降低了农业劳动中劳动要素的转移效应，不利于 TFP 的增长（宋建、王静，2018）。白俊红等基于省份面板数据构建空间计量模型，研究了研发要素区际流动的知识溢出效应对本区域以及周边区域经济增长的影响，结果显示研究与试验发展（R&D）、人员流动与资本流动带来的增长效应分别占总增长效应的 50% 和 10% 以上（白俊红等，2018）。陈旭和邱斌基于工具变量法，运用城市夜间灯光数据测度地区的多中心结构指数,发现多中心结构在结合政府层面的合理规划下能够带动要素流动,促进地区间利用要素禀赋优势的产业分工,进而实现经济效率的提升(陈旭、邱斌,2020)。基于两部门生产函数,黄先海等在探究中国全要素增长源泉问题中发现,政府对国有部门的改革政策优化了部门内部和部门间的要素流动,在很大程度上促进了中国制造业 TFP 的提升(黄先海等,2017)。基于中国经济体制改革视角,蔡昉发现通过对劳动力市场的改革,可以实现劳动力跨产业、地域的自由流动,进而促进资源配置的优化,推动生产率的增长(蔡昉,2017)。林伯强等通过超效率 DEA 模型构建了城市绿色经济指标,实证研究了经济集聚程度对绿色经济效率的影响。结果发现,通过劳动力、基础设施以及自然资源配置等传导机制,经济集聚程度对绿色经济效率的影响呈现倒"U"形趋势,这一结论对中国大城市的经济发展规划有一定的政策参考意义(林伯强等,2019)。

第二,对收入分配差距的影响。Alfaro 等研究了要素配置扭曲对跨国间收入差距的作用机制,认为要素错配是导致跨国间收入差距的重要原因(Alfaro, Chari, 2012; Collard-Wexler et al., 2015)。蔡昉等认为近年来中国地区间收入差距逐渐扩大,其主要原因之一就是要素配置效率的下降,而这又与劳动力错配有着重要联系(蔡昉等,2001)。魏敏和李书昊研究了中国地区间经济收入差距过大的问题,并基于空间溢出效应的以强带弱的方式提出优化要素资源配置效率、协调各地区高质量发展的具体路径(魏敏、李书昊,2018)。孙宁华等进一步通过动态增长模型,发现劳动力错配会导致城乡之间收入差距的拉大(孙宁华等,2009)。在此基础上,张曙光等研究了中国经济转轨过程中的要素价格扭曲,认为要素价格的扭曲可以解释相当分量的收入差距(张曙光等,2010)。

第三,对劳动力就业的影响。何凡通过分析中国的劳动力要素市场扭曲,探讨了劳动市场分割对中国劳动力就业的影响,认为中国的劳动力市场配置不健全,劳动力市场的扭曲配置加剧了劳动力失业现象，且为了提高对劳动力的吸纳能力，不仅要保障经济的快速平稳发展，也要打破地区间、行业间的市场分割，增加劳动力的自由流动和空间流动，减少因制度因素导致的劳动力失业现象（何凡，2002）。甘春华研究了中国劳动力配置的"二次扭曲"现象，认为要解决企业"用工荒"和劳动力"就业难"的结构性问题，一定要立足于经济的长远发展，打破劳动力地区间的分割，促进劳动力行业流动和地区流动，才能妥善处理好劳动力的第二次扭曲问题（甘春华，2010）。黄婧等从要素错配的角度对中国劳动力就业的非一致性进行了成因分析，认为资本向国有企业集中、城市土地向非农部门集中、劳动力向低工资领域集中、能源向重化工业集中等资源配置扭曲现象都会加剧劳动力就业难度，因此需要厘清资本价格、能源价格的决定因素，使中国经济从资本驱动和能源驱动真正转变为技术驱动和劳动力驱动（黄婧等，2011）。

第四，对产业结构的影响。产业结构的演变往往与劳动力、资本、土地等资源的配置变动密不可分。早期关于要素配置扭曲影响产业结构的文献可以追溯到配第—克拉克、库兹涅茨、刘易斯、赫希曼等人的研究。后来 Massell 等运用偏离份额分析法探究了产业结构和经济增长受部门间资源配置与流动的影响，发现要素资源在部门间、行业间的配置和流动与产业结构的演化密切相关，资源的配置不当会引起产业结构的演化受阻，对经济增长不利（Massell，1961；Stiroh，2002；Nordhaus，2001）。不同于上述"瓦尔拉斯"范式的研究，"摩擦性市场"假设下产业结构失衡与要素配置扭曲的研究近年来涌现。Aoki 等从不完全竞争、企业异质性、技术进步、行业间资源错配等多个角度实证研究了要素配置扭曲对经济结构演变的影响（Aoki，2012；Hsieh，Klenow，2009；Jones，2011；Hopenhayn，2013）。国内学者在要素配置对产业结构的影响方面也做了大量研究。周茂等利用制造业集聚的开发区政策构造拟自然实验研究发现，开发区的设立主要通过优化生产要素在不同产业间的配置以及产业集聚、学习效应等影响机制对制造业升级产生了显著的正向影响（周茂等，2018）。在开放经济和技术进步的推动作用下，史丹和张成通过对要素联动投入结构和企业产能利用率的分析发现，要素结构的调整促进了产业结构的优化升级（史丹、张成，2017）。刘竹青和佟家栋在对中国企业的出口和生产率关系的研究中发现，要素资源的错配抑制了企业的出口学习效应和科技的研发创新；另外，资源错配下低生产率企业的积极出口不利于中国在国际市场上的产业结构升级（刘竹青、佟家栋，2017）。李艳和杨汝岱研究发现，政府干预下，地方国有企业具有获取要素资源方面的优势，这将引起地区间资源配置扭曲和产业结构趋同化（李艳、杨汝岱，2018）。基于 GMM 估计方法，李勇刚和罗海艳从土地资源配置视角研究发现，地方政府干预造成的土地资源扭曲抑制了中国产业结构的多元化升级，并且在效果上这一影响存在空间及时间分布上的异质性（李勇刚、罗海艳，2017）。不同于以往因财政分权造成的市场分割角度，余莎和游宇结合地方政府合作的案例研究发现，受要素禀赋差异的影响，土地出让政策优化了地区间资源的配置，从而加速了产业的转移和升级（余莎、游宇，2017）。王勇等从供需侧角度分析收入不平等程度与产业结构升级呈倒"U"形关系，收入的过于平等，使得对低档商品需求不足；而收入的过于不平等，就只有少数人对高档品有需求，两种极端情况都不利于产业结构的升级（王勇等，2018）。

四 要素错配的影响因素

国外学者 Restuccia 和 Rogerson 研究了补贴和征税等政策性行为对劳动力、资本错配的影响，认为政府的补贴和征税会造成企业间的成本差异，加大企业的边际产出与边际收益的非对等性，进而使得生产率高的企业会因为成本上升而降低产出，低生产率的企业因政府补贴会加大生产，造成严重的劳动力、资本错配（Restuccia，Rogerson，2008）。Banerjee 等研究了信贷约束对金融资本错配的影响，认为金融资本错配造成的全要素生产率下降并不是由于缺乏充足的廉价信贷，而是严重的信贷错配造成的。大量生产率高的企业由于缺乏正常的信贷支持，只能高价从地下钱庄融资，加大了企业生产成本，降低了企业的边际收益；而一些有政治关系的企业容易获取廉价的银行信贷，会过多地融资，进而造成过度投资，降低了新增资本的边际收益（Banerjee，Duflo，2005；Amaral，Quintin，2010；Banerjee，Moll，2010；Buera et al.，2011）。Azariadis 等研究了金融市场摩擦对金融资本错配的影响，认为金融市场体制的不完备，造成企业向金融机构融资的过程中，经常出现经纪人收取佣金、交易人员收取买卖差价等一些不合理费用，加大了企业的融资成本和融资难度。同时金融机构内部设定的各种准贷的限制性条件和各种不公平的霸王性条款加大了企业的融资摩擦，不利于企业资金链的正常运营，使得大量生产率高的企业不愿意或减少相应的融资（Azariadis，Kaas，2012；Foellmi，Oechslin，2012；Moscosoboedo，D'Erasmo，2012）。此外，Vollrath 认为发展中国家的要素市场不完善往往与政府政策、市场垄断、制度文化有关，特别是户籍等体制性因素导致的二元经济结构固化，其很大程度上阻碍了劳动力和资本在城乡之间的流动，使得城市中找不到投资项目的优质资本不能流到资本投资不足且有发展前景的农村，而廉价劳动力也不能顺利流向城市中有大量劳动力需求的组装制造加工业等劳动密集型产业基地，不利于城乡资源的合理配置（Vollrath，2009）。

　　国内学者王颂吉和白永秀研究了政府的偏向性政策对城乡二元经济要素错配的影响，认为以 GDP 为政绩考核指标的机制会导致各地区为实现短期的快速增长，而倾向于将生产要素过度投资于非农业部门，造成非农业部门投资资本过度但缺乏相应的劳动力，农业部门劳动力过剩但资本缺乏，城乡之间劳动力、资本流动的受阻形成严重的城乡间要素错配（王颂吉、白永秀，2013）。陆铭从空间政治经济学的视角出发，通过对目前中国城市层面的人力资本回报、区域发展方面的人口流动以及国家层面区域发展差异的研究，发现地区间的资源配置因受到政策因素的限制发生扭曲，进而影响到中国经济的可持续发展（陆铭，2017）。韩剑和郑秋玲研究了政府干预（如财政补贴、金融抑制、劳动力流动管制、行政性市场进入壁垒）对要素错配的影响，认为政府干预可以通过两条路径造成较为严重的劳动力、资本错配。其一，通过财政补贴保护现有的生产率较低的企业，使得本应该淘汰的僵尸企业仍然不停地吸收资源，继续存在；而缺少资本投入的高生产率企业可能由于融资约束出现资金链断裂问题，甚至遭遇倒闭，使得市场不能发挥自由选择的功能，市场拣选优质企业的功能失效。其二，严重的行政性市场进入壁垒阻碍了高生产率企业的进入，使得资源不能有效流到生产率高的企业，造成资源的不合理配置（韩剑、郑秋玲，2014）。靳来群等研究了国有企业的行政垄断对要素错配的影响，认为国有企业具有更好的政府资源，进而可以以较低的融资价格获取资本，大量资本流动到国有企业中；而生产率更高的民营企业却饱受信贷约束的困扰，只能以更高的价格从其他渠道融资，这样就加重了资本要素的不合理配置（靳来群等，2015）。在此基础上，汪伟和潘孝挺进一步研究了金融要素扭曲对不同所有制企业的异质性影响，发现国有企业和大型企业的日常经济和研发活动对金融抑制的敏感性不高，受到信贷约束的影响较小；而中小型企业或民营企业的研发投入和资本扩展受到信贷约束的影响较大，侧面反映出所有制对不同企业融资成本和融资难度的影响（汪伟、潘孝挺，2015）。刘盛宇和尹恒基于1998—2008年国内企业数据，从静态和使用模拟矩估计方法的动态角度出发，通过对资本调整成本在全要素生产率和资源配置间担任的重要传导机制的研究，发现通过资本调整改革可以优化资源配置，进而促进经济发展（刘盛宇、尹恒，2018）。

此外，陈勇等研究了市场化水平对资本配置效率的影响，认为市场化水平的提高，使得在市场和政府两个决定资源配置的主体中，市场的作用会进一步加大，这样各种商品和要素价格会更加透明化，价格信号会更加敏感和真实，如此价格能更精确地反映出供求关系的大小与变化趋势，更好地引导资本在地区间、行业间、企业间的流动。而当市场化水平降低，价格反映供求关系的作用会失效，行政计划决定资源配置的途径会受到时效性和准确性的影响，降低资本配置的效率（陈勇、唐朱昌，2006；方军雄，2006）。金碚基于价格体系中微观主体之间的竞争促进市场公平的理论，研究了影响中国高质量发展的机制，并提出要强化市场机制对资源配置的决定性作用（金碚，2018）。对于正处在中等收入阶段的中国而言，张晓晶等认为要寻求政府和市场的最优结合，减少和纠正资源配置扭曲现象，避免在"赶超"背景下落入中等收入陷阱（张晓晶等，2018）。朱喜等实证研究了农村信贷市场、非农就业机会对农村要素配置扭曲的影响，认为农村信贷市场由于信息不对称和交易成本问题，使得一些农户缺乏初始资本，又饱受信贷约束的困扰，不能够顺利实现由劳动投入型向资本投入型转变，加剧了农村资本错配的程度；同时农村具有较多的剩余劳动力，但到城市务工的农民工由于受到生活成本、心理成本和制度成本的约束，降低了他们的迁移动力，造成农村劳动力的不合理配置（朱喜等，2011）。毛其淋进一步研究了贸易自由化和要素配置扭曲对企业生产率的影响，认为要素配置扭曲的制度缺失导致部分企业为获得财政补贴而与政府建立各种关系，进行寻租行为，这种短视活动获得的利益是不可持续的，也不利于企业生产率的提高；贸易自由化加剧了国内企业间的竞争程度，有助于引导企业注重研发投入，激励企业进行技术革新和设备更新，提高企业全要素生产率和竞争优势，同时贸易自由化也降低了企业进口中间投入品的成本，减弱了企业为获取廉价生产要素而与政府部门建立关系乞求寻租的行为动机（毛其淋，2013）。所以，贸易自由化不但直接促进企业的全要素生产率的提高，也抑制了要素错配对企业生产效率的阻碍作用。对于企业层面资源配置效率的衡量，盛丹等在开发区的"集聚效应"和"选择效应"的影响下，结合企业成本加成率进行量化分析，发现开发区的资源配置效率要高于非开发区（盛丹等，2018）。白俊红等考察了中国对外直接投资对于国内资源配置的影响，发现对外直接投资可以通过生产要素在国际间的流动、产业转移、市场完全竞争等机制优化资源配置效率（白俊红等，2018）。

第二节 收入分配差距的相关文献梳理

一 要素间收入分配的相关研究

20 世纪 80 年代以来，经济合作与发展组织（OECD）国家的劳动收入占比出现了不同程度的下降，劳动报酬增长滞后于产出增长的现象引起了国外学者的高度关注。Hutchinson 和 Persyn 利用欧盟 15 国的产业数据实证发现，技术进步和资本产出比与劳动收入占比的下降有显著关系，并认为欧盟国家具有资本增强型技术进步，导致资本相对于劳动要素投入加大，资本收入份额相对于劳动收入份额较高（Hutchinson，Persyn，2012）。Arpaia 等进一步将劳动分为熟练劳动和非熟练劳动，利用资本与熟练劳动的互补性、熟练劳动与非熟练劳动的替代性解释了劳动收入占比下降的原因（Arpaia et al.，2009）。Blanchard 和 Giavazzi 从劳动力市场角度出发，研究了劳动力议价能力对劳动收入占比的长期影响和短期影响；并指出劳动力议价能力下降，短期可能引起劳动收入占比的下降，但长期会促使新的厂商进入，导致市场规模的扩大和企业间竞争的增强，有助于工资的提高，进而促进劳动收入占比的提高（Blanchard，Giavazzi，2003）。Acemoglu 在此基础上进一步发现，劳动力议价能力影响企业的技术进步方向，间接作用于劳动收入占比（Acemoglu，2002）。也有学者认为全球化背景下，资本的流动性强于劳动，导致资本的议价能力强于劳动，进而降低了劳动收入占比（Jayadev，2007）。欧盟委员会研究发现，全球化明显降低中等技能劳动收入占比，但对于高技能和低技能劳动收入占比的影响并不显著。Hogrefe 和 Kappler 则认为贸易与劳动收入占比负相关的情况，只发生在工会密集的国家（Hogrefe，Kappler，2010）。此外，Karabarbounis 和

Neiman 认为结构转型对劳动收入占比有显著影响，并从行业变动角度解释了劳动收入占比下降的原因（Karabarbounis, Neiman, 2014）。Stockhammer 认为利率管制也会显著降低劳动收入占比（Stockhammer, 2013）。

中国的劳动收入占比也经历了较长时间的下降。关于中国劳动收入份额下降的原因，国内学者主要归结于经济发展水平、产业结构、外商直接投资、对外开放度、市场化程度、信贷约束和国企改制等。其中，白重恩等将垄断竞争模型和新古典经济模型结合，构建了要素报酬份额的决定模型，并基于中国工业经济数据库研究了国有企业和非国有企业资本要素份额的大小及其变化趋势，研究发现国有企业的资本报酬占比低于非国有企业，且产品市场垄断和国有部门改制是中国工业部门要素分配份额的主要影响因素（白重恩等，2008）。李稻葵等发现劳动收入占比与经济发展和结构转型密切相关，且随着 GDP 和第二产业比重的变化，劳动收入占比呈现先下降后上升的"U"形规律，并提出了劳动收入占比"U"形规律的解释框架（李稻葵等，2009）。罗长远和张军基于中国 1987—2004 年各省份的面板数据，研究了中国劳动收入占比下降的原因，发现外商直接投资在引进外资优惠条件下降低劳动力谈判能力，进而降低了劳动收入占比。经济发展水平与劳动收入占比呈"U"形关系，但中国目前处于曲线下降的阶段，进而不利于劳动收入占比的提高。而资本密集型产品进口、财政支出、物质资本和人力资本积累则有利于劳动收入占比的提高（罗长远、张军，2009a）。罗长远和张军还基于产业角度，实证研究了产业结构的变化对中国劳动收入占比的影响，发现劳动收入占比的变化与产业结构变化、各产业劳动收入占比的波动密切相关（罗长远、张军，2009b）。白重恩和钱震杰基于 1985—2003 年中国各省份面板数据，分两阶段研究了劳动收入占比波动的影响因素，实证研究发现产业结构、国有经济比重、税收水平对 1985—2003 年两阶段的劳动收入份额有显著影响，经济开放程度和金融发展水平仅对 1996—2003 年的劳动收入份额有显著影响（白重恩、钱震杰，2010）。

祁毓等基于中国省级面板数据，研究了财政分权背景下劳动力的保护力度对劳动收入占比的影响，发现财政分权以后，地方政府为了招商引资给予出资方各种"优惠条件"，变相放松了对劳动力的保护，提升了外商企业在工资决定方面的谈判能力，进而降低了劳动收入占比，所以财政分权不利于劳动收入占比的提升（祁毓、李祥云，2011；杨俊等，2010）。唐东波基于劳动力议价能力构建了劳动收入占比的决定模型，并利用中国省级面板数据系统考察了中国劳动收入占比下降的原因，发现贸易扩张有利于劳动收入占比的提高，而外商直接投资却由于优惠待遇而降低劳动力议价能力，不利于劳动收入占比的提升，经济增长水平与劳动收入占比呈"U"形关系（唐东波，2011）。张松林研究了城市化过程中的市场化水平对劳动收入占比的影响，基于 2000—2009 年的省级面板数据实证发现，总体上市场化水平不利于劳动收入占比的提高，且其影响具有门槛效应，在"不完全城市化"向"完全城市化"转变的过程中，市场化水平对劳动收入占比的负效应将减小（张松林，2015）。柏培文和杨志才从劳动力供求关系、劳动力属性、闲暇效用和劳动力制度保护四个方面衡量劳动力议价能力，运用模型刻画了劳动力议价能力与劳动收入占比的关系，并实证研究进入 21 世纪后劳动力议价能力对劳动收入占比的影响，发现劳动力议价能力与劳动收入占比显著正相关，劳动力议价能力可以解释劳动收入占比波动的 10.10%，且工资在二者传导机制中有显著的中介效应（柏培文、杨志才，2019）。

此外，也有学者从税收、人口老龄化和劳动力转移角度解释中国劳动收入占比下降的原因。郭庆旺和吕冰洋认为近年来劳动收入份额的下降和税收政策紧密相关，并基于税收的替代效应和收入效应解释了 1994 年分税制以来，中国劳动收入占比下降、资本收入占比上升的趋势，其中税收的替代效应改变了劳动力和资本的税前收益率，而税收的收入效应则改变了劳动力和资本的税后收益率（郭庆旺、吕冰洋，2011）。魏下海等构建理论模型从人口年龄结构解释劳动收入占比波动的原因，认为人口年龄结构的变化将影响个体的储蓄行为和消费行为，对资本集约程度产生影响，进而影响到劳动收入占比的波动，并利用中国省级面板数据证实了老年抚养比和少儿抚养比的变化显著影响了中国劳动收入占比（魏下海等，2012）。陈宗胜和宗振利基于中国二元经济结构，研究了劳动力转移对劳动收入占比的影响，发现城乡二元经济结构的演化显著影响劳动收入占比的波动，其中农村剩余劳动力数量显著降低了劳动收入占比（陈宗胜、宗振利，2014）。

二 居民间收入分配的相关研究

中国地区间收入差距相当明显，洪兴建构建新的基尼系数和极化指数，分别考察了1978—2008年中国31个省份和八大区域之间的收入差距和极化现象，发现改革开放以来省份间、区域间收入差距的上升趋势非常明显，且区域的极化现象显著（洪兴建，2010）。欧阳葵和王国成克服了基尼系数的局限性，将社会福利函数纳入收入分配不平等的指标当中，分别测算了中国地区间、城镇居民间和农村居民间的收入差距，发现各层次收入差距都有逐年上升的趋势（欧阳葵、王国成，2014）。

中国城镇内部和农村内部的收入差距也引起了学者们的关注。罗楚亮基于城市住户调查数据研究了就业稳定性对城市内部工资收入的影响，发现由于市场歧视性因素的存在，城市内部稳定就业和非稳定就业人群的工资差距在扩大（罗楚亮，2008）。张奎和王主祥测算了1995—2007年上海市城镇居民的收入差距和极化问题，发现上海市城镇居民收入差距的基尼系数和极化指数有逐年上升的趋势（张奎、王主祥，2009）。康璞和蒋翠侠利用参数与非参数两种估计方法测度了中国收入分配差距的基尼系数，发现中国城镇居民收入差距在逐年扩大（康璞、蒋翠侠，2009）。罗楚亮利用农村住户调查微观数据测算了中国不同年份的基尼系数，并考察了收入差距、农村贫困和经济增长的作用关系，发现收入差距减缓的经济增长弹性远大于农村贫困减缓的经济增长弹性，且有逐年增长的趋势，并且农村居民的收入差距有逐年上升的趋势（罗楚亮，2012）。

此外，也有较多文献研究中国行业间收入差距的趋势。钟春平等测算了1978—2002年中国各行业之间的收入差距，发现中国行业间收入差距在1998年以来有逐年上升的趋势（钟春平，2004；王美艳、蔡昉，2005）。金玉国进一步研究发现，1993年以后，电信和金融等垄断性行业的平均工资收入远高于其余行业，而制造业、零售业等竞争性高的行业平均工资较低（金玉国，2004）。此外，陈菲将研究视角深入第三产业内部，发现第三产业内部的新兴产业与传统产业之间、垄断行业与竞争行业之间的收入差距逐年加大（陈菲，2003）。同时，陈钊等指出中国行业之间的收入差距愈演愈烈，正逐步成为居民收入差距中的最重要环节（陈钊等，2009）。柏培文进一步指出中国不同行业的工资差距逐年扩大，且行业之间工资分配的公平性问题也逐渐凸显（柏培文，2010）。在此基础上，柏培文考察了企业内部管理层与普通员工之间工资收入的差距，发现在管理层偏向分配的影响下，高层和普通员工的工资差距非常明显（柏培文，2015）。

三 收入分配差距的经济影响

收入差距的扩大对经济增长产生重要的影响，国内外学者对于这一问题的实证研究很多。由于研究时段的长短、宏微观数据的差异、方法模型构造的不同，研究结论出现差异。其中，Clarke等认为收入差距对经济增长有严重的阻碍作用（Clarke，1995；Aghion et al.，1999），Li等则认为收入差距的扩大有利于经济增长（Li，Zou，1998；Forbes，2000），也有部分学者认为收入差距对经济增长没有影响或因情况而变（Susanu，2012；Shin，2012）。

近年来，收入分配与经济增长的倒"U"形关系逐步被学者们接受。Banerjee和Duflo对跨国数据使用非参数估计方法实证发现，收入差距对经济增长的影响存在门槛值，门槛值以内，收入差距有利于经济增长；但收入差距大于门槛值时，会严重阻碍经济的有效增长（Banerjee，Duflo，2003）。刘生龙构建模型演绎了收入分配对经济增长的作用机制，发现轻微的收入差距有利于经济增长，但是超过一定界限，收入差距将不利于经济的有效增长，且利用跨国数据证实了收入差距对经济增长的影响呈倒"U"形关系（刘生龙，2009）。Malinen利用面板数据实证发现收入差距对经济增长存在非线性关系，并进一步指出收入差距对经济增长先促进后阻碍，呈倒"U"形关系（Malinen，2013）。

同时，学者们从人力资本积累（Viane，Zitcha，2001；Galor，Moav，2004；Grossmann，2008）、劳动力供给机制（Garda – Pennalosa，Turnovsky，2006）、创新激励机制（Foellmi，Zweimuller，2006；Hatipoglu，2007）等角度给出了收入不平等与经济增长的作用机理。此外，何立新和潘春阳讨论了居民收入差距、机会不均等对居民幸福感的影响，发现收入差距和机会不均等严重损害了中低收入阶层的幸福指数（何立新、潘春阳，2011）。高帆和汪亚楠利用面板数据实证发现，城乡收入差距通过人力资本和市场需求对全要素生产率产生规模效应和结构效用影响，随着城乡收入差距的扩大，全要素生产率呈现先增加后下降的倒"U"形趋势（高帆、汪亚楠，2016）。

凯恩斯较早提出边际消费倾向的概念，认为随着个人收入的增加，个人的边际消费倾向具有递减的趋势，也就是说，低收入居民的消费倾向高于高收入居民的消费倾向。并且凯恩斯认为消费是由当期收入决定，随着收入的增加，个人的当期消费往往也随之增加，即公式 $c_i = \beta y_i + \mu_i$，随机干扰项 μ 表示当期未预见的随机事件。随后杜森贝里提出相对收入假说，认为人们的消费容易受到身边其他人的消费习惯和自己以前的消费习惯的影响，即随着收入的增加，个人增加消费的动力较大；但当个人收入降低时，类似于"棘轮效应"和"示范效应"，个人往往很难降低当期的消费。莫迪利安尼、弗里德曼等进一步发展了收入消费理论，提出持久收入假说和生命周期假说。他们认为理性的个人为了实现更加长期的效用最大化，会将以后各期的收入预期加入当期消费的决定因素中，进而在更加长期或整体生命周期中决定各期的消费，以此获得最大效用。后来学者们开始关注收入差距对消费的影响。Khan通过实证发现收入差距的扩大不利于消费支出的增加（Khan，1987）。Cutler研究了收入差距和要素报酬份额对消费的影响，发现二者都是消费支出的重要影响因素（Cutler，1992）。Wu和Perloff从城市和农村两个层面研究了中国地区间收入差距对消费的影响，发现城乡间、城市内部和农村内部的收入差距的扩大产生了很大的消费不均衡效应（Wu，Perloff，2004）。

国内学者较多探究收入分配差距对消费需求的影响。董碧松和张少杰基于消费需求的视角研究收入分配差距对经济增长的影响，提出并验证了收入差距—消费需求—经济增长的传导路径（董碧松、张少杰，2009）。在此基础上，刘东黄和沈坤荣进一步提出要素分配—收入差距—消费增长的传导路径，认为要素分配是通过收入差距影响消费需求的，并验证了收入分配的中介效用的显著性（刘东黄、沈坤荣，2012）。邹红和喻开志构建模型分析了收入差距、劳动报酬占比影响消费需求的作用机制，发现城乡收入差距和劳动报酬占比是居民长期低消费的根本原因（邹红、喻开志，2011）。李江一和李涵利用家庭金融调查数据，实证检验了城乡间收入差距对居民消费需求的影响，研究发现城乡间收入差距的扩大提高了居民人力资本和社会资本的投入，但挤出了居民的消费支出（李江一、李涵，2016）。靳涛和邵红伟从理论上分析了平均主义、两极分化、正态分布的收入分配对消费需求的影响，并认为平均主义的收入分配制度会导致居民消费的"排浪"现象，使得需求大幅度波动，不利于商品的多样化；两极分化的收入分配制度会导致穷人的购买力得不到实现，富人的边际消费倾向低而消费有限，最终使得总消费受限；正态分布的收入分配制度可以有效排除上述缺陷，实现消费与经济的有序增长（靳涛、邵红伟，2016）。

第三节 要素配置与收入分配差距的相关文献梳理

目前学术界的主流观点认为优化要素配置效率有利于促进经济收敛，缩小收入差距。王莉芳从收入分配结构、产业结构和 TFP 的传导机制研究了要素配置对经济收敛的影响。其中，要素错配的一个重要表现是要素价格在不同行业、地区间的差异，因此要素价格不同会引起地区间要素提供者的收入不同。另外，劳动要素相比于资本要素的回报率偏低，这就造成劳动要素集聚的欠发达地区的收入水平要低于资本相对集聚的发达地区，使得收入差距进一步拉大。而且由于要素错配的存在，要素无法实现在不同地区、不同产业间自由转移，抑制了产业结构的调整和升级，也会导致地区间的收入差距扩大（王莉芳，2019）。基于供给侧改革理论，潘栋梁等认为通过发展乡村特色产业集群、加快城镇化和中心村的建设，可以发挥其乘数效应带来的聚集优势，进而带动周边农村地区人力、资金等要素的流动，有助于缩减城乡收入差距（潘栋梁等，2019）。杨志才通过对中国各省份三大产业数据的测算，对比实际状态下与无要素错配下省份间收入差距的基尼系数和泰尔系数指标，发现通过要素配置的优化来促进人力资本和劳动力的自由转移以及加快技术学习效应可以带来产业结构升级，从而缩减收入差距（杨志才，2019）。韦朕韬在研究要素市场对中国消费需求的影响中引入收入差距作为两者的传导机制，分别分析了劳动力市场、资本市场和土地市场的要素配置对收入差距的影响（韦朕韬，2019）。在此基础上，对于劳动力和人力资本的配置情况，杨志才和柏培文通过构建二元经济的测算模型，分别分析了省份间、农业部门和非农业部门间要素错配对收入差距的影响，发现要素错配会造成产出缺口增大（杨志才、柏培文，2017）。蒋含明用泰尔指数来衡量相邻省份间的收入差距，在研究中构造出面板协整模型进行实证分析，结果发现要素价格的扭曲加剧了省份内部及相邻省份的收入差距，并且对相邻省份的收入差异有更大的影响（蒋含明，2013）。

第四节 简要评述

目前关于资源错配的研究主要分析了资源错配的内涵与成因（如融资约束、金融市场摩擦、企业的进入与退出机制、政策扭曲和加成率），利用各种测算方法（直接测算、间接测算）对各层次的劳动力、资本、土地等要素错配进行了测算，也重点分析了要素错配带来的经济影响（产出水平或全要素生产率、产业结构、劳动力就业等），同时也给出了要素错配的影响因素（主要是行政干预、行业垄断、所有制等体制性因素）。关于收入分配差距的研究，学者们分析了中国要素间、居民间收入差距的严重程度，给出了要素间、居民间收入差距不断扩大的原因，以及收入分配差距的波动带来的经济影响。这些研究成果给中国的经济结构转型、新常态下的供给侧改革以及实施"一带一路"倡议提供了理论支持和经验借鉴，但仍有待完善和扩展之处。

第一，要素错配的测算方法需要进一步优化。首先，现有关于要素错配的测算模型较多将资本、劳动力分开，研究单一要素的错配及其对经济的影响，较难觉察到劳动力、资本要素的互补性及其匹配问题。其次，需要突破现有研究的单部门或两部门框架的限制，构建多部门测算模型。再次，现有研究缺少对中国各省份的劳动力、资本要素错配时间趋势的刻画，缺少对要素错配的相对大小与变化趋势的深入分析。最后，鲜有文献从二元经济的视角考察中国省际的劳动力、资本要素错配程度的变化趋势。

第二，缺少对要素错配加剧的影响因素的系统性研究。传统文献主要从户籍制度、行政干预、行业垄断等体制性因素解释要素错配加剧的趋势，没有从理论上进行深入的系统性阐述，也缺少实证经验的支持。另外，经济结构因素、要素自身因素、技术进步因素、经济环境因素对要素错配的影响有待进一步验证。

第三，要素错配、收入分配差距与经济增长的传导机制尚需完善。学者们从各种角度给出了收入差距扩大的原因，但鲜有文献从要素配置的角度解释收入差距扩大的原因，缺少对要素错配与收入分配差距二者作用机制的深入探讨。同时，也缺少要素错配对经济增长具体作用路径的研究。因此，有必要深入探讨要素错配、收入分配差距、消费和投资需求与经济增长之间的联动效应和传导机制，系统考察要素错配是如何引起收入分配差距、消费和投资结构的变化，进而影响经济增长。从要素配置的角度寻找影响收入分配差距、消费和投资需求波动的根源，进而为降低中国收入差距、扩大内需以及提高产出提供更为合理有效的对策依据。

第四，缺少矫正要素错配、缓解收入差距、促进经济增长的具体路径。现有研究多数停留在要素错配的测算和原因解释层面上，减轻和消除要素错配的举措不够具体。所以需要结合中国经济进入新常态的特点，从政策和制度上提出矫正中国劳动力、资本要素配置扭曲，进而缓解收入差距、促进经济增长的具体路径，为中国现阶段的供给侧改革提供一定的参考。

第三章

中国省际要素错配程度的演变趋势与分析

现有关要素错配的测算模型较多将资本、劳动力分开,研究单一要素的错配及其对经济的影响,较难觉察到劳动力、资本要素的互补性及其匹配问题。基于要素配置的动态性与路径选择性,可以发现劳动力要素的配置需要考虑资本要素的动态变化,要想精确测算劳动力的扭曲程度,需要考虑资本的配置状态,资本要素的配置与此类似。与以往的测算方法不同,本章认为在核算劳动力、资本错配程度时必须考虑要素配置的动态性与路径选择性,如此可摆脱静态经济系统中考察变量之间关系的局限性,使其更具有合理性。同时,本章借鉴 Aoki 的摩擦力系数构建多部门劳动力、资本错配的具体度量方式。

首先,本章将劳动力和资本放在同一框架下构建模型,核算了 1995—2014 年全国各省份劳动力和资本的错配程度,并借助 Blinder 和 Oaxaca 的差值分解方法,将劳动力、资本错配程度分解为要素回报差异的贡献和产业内部要素市场扭曲的贡献(Blinder,1973;Oaxaca,1971)。其次,本章基于二元经济的视角,将劳动力和资本放在同一框架下分别从劳动力配置角度和人力资本配置角度核算了 1995—2014 年全国各省份农业与非农业间劳动力和资本的错配程度。最后，本章巧妙地利用方言区的划分构建测度模型，研究了劳动力和资本要素错配的空间自相关性，并利用 ADF 检验方法验证了劳动力和资本要素错配的时间收敛性。

第一节 中国省际产业间要素错配程度的演变趋势

一 测度模型

如图 3-1 的左图所示，y_i、l_i、k_i、A_i 分别为 i 省份的产出、劳动力、资本和全要素生产率，且 $y_i = y(l_i | k_i, A_i)$。A 点为 i 省份要素配置的初始状态，此时总的资本量为 k_i^1，第一产业的劳动力为 l_{i1}^0。假设资本的配置处于最优状态，i 省份通过调整三大产业劳动力的配置，可以达到的最优产出为 y_i^1，此时第一产业的劳动力为 l_{i1}^1，则第一产业的劳动力扭曲量为 $l_{i1}^0 - l_{i1}^1$。

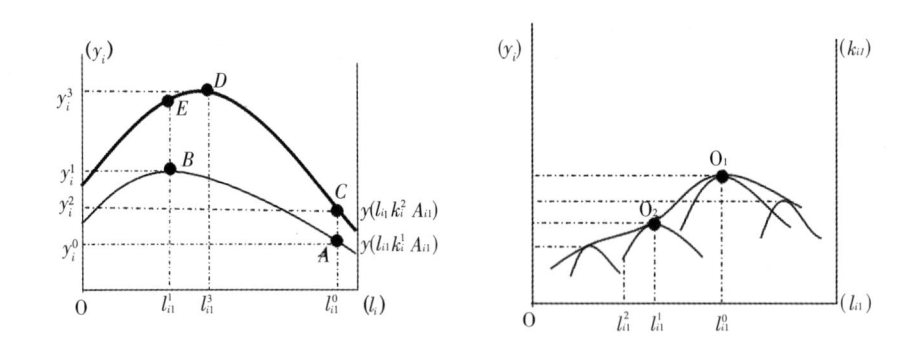

图 3-1 要素错配的动态性与路径选择性

如果 i 省份的总资本量增加到 k_i^2，则 i 省份的要素配置的调整有两条选择路径，即 $A \rightarrow B \rightarrow E$ 和 $A \rightarrow C \rightarrow D$。第一条路径调整劳动力的配置时不考虑资本的状态，其实质是认为资本的状态不影响劳动力的扭曲,所以得出的劳动力扭曲量仍然为 $l_{i1}^0 - l_{i1}^1$,如此通过调整劳动力在三大产业间的配置得到的最优产出低于 y_i^3。第二条路径首先考虑资本量的增加,在资本达到最优状态时再寻找劳动力的合理配置点 D,得到的劳动力扭曲量为 $l_{i1}^0 - l_{i1}^3$,如此通过调整劳动力在三大产业间的配置得到的最优产出为 y_i^3。显然两条路径得到的结果有天壤之别,相比于路径 1,路径 2 有较低的劳动力扭曲量和较高的最优产出,说明劳动力要素的配置需要考虑资本的动态变化。

在图 3-1 的右图可以看到,对于每一状态的资本配置,都有相应的劳动力配置使得总产出在这一资本配置状态下达到最优。如果在测算劳动力的扭曲量时不考虑资本配置是否达到最优,则 O_2 点的 l_{i1}^1 是资本在扭曲状态下的劳动力最优配置,如此得到的劳动力扭曲量为 $l_{i1}^1 - l_{i1}^2$,显然劳动力从 l_{i1}^2 调整到 l_{i1}^1 并不能得到最优产出。只有资本配置状态为 O_1 时,才能通过劳动力配置的调整得到最大总产出,与此比较,得到的劳动力扭曲量为 $l_{i1}^0 - l_{i1}^2$。说明在精确计算劳动力的扭曲量时,资本必须为最优配置状态。

借鉴柏培文的思路(柏培文,2012),假设多行业中任选 m、i 两个行业,且行业的生产函数分别为 $Y_m = A_m K_m^{\alpha_m} L_m^{\beta_m}$,$Y_i = A_i K_i^{\alpha_i} L_i^{\beta_i}$,其中 Y 表示行业产出,K 表示资本,L 表示劳动力,α、β 分别为资本和劳动力的产出弹性。则相应有劳动边际生产力 $p_{ml}\kappa_{ml} = \beta_m A_m K_m^{\alpha_m} L_m^{\beta_m - 1} = \beta_m Y_m / L_m$,$p_{il}\kappa_{il} = \beta_i A_i K_i^{\alpha_i} L_i^{\beta_i - 1} = \beta_i Y_i / L_i$,其中 p 表示劳动的回报率(即工资),κ 表示劳动回报率与劳动边际产出的扭曲度。则有:

$$L_m = \frac{L_m}{L_i} L_i = \frac{\beta_m Y_m / p_{ml}\kappa_{ml}}{\beta_i Y_i / p_{il}\kappa_{il}} L_i$$

$$= \frac{\beta_m \gamma_m / p_{ml}\kappa_{ml}}{\beta_i \gamma_i / p_{il}\kappa_{il}} L_i = \frac{\beta_m \gamma_m}{\beta_i \gamma_i} \cdot \frac{1}{\rho\left(\frac{p_{ml}\kappa_{ml}}{p_{il}\kappa_{il}}\right)} L_i \quad (3-1)$$

其中，$\gamma_m = Y_m/Y$，$\beta = \sum_j \beta_j \gamma_j$，$\rho\left(\dfrac{p_{ml}\kappa_{ml}}{p_{il}\kappa_{il}}\right) = \dfrac{\beta_i \gamma_i p_{ml}\kappa_{ml}}{\beta p_{il}\kappa_{il}}$。

依据 Aoki 的方法推测（Aoki，2012），当 m、i 两行业的劳动边际生产力相等时，意味着 m、i 行业之间不存在劳动力配置扭曲，即有 $\rho\left(\dfrac{p_{ml}\kappa_{ml}}{p_{il}\kappa_{il}}\right) = 1$；当 m、i 两行业的劳动边际生产力不相等时，意味着 m、i 行业之间存在劳动力配置扭曲，即有 $\rho\left(\dfrac{p_{ml}\kappa_{ml}}{p_{il}\kappa_{il}}\right) > 1$ 或 $\rho\left(\dfrac{p_{ml}\kappa_{ml}}{p_{il}\kappa_{il}}\right) < 1$，此时 m、i 行业间的错配劳动量为 $\Delta L_m = \dfrac{\beta_m \gamma_m}{\beta}\left(\dfrac{1}{\rho} - 1\right)L_i$。如此，可以用行业间劳动边际生产力的扭曲测度行业间劳动力错配程度。

但在解算行业劳动边际生产力的时候面临一个问题——资本是否调整为最优配置？可以设想，如果资本仍然处于扭曲状态，如此求得的劳动边际生产力也不是最优的，此时得到的并不是相对于最优总产出的劳动力扭曲量，即使完全消除劳动力错配，也得不到劳动力的最优配置。所以下文将基于要素配置的动态性与路径选择性的分析，采用最优产出状态为比较对象测算劳动力要素的扭曲度。

类似于劳动力的分解，m 行业的资本投入量可以表示为：

$$\begin{aligned} K_m &= \dfrac{K_m}{K}K = \dfrac{\alpha_m Y_m/p_{mk}\kappa_{mk}}{\sum_j \alpha_j Y_j/p_{jk}\kappa_{jk}}K \\ &= \dfrac{\alpha_m \gamma_m/p_{mk}\kappa_{mk}}{\sum_j \alpha_j \gamma_j/p_{jk}\kappa_{jk}}K = \dfrac{\alpha_m \gamma_m}{\alpha} \cdot \dfrac{1}{\rho\left(\dfrac{p_{mk}\kappa_{mk}}{p_{jk}\kappa_{jk}}\right)}K \end{aligned} \quad (3-2)$$

其中，$p_{mk}\kappa_{mk}$ 为资本的边际产出，$\alpha = \sum_j \alpha_j \gamma_j$，$\rho\left(\dfrac{p_{mk}\kappa_{mk}}{p_{jk}\kappa_{jk}}\right) = \sum_j \dfrac{\alpha_j \gamma_j p_{mk}\kappa_{mk}}{\alpha p_{jk}\kappa_{jk}}$。

当行业间不存在资本错配时，则行业间资本的边际产出相等，即 $\rho\left(\dfrac{p_{mk}\kappa_{mk}}{p_{jk}\kappa_{jk}}\right) = \sum_j \dfrac{\alpha_j \gamma_j p_{mk}\kappa_{mk}}{\alpha p_{jk}\kappa_{jk}} = 1$，则 m 行业的资本配置从 K_m 变为 $\hat{K}_m$，其中 $\hat{K}_m = \dfrac{\alpha_m \gamma_m}{\alpha} K$。此时，$m$ 行业的劳动力边际产出将变为：

$$p'_{ml}\kappa'_{ml} = p_{ml}\kappa_{ml}\left(\dfrac{\hat{K}_m}{K_m}\right)^{\alpha_m} \tag{3-3}$$

接下来，本书在柏培文和杨志才的研究基础上（柏培文、杨志才，2016），将行业 m 相对于行业 i 的劳动力错配程度表示为：

$$\hat{\rho}\left(\dfrac{p_{ml}\kappa_{ml}}{p_{il}\kappa_{il}}\right) = \dfrac{\beta_i \gamma_i}{\beta} \sqrt{\left(\dfrac{p'_{ml}\kappa'_{ml}}{p'_{il}\kappa'_{il}} - 1\right)^2}$$

$$= \dfrac{\beta_i \gamma_i}{\beta} \sqrt{\left(\dfrac{p_{ml}\kappa_{ml}(\hat{K}_m/K_m)^{\alpha_m}}{p_{il}\kappa_{il}(\hat{K}_i/K_i)^{\alpha_i}} - 1\right)^2} \tag{3-4}$$

同理，为了测度中国省际的劳动力、资本错配程度，将 p_1、p_2、p_3 分别表示为第一、第二、第三产业的要素回报率，κ_1、κ_2、κ_3 分别表示第一、第二、第三产业的要素回报与要素边际产出扭曲程度，v_1、v_2、v_3 分别表示第一、第二、第三产业的要素占比权重。则三大产业间要素 F 的扭曲程度可表示为：

$$H_F = v_1\hat{\rho}\left(\dfrac{p_1\kappa_1}{p_2\kappa_2}\right) + v_1\hat{\rho}\left(\dfrac{p_1\kappa_1}{p_3\kappa_3}\right) + v_2\hat{\rho}\left(\dfrac{p_2\kappa_2}{p_1\kappa_1}\right)$$

$$+ v_2\hat{\rho}\left(\dfrac{p_2\kappa_2}{p_3\kappa_3}\right) + v_3\hat{\rho}\left(\dfrac{p_3\kappa_3}{p_1\kappa_1}\right) + v_3\hat{\rho}\left(\dfrac{p_3\kappa_3}{p_2\kappa_2}\right) \tag{3-5}$$

将第二、第三产业扭曲合并，得到非农业内部要素配置扭曲程度：

$$H_{FI} = v_2\hat{\rho}\left(\dfrac{p_2\kappa_2}{p_3\kappa_3}\right) + v_3\hat{\rho}\left(\dfrac{p_3\kappa_3}{p_2\kappa_2}\right) \tag{3-6}$$

基于 Blinder、Oaxaca 的差值分解方法（Blinder，1973；Oaxaca，1971），将 $\hat{\rho}\left(\frac{p_1\kappa_1}{p_2\kappa_2}\right)$ 按照产业间要素回报率的差异和产业内要素回报与要素边际产出的扭曲度进行分解，则有：

$$\hat{\rho}(\frac{p_1\kappa_1}{p_2\kappa_2}) = [\hat{\rho}(\frac{p_1\kappa_1}{p_2\kappa_2}) - \hat{\rho}(\frac{\kappa_1}{\kappa_2})] + [\hat{\rho}(\frac{p_1\kappa_1}{p_2\kappa_2}) - \hat{\rho}(\frac{p_1}{p_2})]$$
$$+ [\hat{\rho}(\frac{\kappa_1}{\kappa_2}) + \hat{\rho}(\frac{p_1}{p_2}) - \hat{\rho}(\frac{p_1\kappa_1}{p_2\kappa_2})] \quad (3-7)$$

其中 $[\hat{\rho}(\frac{p_1\kappa_1}{p_2\kappa_2}) - \hat{\rho}(\frac{\kappa_1}{\kappa_2})]$ 反映的是产业间要素回报差异的贡献，$[\hat{\rho}(\frac{p_1\kappa_1}{p_2\kappa_2}) - \hat{\rho}(\frac{p_1}{p_2})]$ 反映的是产业内部要素市场扭曲的贡献，$[\hat{\rho}(\frac{\kappa_1}{\kappa_2}) + \hat{\rho}(\frac{p_1}{p_2}) - \hat{\rho}(\frac{p_1\kappa_1}{p_2\kappa_2})]$ 为调节项。

如此，则有 $H_F = H_p + H_{Id} + H_{pId}$。其中：

$$H_p = \nu_1[\hat{\rho}(\frac{p_1\kappa_1}{p_2\kappa_2}) - \hat{\rho}(\frac{\kappa_1}{\kappa_2})] + \nu_1[\hat{\rho}(\frac{p_1\kappa_1}{p_3\kappa_3}) - \hat{\rho}(\frac{\kappa_1}{\kappa_3})]$$
$$+ \nu_2[\hat{\rho}(\frac{p_2\kappa_2}{p_1\kappa_1}) - \hat{\rho}(\frac{\kappa_2}{\kappa_1})] + \nu_2[\hat{\rho}(\frac{p_2\kappa_2}{p_3\kappa_3}) - \hat{\rho}(\frac{\kappa_2}{\kappa_3})]$$
$$+ \nu_3[\hat{\rho}(\frac{p_3\kappa_3}{p_1\kappa_1}) - \hat{\rho}(\frac{\kappa_3}{\kappa_1})] + \nu_3[\hat{\rho}(\frac{p_3\kappa_3}{p_2\kappa_2}) - \hat{\rho}(\frac{\kappa_3}{\kappa_2})] \quad (3-8)$$

$$H_{Id} = \nu_1[\hat{\rho}(\frac{p_1\kappa_1}{p_2\kappa_2}) - \hat{\rho}(\frac{p_1}{p_2})] + \nu_1[\hat{\rho}(\frac{p_1\kappa_1}{p_3\kappa_3}) - \hat{\rho}(\frac{p_1}{p_3})] + \nu_2[\hat{\rho}(\frac{p_2\kappa_2}{p_1\kappa_1})$$
$$- \hat{\rho}(\frac{p_2}{p_1})] + \nu_2[\hat{\rho}(\frac{p_2\kappa_2}{p_3\kappa_3}) - \hat{\rho}(\frac{p_2}{p_3})] + \nu_3[\hat{\rho}(\frac{p_3\kappa_3}{p_1\kappa_1}) - \hat{\rho}(\frac{p_3}{p_1})]$$
$$+ \nu_3[\hat{\rho}(\frac{p_3\kappa_3}{p_2\kappa_2}) - \hat{\rho}(\frac{p_3}{p_2})] \quad (3-9)$$

在 H_p 中，每一项都反映了某种情形下的产业间要素回报差异的贡献。因此，H_p 反映的是产业间要素回报率差异对要素配置扭曲的贡献，加上绝对值，就可以刻画产业间要素回报率差异导致的要素配置扭曲。H_{Id} 反映的是产业内部要素市场扭曲对要素配置扭曲的贡献，加上绝对值，就可以刻画产业内部要素市场扭曲导致的要素配置扭曲。H_{pId} 反映的是相互彼此叠加效应的影响，作为调节项来处理。

二 参数设置与数据处理

为了测度 1995—2014 年中国各省份（暂不含中国香港、澳门、台湾、西藏地区，下同）劳动力和资本要素错配程度以及要素错配的分解，需要中国各省份三次产业的生产总值、劳动力人数、物质资本存量、平均工资、资本收益率以及要素产出弹性的相关数据。

第一，生产总值和劳动力人数。中国各省份三大产业的生产总值数据来源于《中国统计年鉴》，在处理中需要用三次产业增加值物价指数分别对三大产业的生产总值进行平减。1995—2010 年各省份三大产业的劳动力人数数据来源于 CEIC 中国经济数据库。2010 年以后中国各省份三大产业劳动力统计口径变化较大，2010 年前后数据无可比性，所以本书采用的处理方式：i 省份第一产业劳动力人数 = i 省份劳动力人数 × 全国第一产业劳动力人数/全国劳动力人数，第二、第三产业的处理方式与此类似。中国各省份劳动力人数、全国三次产业劳动力人数、全国劳动力人数的数据来源于《中国统计年鉴》。

第二，物质资本存量。1995—2002 年中国各省份三次产业的物质资本存量的数据来源于徐现祥等估计的中国省区三次产业资本存量（徐现祥等，2007）。在此基础上，2003—2014 年的物质资本存量根据各省份三次产业固定资产投资，按照永续盘存法得到，其中各省份三次产业的固定资产投资按照 2012 年的《三次产业划分规定》，由相关行业加总得到。在处理过程中仿照张军等的做法（张军等，2004），采用 9.6% 的物质资本折旧率，同时用第一、第二、第三产业的固定资产投资物价指数对各产业的固定资产投资进行平减。

固定资产投资的相关数据来源于《中国统计年鉴》。

第三，平均工资。1995—2004 年中国各省份三次产业的平均工资采用的处理方式：i 省份第一产业平均工资 = i 省份第一产业劳动报酬/第一产业劳动力人数，第二、第三产业的平均工资处理方式与此类似。2008—2014 年各省份三次产业的平均工资采用的处理方式：i 省份第一产业平均工资 =（一产城镇单位工资总额 + 一产城镇私营单位和个体户工资总额）/（一产城镇单位就业人员数 + 一产城镇私营单位和个体户就业人员数），第二、第三产业的平均工资处理方式与此类似。其中，各产业城镇单位和城镇私营单位的工资总额和就业人员数由各行业的数据加总得到。2005—2007 年各省份三次产业的平均工资采用移动平均的修复方式得到。各省份三次产业劳动报酬数据来源于《中国国内生产总值核算历史资料（1952—2004）》，各省份相关行业的城镇单位、城镇私营单位及个体户的工资总额和就业人数的数据来源于《中国统计年鉴》。

第四，资本收益率。Bai 等将资本回报定义为生产总值与资本报酬占比的乘积（Bai et al., 2006）。方文全认为生产总值收入法核算中除去劳动报酬的部分都为资本回报（方文全，2012）。张勋和徐建国进一步认为生产总值除去劳动报酬和间接税后的部分才为资本回报（张勋、徐建国，2014）。基于生产总值收入法核算体系，本书认为 GDP 除去劳动报酬、固定资产折旧和间接税后的部分（即营业盈余）为资本回报。各省份三次产业的资本收益率的处理方式：i 省份第一产业资本收益率 = i 省份一产营业盈余/i 省份一产物质资本存量，第二、第三产业的资本收益率处理方式与此类似。1995—2004 年各省份三次产业营业盈余数据来源于《中国国内生产总值核算历史资料（1952—2004）》，2005—2014 年各省份三次产业营业盈余采用的处理方式：m 年份 i 省份一产营业盈余 = 2004 年 i 省份一产营业盈余 × m 年份 i 省份营业盈余/2004 年 i 省份营业盈余，第二、第三产业的营业盈余处理方式与此类似。各省份营业盈余的数据来源于《中国统计年鉴》。

第五，要素产出弹性。要素产出弹性的估算方法：使用各省份的产出、物质资本存量和劳动力人数，采用对数形式进行回归，得到劳动力和资本弹性系数。

三 劳动力错配程度的演变趋势

（一）产业间劳动力错配程度

为了作比较，表3-1分别从资本扭曲配置角度和资本最优配置角度给出了产业间劳动力错配程度的测算结果。[①] 资本扭曲配置角度的产业间劳动力错配程度方面。东部地区，北京、江苏、浙江和福建的劳动力错配程度在2004年以前有逐步下降趋势，而2004年后又步入上升通道，整体呈现以2004年为界点的"U"形结构；与此类似，河北、山东、广东和海南的劳动力错配程度呈现以2008年为界点的先下降后上升的"U"形结构；天津、辽宁和上海的劳动力错配程度在2006年以前呈现先上升后下降的倒"U"形结构，而2006年以后又迈入"V"形上升通道。中部地区，山西、吉林和黑龙江的劳动力错配程度在2008年以前呈现先上升后下降的倒"U"形结构，而2008年后呈现出上升趋势；其余省份的劳动力错配程度则呈现出以2006年为界点的先下降后上升的"U"形结构。西部地区，内蒙古和新疆的劳动力错配程度以2006年为界点，之前呈现先上升后下降的倒"U"形结构，之后则呈现"V"形上升趋势；其余省份较多呈现出以2008年为界点的先下降后上升的"U"形结构。

资本最优配置角度的产业间劳动力错配程度方面。北京和上海的劳动力错配程度起初较低，但有逐年上升趋势，2010年以后处于较高水平；天津的劳动力错配程度起初不高，且变化缓慢；江苏和海南的劳动力错配程度在2006年以前基本维持在较低水平，且变

[①] 为了描述方便，本书将考虑资本配置状态的测算作为资本最优配置角度的测算，否则为资本扭曲配置角度的测算，下同。

表3-1 产业间劳动力错配程度

<table>
<tr><th rowspan="2"></th><th colspan="11">资本扭曲配置角度</th><th colspan="11">资本最优配置角度</th></tr>
<tr><th>1995年</th><th>1998年</th><th>2000年</th><th>2002年</th><th>2004年</th><th>2006年</th><th>2008年</th><th>2010年</th><th>2012年</th><th>2014年</th><th>1995年</th><th>1998年</th><th>2000年</th><th>2002年</th><th>2004年</th><th>2006年</th><th>2008年</th><th>2010年</th><th>2012年</th><th>2014年</th></tr>
<tr><td>北京</td><td>0.230</td><td>0.246</td><td>0.232</td><td>0.161</td><td>0.143</td><td>0.342</td><td>0.331</td><td>0.575</td><td>0.651</td><td>0.677</td><td>0.134</td><td>0.177</td><td>0.187</td><td>0.156</td><td>0.392</td><td>0.665</td><td>0.726</td><td>0.952</td><td>0.901</td><td>0.984</td></tr>
<tr><td>天津</td><td>0.329</td><td>0.423</td><td>0.399</td><td>0.391</td><td>0.255</td><td>0.295</td><td>0.229</td><td>0.361</td><td>0.402</td><td>0.436</td><td>0.221</td><td>0.319</td><td>0.304</td><td>0.305</td><td>0.234</td><td>0.324</td><td>0.256</td><td>0.256</td><td>0.266</td><td>0.273</td></tr>
<tr><td>河北</td><td>0.696</td><td>0.614</td><td>0.602</td><td>0.557</td><td>0.269</td><td>0.246</td><td>0.163</td><td>0.318</td><td>0.336</td><td>0.416</td><td>0.537</td><td>0.510</td><td>0.508</td><td>0.458</td><td>0.145</td><td>0.242</td><td>0.473</td><td>0.699</td><td>0.738</td><td>0.799</td></tr>
<tr><td>山西</td><td>0.646</td><td>0.709</td><td>0.705</td><td>0.715</td><td>0.530</td><td>0.475</td><td>0.447</td><td>0.624</td><td>0.630</td><td>0.613</td><td>0.561</td><td>0.643</td><td>0.636</td><td>0.636</td><td>0.399</td><td>0.304</td><td>0.374</td><td>0.589</td><td>0.533</td><td>0.559</td></tr>
<tr><td>内蒙古</td><td>0.537</td><td>0.578</td><td>0.581</td><td>0.610</td><td>0.366</td><td>0.395</td><td>0.347</td><td>0.540</td><td>0.589</td><td>0.599</td><td>0.172</td><td>0.364</td><td>0.367</td><td>0.420</td><td>0.139</td><td>0.292</td><td>0.440</td><td>0.610</td><td>0.680</td><td>0.625</td></tr>
<tr><td>辽宁</td><td>0.461</td><td>0.621</td><td>0.682</td><td>0.669</td><td>0.406</td><td>0.459</td><td>0.430</td><td>0.636</td><td>0.675</td><td>0.714</td><td>0.166</td><td>0.437</td><td>0.534</td><td>0.554</td><td>0.235</td><td>0.442</td><td>0.479</td><td>0.644</td><td>0.671</td><td>0.617</td></tr>
<tr><td>吉林</td><td>0.502</td><td>0.498</td><td>0.596</td><td>0.583</td><td>0.359</td><td>0.446</td><td>0.403</td><td>0.593</td><td>0.637</td><td>0.713</td><td>0.155</td><td>0.252</td><td>0.340</td><td>0.332</td><td>0.131</td><td>0.257</td><td>0.444</td><td>0.614</td><td>0.679</td><td>0.692</td></tr>
<tr><td>黑龙江</td><td>0.555</td><td>0.819</td><td>0.848</td><td>0.761</td><td>0.577</td><td>0.552</td><td>0.474</td><td>0.646</td><td>0.633</td><td>0.639</td><td>0.461</td><td>0.790</td><td>0.867</td><td>0.766</td><td>0.626</td><td>0.709</td><td>0.648</td><td>0.683</td><td>0.594</td><td>0.647</td></tr>
<tr><td>上海</td><td>0.275</td><td>0.401</td><td>0.381</td><td>0.343</td><td>0.263</td><td>0.431</td><td>0.340</td><td>0.587</td><td>0.666</td><td>0.700</td><td>0.192</td><td>0.341</td><td>0.362</td><td>0.337</td><td>0.428</td><td>0.680</td><td>0.665</td><td>0.878</td><td>0.897</td><td>0.814</td></tr>
<tr><td>江苏</td><td>0.626</td><td>0.608</td><td>0.597</td><td>0.537</td><td>0.187</td><td>0.277</td><td>0.399</td><td>0.473</td><td>0.581</td><td>0.604</td><td>0.335</td><td>0.386</td><td>0.373</td><td>0.302</td><td>0.376</td><td>0.866</td><td>1.159</td><td>1.321</td><td>1.310</td><td>1.241</td></tr>
<tr><td>浙江</td><td>0.686</td><td>0.687</td><td>0.577</td><td>0.442</td><td>0.152</td><td>0.226</td><td>0.285</td><td>0.410</td><td>0.499</td><td>0.558</td><td>0.552</td><td>0.594</td><td>0.490</td><td>0.337</td><td>0.115</td><td>0.557</td><td>0.705</td><td>0.966</td><td>0.967</td><td>0.969</td></tr>
<tr><td>安徽</td><td>0.666</td><td>0.604</td><td>0.583</td><td>0.534</td><td>0.191</td><td>0.244</td><td>0.329</td><td>0.406</td><td>0.498</td><td>0.555</td><td>0.537</td><td>0.515</td><td>0.480</td><td>0.410</td><td>0.145</td><td>0.624</td><td>0.987</td><td>1.376</td><td>1.317</td><td>1.105</td></tr>
<tr><td>福建</td><td>0.679</td><td>0.643</td><td>0.529</td><td>0.481</td><td>0.183</td><td>0.213</td><td>0.338</td><td>0.378</td><td>0.495</td><td>0.552</td><td>0.499</td><td>0.533</td><td>0.426</td><td>0.408</td><td>0.117</td><td>0.602</td><td>0.889</td><td>1.089</td><td>1.131</td><td>1.177</td></tr>
<tr><td>江西</td><td>0.585</td><td>0.543</td><td>0.496</td><td>0.465</td><td>0.177</td><td>0.283</td><td>0.316</td><td>0.351</td><td>0.439</td><td>0.483</td><td>0.417</td><td>0.435</td><td>0.376</td><td>0.320</td><td>0.174</td><td>0.615</td><td>0.823</td><td>0.964</td><td>0.923</td><td>0.779</td></tr>
<tr><td>山东</td><td>0.778</td><td>0.727</td><td>0.687</td><td>0.608</td><td>0.352</td><td>0.303</td><td>0.229</td><td>0.354</td><td>0.362</td><td>0.429</td><td>0.634</td><td>0.634</td><td>0.593</td><td>0.496</td><td>0.159</td><td>0.301</td><td>0.548</td><td>0.758</td><td>0.751</td><td>0.779</td></tr>
<tr><td>河南</td><td>0.830</td><td>0.728</td><td>0.774</td><td>0.716</td><td>0.457</td><td>0.332</td><td>0.230</td><td>0.381</td><td>0.396</td><td>0.384</td><td>0.608</td><td>0.596</td><td>0.644</td><td>0.594</td><td>0.284</td><td>0.297</td><td>0.396</td><td>0.562</td><td>0.566</td><td>0.495</td></tr>
</table>

续表

	资本扭曲配置角度										资本最优配置角度									
	1995年	1998年	2000年	2002年	2004年	2006年	2008年	2010年	2012年	2014年	1995年	1998年	2000年	2002年	2004年	2006年	2008年	2010年	2012年	2014年
湖北	0.547	0.462	0.528	0.499	0.276	0.442	0.539	0.638	0.750	0.792	0.306	0.267	0.316	0.299	0.364	0.817	1.228	1.490	1.480	1.261
湖南	0.696	0.609	0.626	0.570	0.348	0.284	0.241	0.375	0.425	0.495	0.529	0.484	0.486	0.403	0.123	0.491	0.832	1.032	1.041	0.861
广东	0.660	0.660	0.646	0.600	0.354	0.258	0.150	0.345	0.391	0.443	0.468	0.519	0.515	0.460	0.181	0.469	0.607	0.784	0.762	0.782
广西	0.845	0.755	0.718	0.709	0.406	0.330	0.162	0.332	0.358	0.402	0.674	0.637	0.589	0.569	0.338	0.460	0.583	0.717	0.735	0.636
海南	0.549	0.512	0.470	0.520	0.288	0.321	0.265	0.437	0.517	0.542	0.335	0.360	0.294	0.336	0.219	0.482	0.588	0.946	1.046	1.007
重庆	0.842	0.815	0.763	0.654	0.312	0.312	0.299	0.409	0.496	0.523	0.746	0.611	0.572	0.497	0.362	0.592	0.904	1.000	0.939	0.792
四川	0.837	0.727	0.644	0.591	0.269	0.378	0.351	0.450	0.485	0.542	0.693	0.623	0.532	0.461	0.277	0.662	0.972	1.100	1.205	1.166
贵州	0.870	0.755	0.696	0.676	0.417	0.518	0.479	0.660	0.710	0.822	0.829	0.744	0.678	0.617	0.325	0.579	0.645	0.913	1.137	1.378
云南	1.127	1.042	0.982	0.975	0.738	0.513	0.406	0.601	0.589	0.639	1.163	1.063	1.002	0.977	0.685	0.598	0.590	0.750	0.698	0.716
陕西	0.868	0.812	0.778	0.741	0.504	0.434	0.353	0.458	0.511	0.549	0.837	0.787	0.735	0.674	0.390	0.482	0.517	0.661	0.721	0.753
甘肃	0.932	0.766	0.758	0.762	0.531	0.566	0.528	0.714	0.722	0.760	0.744	0.600	0.567	0.535	0.392	0.651	0.678	0.809	0.705	0.775
青海	0.810	0.817	0.834	0.741	0.424	0.409	0.345	0.501	0.560	0.570	0.737	0.792	0.798	0.669	0.295	0.272	0.393	0.535	0.648	0.664
宁夏	0.876	0.835	0.818	0.757	0.515	0.362	0.244	0.377	0.404	0.438	0.658	0.696	0.680	0.632	0.413	0.269	0.130	0.242	0.266	0.234
新疆	0.636	0.701	0.788	0.760	0.519	0.693	0.637	0.779	0.821	0.837	0.487	0.644	0.749	0.725	0.485	0.786	0.745	0.856	0.797	0.736

资料来源：笔者计算整理。

化缓慢，但2006年以后呈现陡峭的"V"形上升结构；河北、浙江和山东的劳动力错配程度呈现以2006年为界点的"U"形结构，其中浙江的劳动力错配程度在2010年以后处于较高水平；辽宁、福建和广东的劳动力错配程度以2006年为界点，之前呈现先上升后下降的倒"U"形结构，之后则呈现"V"形上升趋势，其中福建的劳动力错配程度在2008年以后处于较高水平。中部地区，山西和吉林的劳动力错配程度以2006年为界点，之前呈现先上升后下降的倒"U"形结构，之后又步入上升通道；黑龙江的劳动力错配程度整体呈现先上升后下降的倒"U"形结构；安徽、江西、河南、湖南和湖北呈现以2006年为界点的先下降后上升的"U"形结构，其中安徽、江西、湖北和湖南的劳动力错配程度2008年以后处于较高水平。西部地区，各省份的劳动力错配程度整体呈现先下降后上升的"U"形结构，其中重庆、四川和贵州的劳动力错配程度2010年以后处于较高水平。

比较两种测算方法，多数省份的劳动力错配测算结果差别较大。且2008年国际金融危机后，相比于资本扭曲配置角度，资本最优配置角度的劳动力错配测算结果普遍较高，这是金融危机后多数省份的资本配置浮动变化的结果，而资本最优配置角度的测算方法精确地捕捉到这一特点，使其测算结果更为科学可靠。资本扭曲配置角度的测算方法并未考虑资本扭曲状况，使得测算结果出现误差。

总体上看，劳动要素错配的程度与中国社会主义市场经济发展趋势一致，且与地区间的不同经济发展水平和市场化程度密切相关。东部地区的民营经济相对发达，城镇化水平较高，基础设施较为完善，教育和技术进步水平较高，劳动力的行业和空间选择性较大，所以劳动力错配程度相对较低，符合城乡经济一体化发展的趋势。但金融危机后，北京、上海、江苏、浙江、福建和海南的劳动力错配程度快速上升，可能是由于金融危机阻碍了六省份的外贸出口，非农业部门生产严重过剩，且现代农业的发展促使六省份的农业部门相对于非农业部门生产率提高，但非农部门投入过大，严重侵蚀了农业部门的人才资源，导致农业总量发展滞后；同时六省份大力发展出口导向型经济，需要大量农村劳动力，但城镇中对于农村劳动力的户籍、就业歧视和行政干预依然较严重；另外考虑到金融危机后劳动力成本的上升，促使了六省份的FDI（外国直接投资）向东南亚大量转移，劳动力与资本不匹配的程度加剧也提高了劳动力错配程度。中西部地区市场化水平起初较低，且教育水平、对外开放度、城乡一体化建设相对滞后，阻碍了劳动力空间上的自由流动和行业的自由选择，增加了工作选择的成本，导致劳动要素错配程度较高；但劳动要素错配程度随着这些因素的改善而逐渐降低。其中江西、湖北、安徽、湖南、四川、重庆、贵州的劳动力要素扭曲程度在金融危机后快速上升，可能与这些省份非农业部门的重复建设、过度投资、产能过剩有关，且这些省份民营经济不发达，不同体制的经济单位大量并存，严重阻碍了劳动力自由流动，同时这些省份的农业劳动力外出打工的意愿降低，外出务工的劳动力返乡回流的现象严重，加剧了农业与非农业部门之间劳动力资源配置非均衡的程度。

（二）非农业内部劳动力错配程度[①]

表3-2给出了非农业内部劳动力错配程度的测算结果。东部地区，各省份的非农业间劳动力错配程度起初较低，整体上有逐年缓慢增长的趋势。其中北京和上海的非农业部门内存在不同体制的经济单位，并有大量的流动劳动力，使得非农业部门内的劳动力错配程度增长较快。中西部地区，各省份的非农业间劳动力错配程度起初较低，且增长态势不明显。其中黑龙江、江西和河南近年来的非农业内部劳动力错配程度出现止涨下跌的趋势，说明三省份第二产业与第三产业的劳动生产率趋同。

[①] 此部分仅报告资本最优配置角度下的非农业内部劳动力错配程度，资本错配部分也采用类似处理方式。

表 3-2　　　　　　　　非农业内部劳动力错配程度

	1995 年	1998 年	2000 年	2002 年	2004 年	2006 年	2008 年	2010 年	2012 年	2014 年
北京	0.064	0.087	0.097	0.122	0.337	0.539	0.552	0.782	0.749	0.666
天津	0.052	0.099	0.071	0.076	0.107	0.252	0.195	0.201	0.212	0.222
河北	0.061	0.089	0.101	0.083	0.052	0.107	0.091	0.147	0.152	0.167
山西	0.016	0.071	0.050	0.069	0.086	0.136	0.178	0.289	0.276	0.246
内蒙古	0.047	0.098	0.120	0.130	0.052	0.079	0.074	0.141	0.156	0.139
辽宁	0.074	0.161	0.222	0.239	0.119	0.227	0.236	0.329	0.344	0.352
吉林	0.037	0.057	0.049	0.103	0.012	0.097	0.114	0.187	0.205	0.238
黑龙江	0.131	0.202	0.231	0.187	0.213	0.291	0.259	0.283	0.234	0.208
上海	0.048	0.148	0.149	0.164	0.348	0.600	0.552	0.719	0.727	0.675
江苏	0.087	0.101	0.116	0.114	0.109	0.155	0.087	0.145	0.131	0.132
浙江	0.100	0.141	0.129	0.067	0.072	0.174	0.135	0.225	0.250	0.277
安徽	0.023	0.052	0.050	0.054	0.044	0.090	0.069	0.135	0.148	0.157
福建	0.081	0.131	0.078	0.074	0.054	0.122	0.086	0.154	0.145	0.153
江西	0.020	0.057	0.097	0.089	0.054	0.109	0.039	0.066	0.049	0.045
山东	0.045	0.048	0.032	0.015	0.019	0.068	0.072	0.127	0.125	0.116
河南	0.047	0.061	0.041	0.048	0.033	0.106	0.094	0.142	0.139	0.106
湖北	0.024	0.070	0.095	0.099	0.104	0.164	0.137	0.215	0.220	0.201
湖南	0.031	0.061	0.036	0.040	0.045	0.093	0.085	0.120	0.134	0.152
广东	0.149	0.127	0.130	0.114	0.080	0.160	0.120	0.221	0.238	0.245
广西	0.081	0.091	0.120	0.107	0.111	0.102	0.057	0.111	0.111	0.113
海南	0.045	0.056	0.058	0.087	0.067	0.103	0.091	0.157	0.174	0.167
重庆	0.147	0.152	0.155	0.151	0.144	0.203	0.200	0.247	0.175	0.108
四川	0.077	0.100	0.106	0.103	0.093	0.148	0.129	0.191	0.190	0.197
贵州	0.063	0.064	0.079	0.093	0.113	0.158	0.144	0.217	0.235	0.314
云南	0.054	0.092	0.095	0.110	0.121	0.163	0.159	0.228	0.202	0.229
陕西	0.021	0.004	0.023	0.055	0.101	0.187	0.184	0.226	0.250	0.253
甘肃	0.100	0.125	0.113	0.132	0.140	0.211	0.205	0.263	0.238	0.248
青海	0.012	0.019	0.048	0.064	0.035	0.104	0.099	0.157	0.190	0.174
宁夏	0.054	0.053	0.060	0.039	0.050	0.110	0.054	0.091	0.083	0.095
新疆	0.025	0.068	0.116	0.121	0.178	0.288	0.267	0.292	0.290	0.286

资料来源：笔者计算整理。

(三) 劳动力错配程度的分解[①]

表3-3给出了劳动力错配程度的分解结果。工资差异的贡献量方面。东部地区，北京和上海的工资差异贡献量较低，且增长缓慢；天津的工资差异贡献量大致呈逐年增长趋势；河北的工资差异贡献量大致呈逐年下降趋势，但2012年以后又拐头向上；其余省份的工资差异贡献量呈现波浪式上升趋势。中部地区，安徽和河南的工资差异贡献量呈现先下降后上升的"U"形结构；江西的工资差异贡献量有逐年上升的趋势；湖北的工资差异贡献量以2008年为界点，之前呈平稳变化趋势，之后则跳跃式上升；其余省份的工资差异贡献量呈波浪式上升趋势。西部地区，重庆、四川、贵州、云南、陕西和甘肃的工资差异贡献量呈现先下降后上升的"U"形结构，其余省份的工资差异贡献量呈波浪式上升趋势。

产业内部劳动力市场扭曲的贡献量方面。东部地区，北京、江苏和福建的产业内部劳动力市场扭曲的贡献量以2010年为界，之前逐年上升，之后逐年下降，且三省份的产业内部劳动力市场扭曲的贡献量在2010年处于较高水平；上海、海南的产业内部劳动力市场扭曲的贡献量呈现以2012年为界的先上升后下降的倒"U"形结构，且2012年两省份的产业内部劳动力市场扭曲的贡献量较大；天津的产业内部劳动力市场扭曲的贡献量呈逐年上升趋势；其余省份的产业内部劳动力市场扭曲的贡献量呈螺旋式上升趋势，但绝对量较小。中部地区，多数省份的产业内部劳动力市场扭曲的贡献量呈现先下降、后上升、再下降的波浪式上升趋势，且在2008年或2010年达到最高水平，其中安徽和湖北的产业内部劳动力市场扭曲的贡献量在2010年达到较高水平。西部地区，多数省份的产业内部劳动力市场扭曲的贡献量呈现螺旋式上升趋势，且在2008年或2010年达到较高水平。

[①] 此部分仅报告资本最优配置角度下劳动力错配程度的分解，资本错配部分也采用类似处理方式。

表 3-3　劳动力错配程度的分解

	工资差异的贡献量										产业内部劳动力市场扭曲的贡献量									
	1995年	1998年	2000年	2002年	2004年	2006年	2008年	2010年	2012年	2014年	1995年	1998年	2000年	2002年	2004年	2006年	2008年	2010年	2012年	2014年
北京	0.083	0.078	0.077	0.033	0.108	0.057	0.101	0.133	0.133	0.150	0.050	0.097	0.107	0.135	0.300	0.641	0.678	0.918	0.867	0.719
天津	0.060	0.135	0.192	0.158	0.255	0.255	0.275	0.394	0.494	0.536	0.157	0.180	0.124	0.141	0.145	0.177	0.219	0.394	0.508	0.553
河北	0.332	0.291	0.272	0.367	0.278	0.116	0.086	0.072	0.080	0.147	0.189	0.210	0.224	0.186	0.144	0.204	0.403	0.636	0.669	0.571
山西	0.343	0.298	0.453	0.483	0.225	0.126	0.278	0.448	0.432	0.497	0.214	0.374	0.180	0.146	0.167	0.208	0.418	0.551	0.537	0.585
内蒙古	0.147	0.258	0.307	0.331	0.155	0.199	0.176	0.321	0.390	0.418	0.024	0.098	0.059	0.084	0.169	0.301	0.323	0.586	0.665	0.587
辽宁	0.098	0.261	0.233	0.201	0.081	0.243	0.538	0.446	0.360	0.283	0.121	0.164	0.282	0.335	0.148	0.253	0.514	0.504	0.463	0.470
吉林	0.128	0.171	0.279	0.171	0.047	0.017	0.039	0.145	0.183	0.188	0.025	0.075	0.053	0.139	0.085	0.239	0.406	0.479	0.520	0.544
黑龙江	0.087	0.387	0.421	0.400	0.206	0.185	0.174	0.083	0.090	0.166	0.368	0.396	0.450	0.367	0.430	0.545	0.498	0.608	0.566	0.491
上海	0.109	0.238	0.187	0.162	0.148	0.147	0.114	0.104	0.118	0.156	0.084	0.104	0.178	0.176	0.301	0.601	0.618	0.818	0.843	0.709
江苏	0.211	0.253	0.309	0.234	0.198	0.352	0.427	0.682	0.709	0.599	0.113	0.123	0.059	0.065	0.209	0.596	0.937	0.950	0.904	0.618
浙江	0.285	0.338	0.355	0.193	0.354	0.384	0.625	0.777	0.710	0.583	0.248	0.244	0.129	0.139	0.248	0.383	0.333	0.429	0.385	0.357
安徽	0.208	0.190	0.161	0.146	0.192	0.200	0.293	0.589	0.668	0.673	0.401	0.314	0.310	0.257	0.229	0.463	0.799	1.033	0.867	0.539
福建	0.310	0.353	0.209	0.180	0.376	0.340	0.392	0.612	0.678	0.664	0.171	0.169	0.209	0.222	0.276	0.349	0.656	0.716	0.716	0.547
江西	0.193	0.278	0.265	0.241	0.290	0.254	0.388	0.538	0.663	0.646	0.238	0.150	0.105	0.075	0.184	0.425	0.638	0.668	0.621	0.469
山东	0.276	0.284	0.339	0.307	0.080	0.157	0.363	0.482	0.480	0.427	0.334	0.341	0.247	0.183	0.073	0.213	0.270	0.352	0.349	0.364

第三章 中国省际要素错配程度的演变趋势与分析　57

续表

	工资差异的贡献量										产业内部劳动力市场扭曲的贡献量									
	1995年	1998年	2000年	2002年	2004年	2006年	2008年	2010年	2012年	2014年	1995年	1998年	2000年	2002年	2004年	2006年	2008年	2010年	2012年	2014年
河南	0.379	0.280	0.334	0.261	0.133	0.131	0.137	0.199	0.216	0.257	0.239	0.299	0.291	0.316	0.174	0.168	0.266	0.386	0.396	0.346
湖北	0.202	0.209	0.272	0.224	0.287	0.240	0.235	0.668	0.694	0.618	0.149	0.054	0.040	0.081	0.227	0.633	1.079	1.073	1.024	0.784
湖南	0.390	0.351	0.405	0.358	0.018	0.130	0.324	0.487	0.580	0.430	0.146	0.125	0.075	0.041	0.104	0.370	0.573	0.645	0.559	0.505
广东	0.269	0.366	0.359	0.331	0.249	0.328	0.392	0.431	0.423	0.373	0.180	0.139	0.142	0.116	0.122	0.300	0.437	0.550	0.438	0.376
广西	0.475	0.438	0.416	0.413	0.109	0.083	0.174	0.274	0.335	0.267	0.173	0.184	0.161	0.143	0.221	0.389	0.441	0.491	0.444	0.437
海南	0.099	0.140	0.146	0.167	0.068	0.344	0.559	0.306	0.352	0.197	0.228	0.211	0.141	0.162	0.156	0.252	0.358	0.762	0.855	0.851
重庆	0.471	0.428	0.384	0.255	0.217	0.345	0.409	0.494	0.641	0.579	0.186	0.163	0.169	0.230	0.240	0.589	0.635	0.736	0.774	0.576
四川	0.422	0.407	0.373	0.295	0.110	0.159	0.377	0.514	0.655	0.567	0.245	0.201	0.148	0.156	0.172	0.535	0.681	0.731	0.846	0.727
贵州	0.621	0.615	0.540	0.508	0.275	0.193	0.383	0.437	0.598	0.739	0.198	0.124	0.133	0.100	0.133	0.397	0.558	0.853	1.070	1.339
云南	0.644	0.620	0.588	0.604	0.501	0.174	0.096	0.166	0.297	0.317	0.541	0.448	0.420	0.377	0.186	0.426	0.502	0.591	0.642	0.631
陕西	0.581	0.548	0.576	0.477	0.143	0.188	0.417	0.497	0.528	0.585	0.270	0.286	0.244	0.197	0.240	0.284	0.555	0.768	0.843	0.797
甘肃	0.605	0.585	0.398	0.403	0.347	0.100	0.230	0.356	0.390	0.407	0.117	0.013	0.138	0.141	0.214	0.566	0.485	0.650	0.658	0.651
青海	0.536	0.635	0.599	0.501	0.189	0.341	0.427	0.494	0.407	0.400	0.243	0.165	0.199	0.162	0.209	0.296	0.492	0.684	0.664	0.600
宁夏	0.411	0.471	0.487	0.444	0.298	0.092	0.058	0.056	0.097	0.242	0.210	0.204	0.174	0.172	0.267	0.193	0.068	0.199	0.176	0.223
新疆	0.345	0.511	0.500	0.444	0.084	0.154	0.136	0.129	0.204	0.214	0.132	0.127	0.239	0.271	0.445	0.640	0.615	0.742	0.602	0.523

资料来源：笔者计算整理。

整体上看，各省份工资差异的贡献量前期较低，但增长趋势明显，这与中国城市与农村经济发展阶段是一致的。1995 年之后，城市在一系列国家优惠政策下快速发展，大量资本、技术、人才涌入城市，农村劳动力也逐步流向城市。2001 年中国加入世界贸易组织以后，这种步伐加快，大量国外资本也投向城市，使得中国的二元经济现象明显，农村和城市之间的差距逐步加剧，这种差距在工资水平方面也体现得淋漓尽致。与工资差异的贡献量相比，产业内部劳动力市场的贡献量更加突出，说明导致劳动力扭曲的体制性因素依然较严重，所有制壁垒、户籍限制等现象依然存在，加剧了产业内部劳动力市场的扭曲。同时产业内部不同行业的劳动力非均衡配置以及行业壁垒也较为突出，劳动力在同行业内部的转移或行业间的流动会受到技术经验或者机会成本的限制。

四 资本错配程度的演变趋势

（一）产业间资本错配程度

为了作比较，表 3-4 分别从劳动力扭曲配置角度和劳动力最优配置角度给出了产业间资本错配程度的测算结果。劳动力扭曲配置角度的产业间资本错配程度方面。东部地区，北京和上海的产业间资本错配程度呈螺旋式下降趋势，且 2014 年两省份的产业间资本错配程度处于较低水平；浙江和广东的产业间资本错配程度以 2004 年为界，之前快速下降，之后变化则基本平稳；其余省份的产业间资本错配程度基本呈现以 2006 年为界的先快速下降、后缓慢上升的"U"形结构。中部地区，黑龙江的产业间资本错配程度呈现以 2002 年为界，之前快速下降，之后缓慢上升的趋势；其余省份的产业间资本错配程度起初较高，呈现以 2006 年为界的先下降、后上升的"U"形结构。西部地区，各省份的产业间资本错配程度起初较高，且以不同年份为转换界点，呈现先下降后上升的趋势。

表3-4 产业间资本错配程度

	劳动力扭曲配置角度									劳动力最优配置角度								
	1995年	1998年	2000年	2002年	2004年	2006年	2008年	2010年	2012年	2014年	1995年	1998年	2000年	2002年	2004年	2006年	2008年	2010年	2012年	2014年
北京	0.442	0.187	0.035	0.162	0.367	0.281	0.318	0.273	0.201	0.105	0.324	0.288	0.186	0.139	0.117	0.358	0.489	0.493	0.530	0.533
天津	0.615	0.466	0.308	0.236	0.150	0.082	0.096	0.168	0.212	0.286	0.417	0.265	0.156	0.085	0.162	0.151	0.140	0.072	0.099	0.144
河北	0.838	0.458	0.238	0.207	0.282	0.197	0.264	0.315	0.386	0.498	0.412	0.099	0.127	0.215	0.256	0.249	0.320	0.394	0.464	0.529
山西	0.762	0.553	0.390	0.308	0.184	0.256	0.138	0.204	0.284	0.402	0.665	0.425	0.315	0.178	0.022	0.106	0.125	0.331	0.258	0.196
内蒙古	1.206	0.732	0.473	0.337	0.495	0.487	0.436	0.538	0.593	0.732	0.855	0.354	0.311	0.426	0.302	0.346	0.346	0.387	0.437	0.570
辽宁	0.731	0.379	0.152	0.255	0.147	0.132	0.165	0.209	0.258	0.363	0.498	0.143	0.386	0.478	0.154	0.194	0.266	0.307	0.392	0.418
吉林	1.400	1.106	0.875	0.709	0.588	0.451	0.351	0.478	0.538	0.616	1.015	0.733	0.538	0.348	0.416	0.300	0.251	0.312	0.363	0.374
黑龙江	0.620	0.249	0.048	0.061	0.264	0.243	0.301	0.211	0.317	0.486	0.261	0.464	0.749	0.593	0.468	0.431	0.404	0.353	0.348	0.350
上海	0.626	0.340	0.119	0.041	0.316	0.295	0.333	0.255	0.206	0.099	0.550	0.426	0.413	0.352	0.206	0.409	0.419	0.421	0.432	0.545
江苏	0.774	0.525	0.323	0.303	0.253	0.177	0.208	0.372	0.478	0.578	0.454	0.227	0.192	0.206	0.303	0.359	0.484	0.567	0.611	0.698
浙江	0.612	0.359	0.222	0.253	0.257	0.225	0.255	0.228	0.206	0.227	0.215	0.029	0.083	0.065	0.248	0.288	0.310	0.429	0.541	0.632
安徽	1.150	0.811	0.594	0.543	0.321	0.344	0.454	0.480	0.536	0.619	0.825	0.449	0.250	0.199	0.300	0.427	0.549	0.613	0.584	0.632
福建	0.731	0.432	0.255	0.144	0.305	0.308	0.372	0.355	0.349	0.436	0.357	0.080	0.100	0.133	0.290	0.372	0.440	0.452	0.574	0.685
江西	1.369	0.942	0.674	0.575	0.304	0.282	0.370	0.577	0.688	0.790	0.963	0.539	0.265	0.227	0.276	0.373	0.396	0.562	0.590	0.574
山东	0.823	0.679	0.562	0.555	0.364	0.372	0.316	0.437	0.489	0.610	0.454	0.398	0.360	0.354	0.239	0.291	0.281	0.368	0.430	0.542

续表

	劳动力扭曲配置角度										劳动力最优配置角度								
	1995年	1998年	2000年	2002年	2004年	2006年	2008年	2010年	2012年	2014年	1995年	1998年	2000年	2002年	2004年	2006年	2008年	2010年	2012年	2014年
河南	1.299	0.841	0.576	0.410	0.252	0.211	0.290	0.343	0.428	0.591	0.785	0.406	0.207	0.052	0.103	0.268	0.343	0.377	0.324	0.481
湖北	1.361	0.991	0.722	0.629	0.346	0.308	0.415	0.438	0.490	0.620	0.954	0.628	0.366	0.293	0.358	0.409	0.581	0.536	0.542	0.600
湖南	1.304	0.913	0.678	0.590	0.304	0.295	0.430	0.491	0.550	0.611	0.856	0.461	0.319	0.278	0.236	0.371	0.515	0.512	0.508	0.535
广东	0.767	0.351	0.141	0.229	0.246	0.178	0.230	0.205	0.195	0.282	0.386	0.084	0.251	0.295	0.242	0.239	0.370	0.391	0.470	0.495
广西	1.015	0.705	0.502	0.474	0.312	0.320	0.412	0.438	0.481	0.575	0.417	0.143	0.148	0.138	0.415	0.408	0.464	0.521	0.465	0.482
海南	0.752	0.479	0.386	0.399	0.412	0.330	0.427	0.495	0.458	0.393	0.454	0.214	0.311	0.456	0.428	0.425	0.505	0.613	0.615	0.632
重庆	0.926	0.453	0.259	0.366	0.519	0.425	0.502	0.417	0.332	0.461	0.438	0.357	0.476	0.504	0.564	0.509	0.596	0.546	0.397	0.484
四川	0.831	0.538	0.370	0.322	0.375	0.386	0.489	0.485	0.458	0.516	0.300	0.027	0.166	0.261	0.429	0.501	0.614	0.629	0.644	0.563
贵州	0.759	0.655	0.501	0.382	0.220	0.278	0.340	0.424	0.463	0.566	0.593	0.543	0.378	0.215	0.304	0.396	0.478	0.582	0.581	0.655
云南	0.832	0.329	0.101	0.106	0.317	0.384	0.473	0.485	0.452	0.384	1.602	1.174	1.034	1.011	0.524	0.495	0.569	0.635	0.630	0.627
陕西	1.351	1.104	0.864	0.681	0.163	0.210	0.377	0.408	0.382	0.309	1.054	0.826	0.664	0.481	0.105	0.306	0.463	0.521	0.538	0.457
甘肃	1.016	0.769	0.597	0.483	0.334	0.323	0.373	0.392	0.457	0.565	0.468	0.228	0.120	0.312	0.435	0.470	0.509	0.568	0.473	0.403
青海	1.048	0.921	0.721	0.600	0.344	0.337	0.298	0.413	0.451	0.598	0.862	0.750	0.570	0.375	0.166	0.196	0.222	0.295	0.322	0.468
宁夏	0.954	0.646	0.416	0.323	0.096	0.162	0.189	0.403	0.494	0.563	0.503	0.273	0.079	0.067	0.063	0.111	0.115	0.285	0.364	0.400
新疆	1.110	0.800	0.534	0.422	0.104	0.178	0.227	0.344	0.344	0.520	0.743	0.459	0.364	0.308	0.336	0.416	0.366	0.524	0.455	0.388

资料来源：笔者计算整理。

劳动力最优配置角度的产业间资本错配程度方面。东部地区，北京和上海的产业间资本错配程度在2006年之前快速下降，但2006年之后有一定程度的上升趋势；天津的产业间资本错配程度下降趋势较为明显；河北、江苏、福建、山东、广东和海南的产业间资本错配程度在2006年之后有不同程度的快速上升趋势。中部地区，安徽、江西、湖北和湖南的产业间资本错配程度呈现以2002年为界点的先下降后上升的"U"形结构，且2014年维持在较高水平；山西的产业间资本错配程度呈下降趋势；其余省份的产业间资本错配程度呈先快速下降、后缓慢上升的趋势。西部地区，重庆和甘肃的产业间资本错配程度变化不明显；云南和陕西的产业间资本错配程度起初较大，但金融危机前快速下降，金融危机后有上升趋势；其余省份以不同年份为转换界点，呈现先下降后上升的趋势。

可以看出，两种情况下的资本错配程度的测度结果变化较大。与劳动力扭曲配置情况相比，劳动力最优配置时的资本错配程度在金融危机后有较大程度的提高，且东部地区有更高的资本错配程度，这与现实中东部地区的过度投资、产能过剩一致。所以，基于动态性和路径选择性的要素错配测度方法更具有合理性。

总体比较，金融危机前各省份的产业间资本错配程度有下降趋势，这与中国社会主义市场经济发展趋势一致。随着对外开放度的提高、信息交流的深入、基础设施建设的完善，各省份的经济发展水平和市场化程度不断提高，这些条件与劳动者素质的优化相结合，大大促进了资本在各地区、各产业、各领域的合理配置。但金融危机后，多数省份的产业间资本错配程度出现回升的现象，可能与以下几点有关。一是东部、中部、西部地区产业转移所致。东部地区低端制造业向中西部转移的过程中，东部地区的企业因大量沉没成本、产品市场、技术人才等问题不愿意完全迁入中西部地区，为了应付政策而选择重复性简单投资，同时东部地区的产业升级并未取得突破性进展，大量资本重复性投资于现有产业链低端节点；中西部地区为了引进企业入驻，给予各项优惠条件，但换来的往往是污染严重、低端耗能型企业，甚至是单纯的建设用地补偿，同时中西部地区缺乏承接产业所需的技术、市场、人才、基础设施，使得投资效率极低。二是为了刺激经济快速复苏，国家大力投资各地区的基础设施建设，但重复性建设严重，且浪费型投资较多，回收成效不明显，经济动力仍然不足，使得总体资本回报率下降。同时外部环境恶化，企业利润降低，大量资本选择投入虚拟经济或房地产行业而挤兑实体产业的投资，造成了资本的扭曲配置。三是政府干预所致。政府干预可以通过两条路径造成较为严重的资本错配：其一，通过财政补贴保护现有的生产率较低的企业，使得本应该淘汰的僵尸企业仍然不停地吸收资本，继续存在，而缺少资本投入的高生产率企业可能由于融资约束出现资金链断裂问题，甚至遭遇倒闭，使得市场不能发挥自由选择的功能，市场拣选优质企业的功能失效；其二，严重的行政性市场进入壁垒阻碍了高生产率企业的进入，使得资源不能有效流到生产率高的企业，造成资源的不合理配置。

（二）非农业内部资本错配程度

表3-5给出了非农业内部资本错配程度的测算结果。东部地区，北京、上海和山东的非农业内部资本错配程度呈先下降后上升的"U"形结构；河北、辽宁、浙江、福建、广东和海南的非农业内部资本错配程度呈现波浪式变动趋势；江苏的非农业内部资本错配程度呈现波浪式上升趋势。中部地区，山西、吉林、安徽和湖南的非农业内部资本错配程度呈逐年下降趋势；黑龙江的非农业内部资本错配程度呈先上升后下降的倒"U"形结构；其余省份的非农业内部资本错配程度呈现螺旋式下降趋势。西部地区，重庆和云南的非农业内部资本错配程度呈现先上升后下降的倒"U"形结构；四川的非农业内部资本错配程度基本维持在较低水平；贵州和陕西的非农业资本错配程度呈现先下降后上升的"U"形结构；青海和新疆的非农业资本错配程度呈现螺旋式下降趋势。

表3-5 非农业内部资本错配程度

	1995年	1998年	2000年	2002年	2004年	2006年	2008年	2010年	2012年	2014年
北京	0.272	0.066	0.067	0.174	0.391	0.328	0.350	0.358	0.316	0.266
天津	0.380	0.248	0.144	0.080	0.145	0.124	0.111	0.035	0.073	0.117
河北	0.276	0.058	0.105	0.158	0.138	0.101	0.098	0.070	0.015	0.060
山西	0.445	0.251	0.168	0.076	0.002	0.040	0.058	0.156	0.086	0.032
内蒙古	0.392	0.116	0.109	0.240	0.110	0.112	0.075	0.048	0.070	0.203
辽宁	0.259	0.037	0.313	0.409	0.076	0.103	0.145	0.135	0.113	0.049
吉林	0.590	0.483	0.376	0.174	0.287	0.144	0.033	0.037	0.059	0.099
黑龙江	0.180	0.178	0.397	0.339	0.375	0.355	0.328	0.216	0.096	0.026
上海	0.458	0.141	0.038	0.101	0.398	0.392	0.390	0.367	0.351	0.293
江苏	0.182	0.077	0.070	0.072	0.137	0.065	0.026	0.063	0.150	0.239
浙江	0.149	0.023	0.074	0.030	0.163	0.150	0.146	0.107	0.095	0.065
安徽	0.481	0.319	0.186	0.125	0.039	0.086	0.096	0.066	0.015	0.066
福建	0.159	0.019	0.050	0.106	0.146	0.142	0.135	0.096	0.014	0.063
江西	0.592	0.402	0.172	0.085	0.036	0.078	0.025	0.148	0.273	0.375
山东	0.319	0.316	0.267	0.292	0.146	0.126	0.047	0.059	0.117	0.223
河南	0.506	0.310	0.165	0.041	0.004	0.104	0.111	0.067	0.014	0.181
湖北	0.585	0.382	0.194	0.117	0.078	0.093	0.121	0.099	0.039	0.095
湖南	0.519	0.330	0.241	0.144	0.033	0.081	0.113	0.038	0.002	0.071
广东	0.219	0.015	0.195	0.227	0.159	0.114	0.118	0.107	0.076	0.011
广西	0.250	0.087	0.102	0.081	0.190	0.106	0.093	0.102	0.031	0.068
海南	0.091	0.004	0.089	0.229	0.179	0.137	0.162	0.178	0.164	0.094
重庆	0.118	0.197	0.345	0.368	0.356	0.291	0.304	0.204	0.033	0.139
四川	0.197	0.005	0.120	0.158	0.184	0.178	0.186	0.159	0.107	0.040
贵州	0.169	0.128	0.046	0.043	0.183	0.156	0.149	0.176	0.201	0.345

续表

	1995 年	1998 年	2000 年	2002 年	2004 年	2006 年	2008 年	2010 年	2012 年	2014 年
云南	0.209	0.160	0.303	0.438	0.396	0.372	0.345	0.363	0.272	0.264
陕西	0.693	0.596	0.449	0.309	0.076	0.200	0.257	0.233	0.222	0.149
甘肃	0.346	0.091	0.002	0.154	0.271	0.282	0.268	0.249	0.133	0.066
青海	0.514	0.468	0.311	0.235	0.129	0.084	0.020	0.029	0.020	0.134
宁夏	0.353	0.233	0.068	0.053	0.052	0.037	0.031	0.140	0.223	0.276
新疆	0.484	0.324	0.090	0.029	0.251	0.328	0.297	0.280	0.211	0.116

资料来源：笔者计算整理。

（三）资本错配程度的分解

表3-6给出了资本错配程度分解的测算结果。资本收益率差异的贡献量方面。东部地区，北京、天津、福建和广东的资本收益率差异的贡献量有曲线上升的趋势，其中天津的资本收益率差异的贡献量在2012年达到较高水平；河北和山东的资本收益率差异贡献量呈波浪式上升趋势；辽宁和上海的资本收益率差异的贡献量有曲线下降的趋势；海南的资本收益率差异贡献量呈先下降后上升的"U"形结构。中部地区，吉林的资本收益率差异的贡献量呈现先下降后快速上升的趋势，2014年吉林的资本收益率差异的贡献量达到较高水平；山西和江西的资本收益率差异的贡献量呈逐年下降的趋势；黑龙江的资本收益率差异的贡献量呈螺旋式上升趋势。西部地区，内蒙古的资本收益率差异的贡献量有上升的趋势；重庆、贵州、云南和陕西的资本收益率差异的贡献量起初较高，但下降趋势明显，2014年四省份的资本收益率差异的贡献量达到较低水平；其余省份的资本收益率差异的贡献量有螺旋式下降的趋势。

产业内部资本市场扭曲的贡献量方面。东部地区，北京和上海的产业内部资本市场扭曲的贡献量在1998年以后维持在较低水平，且没有增长趋势；天津、江苏、浙江、福建和广东的产业内部资本市场扭曲的贡献量呈现先下降后上升的"U"形结构；其余省份的

表 3-6　资本错配程度的分解

	资本收益率差异的贡献量										产业内部资本市场扭曲的贡献量									
	1995年	1998年	2000年	2002年	2004年	2006年	2008年	2010年	2012年	2014年	1995年	1998年	2000年	2002年	2004年	2006年	2008年	2010年	2012年	2014年
北京	0.131	0.061	0.064	0.111	0.263	0.280	0.309	0.329	0.313	0.273	0.234	0.066	0.040	0.087	0.161	0.084	0.088	0.087	0.058	0.043
天津	0.096	0.065	0.116	0.042	0.103	0.161	0.123	0.130	0.178	0.159	0.356	0.243	0.054	0.074	0.113	0.178	0.173	0.273	0.195	0.173
河北	0.308	0.647	0.950	1.173	0.140	0.153	0.189	0.289	0.425	0.452	0.275	0.674	1.103	1.248	0.115	0.144	0.141	0.274	0.364	0.336
山西	0.289	0.288	0.163	0.078	0.178	0.128	0.164	0.054	0.076	0.091	0.424	0.159	0.165	0.175	0.186	0.136	0.067	0.275	0.182	0.194
内蒙古	0.483	0.643	1.092	1.613							0.582	0.881	1.294	2.506						
辽宁	0.239	0.193	0.364	0.394	0.101	0.090	0.094	0.127	0.164	0.094	0.209	0.237	0.061	0.123	0.052	0.104	0.172	0.180	0.131	0.137
吉林	0.825	0.264	0.285	0.215	1.395	1.570	1.895	1.801	2.084	2.333	0.105	0.282	0.232	0.093	1.728	1.736	1.828	1.832	1.994	2.101
黑龙江	0.053	0.366	0.543	0.445	0.416	0.371	0.429	0.206	0.207	0.400	0.199	0.137	0.323	0.209	0.102	0.099	0.176	0.295	0.452	0.594
上海	0.294	0.166	0.065	0.154							0.252	0.076	0.065	0.079						
江苏	0.138	0.131	0.084	0.150	0.085	0.118	0.110	0.144	0.183	0.217	0.236	0.068	0.091	0.054	0.211	0.150	0.201	0.247	0.369	0.427
浙江	0.062	0.064	0.183	0.023	0.158	0.191	0.205	0.145	0.140	0.251	0.145	0.105	0.080	0.042	0.089	0.101	0.117	0.204	0.300	0.409
安徽																				
福建	0.067	0.077	0.151	0.144	0.109	0.097	0.147	0.214	0.406	0.436	0.269	0.092	0.194	0.290	0.178	0.293	0.361	0.440	0.564	0.552
江西	0.475	0.436	0.109	0.093							0.349	0.062	0.745	0.189						
山东	0.139	0.044	0.041	0.146	0.275	0.145	0.142	0.217	0.263	0.269	0.274	0.387	0.318	0.216	0.113	0.161	0.146	0.294	0.321	0.355
河南																				

续表

	资本收益率差异的贡献量										产业内部资本市场扭曲的贡献量									
	1995年	1998年	2000年	2002年	2004年	2006年	2008年	2010年	2012年	2014年	1995年	1998年	2000年	2002年	2004年	2006年	2008年	2010年	2012年	2014年
湖北	0.347	0.334	0.291	0.447	0.205	0.240	0.331	0.341	0.317	0.396	0.530	0.535	0.122	0.339	0.150	0.181	0.297	0.354	0.457	0.420
湖南	0.703	0.317	0.242	0.159	0.136	0.209	0.258	0.236	0.264	0.243	0.105	0.328	0.070	0.190	0.090	0.162	0.272	0.289	0.353	0.353
广东	0.061	0.013	0.256	0.335							0.300	0.063	0.126	0.497						0.316
广西																				
海南	0.385	0.221	0.145	0.241	0.285	0.362	0.488	0.542	0.523	0.466	0.220	0.234	0.122	0.254	0.130	0.063	0.018	0.079	0.104	0.196
重庆	1.440	1.394	0.324	0.266	0.238	0.247	0.226	0.177	0.119	0.188	0.631	0.512	0.232	0.247	0.328	0.268	0.381	0.374	0.406	0.353
四川	0.037	0.080	0.118	0.165	0.212	0.207	0.224	0.194	0.216	0.214	0.255	0.101	0.155	0.202	0.223	0.306	0.413	0.452	0.463	0.395
贵州	1.490	1.267	1.206	1.304	0.132	0.259	0.352	0.441	0.557	0.749	1.385	1.173	0.716	0.436	0.236	0.137	0.132	0.148	0.137	0.274
云南	1.407	0.753	0.576	0.575	0.302	0.271	0.245	0.298	0.327	0.343	0.709	0.731	0.682	0.638	0.366	0.346	0.335	0.345	0.308	0.292
陕西	0.731	0.586	0.448	0.378	0.137	0.200	0.277	0.232	0.216	0.176	0.292	0.259	0.221	0.102	0.049	0.105	0.190	0.299	0.342	0.443
甘肃	0.311	0.292	0.476	0.153	0.143	0.112	0.113	0.142	0.186	0.154	0.117	0.279	0.343	0.204	0.289	0.356	0.396	0.426	0.289	0.249
青海	0.833	0.765	0.706	0.286	0.099	0.062	0.054	0.042	0.108	0.154	0.449	0.283	0.500	0.098	0.099	0.131	0.168	0.253	0.284	0.314
宁夏	0.266	0.099	0.021	0.027	0.313	0.380	0.432	0.473	0.386	0.318	0.304	0.188	0.085	0.095	0.488	0.423	0.421	0.450	0.453	0.507
新疆	0.537	1.316	0.364	0.460	0.318	0.294	0.263	0.308	0.293	0.440	0.205	0.521	0.183	0.227	0.440	0.389	0.389	0.301	0.436	0.693

注:2003年以后上海、广东的第一产业营业盈余为负值,内蒙古、安徽、江西、河南、广西缺少相关年度的营业盈余数据,难以测算资本收益率,故未有相应报告。
资料来源:笔者计算整理。

产业内部资本市场扭曲的贡献量呈波浪式运动。中部地区,吉林和黑龙江的产业内部资本市场扭曲的贡献量增长趋势明显,且吉林的产业内部资本市场扭曲的贡献量在2014年达到较高水平;山西和湖北的产业内部资本市场扭曲的贡献量呈现先下降后上升的"U"形结构。西部地区,内蒙古的产业内部资本市场扭曲的贡献量有逐年上升的趋势;贵州和云南的产业内部资本市场扭曲的贡献量起初较高,但下降趋势明显,两省份的产业内部资本市场扭曲的贡献量在2014年处于较低水平;宁夏和新疆的产业内部市场扭曲的贡献量分别以2000年和2006年为界点,呈现螺旋式上升趋势。

整体来看,东部地区的资本收益率扭曲的贡献量起初水平较低,但增长趋势明显,产业间显著的投资回报率差异与东部地区产业间投资比重的变化一致,也与行业进入壁垒和行业垄断密切相关。西部地区的资本收益率差异的贡献量起初水平较高,但下降趋势明显,这与西部地区基础设施建设、对外开放、产业承接有关。

第二节 中国省际城乡间要素错配程度的演变趋势

第一节测度了各省份总体劳动力、资本的错配程度。由于中国二元经济特点显著,各地区为实现经济短期的快速增长,倾向于将生产要素过度投资于非农业部门,这种不平衡的发展造成农业与非农业部门间存在严重的资源错配情况,同时城乡之间劳动力、资本流动的受阻也加重了城乡间要素的错配程度。本节将基于二元结构框架构建二元经济要素错配的测度模型,分析中国各省份农业与非农业部门之间要素错配的相对大小与变动趋势。

一 测算模型

（一）不考虑个体异质性的测度

借鉴 Vollrath 的基本思路（Vollrath，2009），假设 i 省份的产出 Y_i 来源于两个部门——农业部门（A）与非农业部门（I），且 i 省份的产出函数服从 CES 生产函数形式：

$$Y_i = (Y_{Ai}^\sigma + Y_{Ii}^\sigma)^{1/\sigma} \quad (3-10)$$

其中，Y_{Ai} 和 Y_{Ii} 分别表示 i 省份的农业部门与非农业部门的产出。每个部门的产出用 Cobb–Douglas 生产函数表示：

$$Y_{Ai} = A_{Ai} R_i^\lambda K_{Ai}^\gamma (h_{Ai} L_{Ai})^\eta \quad (3-11)$$

$$Y_{Ii} = A_{Ii} K_{Ii}^\beta (h_{Ii} L_{Ii})^\alpha \quad (3-12)$$

其中，农业部门产出函数是仿照 Hayami 和 Mundlak 的设置形式（Hayami，1969；Mundlak，2000）。且 A 表示部门生产率，R 表示土地，K 表示部门物质资本，L 表示部门劳动力，h 表示部门人均人力资本。

给定 i 省份的总物质资本 $K_i = K_{Ai} + K_{Ii}$，总劳动力 $L_i = L_{Ai} + L_{Ii}$。则由式（3-11）、式（3-12）可得：

$$(Y_{Ai}/L_i) = A_{Ai} (R_i/L_i)^\lambda (K_i/L_i)^\gamma L_i^{\lambda+\gamma+\eta-1} h_{Ai}^\eta k_{Ai}^\gamma l_{Ai}^\eta \quad (3-13)$$

$$(Y_{Ii}/L_i) = A_{Ii} (K_i/L_i)^\beta h_{Ii}^\alpha L_i^{\alpha+\beta-1} (1-k_{Ai})^\beta (1-l_{Ai})^\alpha \quad (3-14)$$

其中，$l_{Ai} = L_{Ai}/L_i \in [0,1]$，$k_{Ai} = K_{Ai}/K_i \in [0,1]$。

由式（3-10）可得 i 省份人均收入：

$$y_i = \left[\left(\frac{Y_{Ai}}{L_i}\right)^\sigma + \left(\frac{Y_{Ii}}{L_i}\right)^\sigma\right]^{1/\sigma} \quad (3-15)$$

将式（3-13）、式（3-14）带入式（3-15）可得：

$$y_i = \{(\Omega_{Ai} k_{Ai}^\gamma l_{Ai}^\eta)^\sigma + [\Omega_{Ii} (1-k_{Ai})^\beta (1-l_{Ai})^\alpha]^\sigma\}^{1/\sigma} \quad (3-16)$$

其中，$\Omega_{Ai} = A_{Ai} (R_i/L_i)^\lambda (K_i/L_i)^\gamma L_i^{\lambda+\gamma+\eta-1} h_{Ai}^\eta$，$\Omega_{Ii} = A_{Ii} (K_i/L_i)^\beta h_{Ii}^\alpha L_i^{\alpha+\beta-1}$。

进一步，农业与非农业部门产品是异质的，其相对价格受到需求效应和收入效应的影响。

如图 3-2 所示,当劳动力从农业部门向非农业部门转移,在农产品供给由 Y_A^0 减少到 Y_A^1,需求曲线 D_A^0 不变的情况下,价格从 p_A^0 上升到 p_A^{Int},价格差 ($p_A^{Int} - p_A^0$) 由农产品需求的价格弹性 ε_A 决定。随着劳动力向非农业部门的转移,劳动力的收入增加,促使需求曲线 D_A^0 上升到 D_A^1,使得价格从 p_A^{Int} 上升到 p_A^1,价格差 ($p_A^1 - p_A^{Int}$) 由农产品需求的收入弹性 η_A 决定。假定价格弹性 ε_A 和收入弹性 η_A 是固定不变的,且 $\varepsilon_A = -\eta_A = 0.6$,[①] 则农产品的相对价格是劳动力数量,价格弹性和收入弹性的函数 $p_A = p(l_A | \varepsilon_A, \eta_A)$。

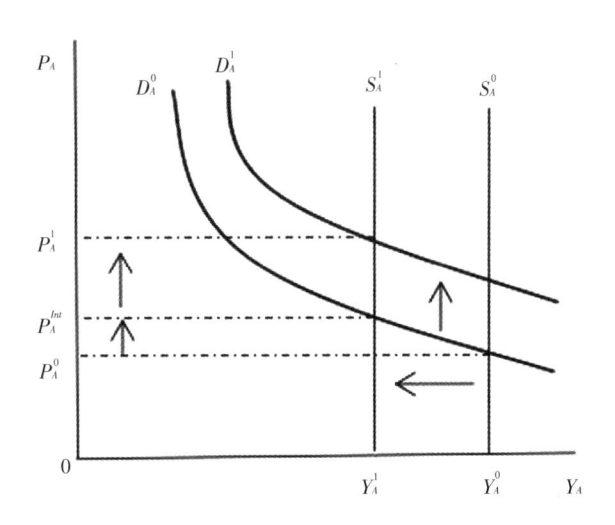

图 3-2 农产品的价格效应和收入效应

考虑到价格变化以后,农业部门的劳动力、资本比重为:

$$l_{Ai}^*, k_{Ai}^* = \operatorname{argmax}\{\{(P_{Ai}\Omega_{Ai}k_{Ai}^\gamma l_{Ai}^\eta)^\sigma$$
$$+ [\Omega_{Ii}(1-k_{Ai})^\beta(1-l_{Ai})^\alpha]^\sigma\}^{1/\sigma}\} \quad (3-17)$$

基于要素配置的动态性与路径选择性,要测算劳动力错配程度,

[①] 参照 Williamson 的研究 (Williamson, 1987),设定 $\varepsilon_A = -0.6, \eta_A = 0.6$。

必须将资本调整到最优状态。将 k_{Ai}^* 代入式（3–11）可得资本最优配置时的农业部门产出函数为 $Y_{Ai} = A_{Ai}R_i^\lambda (K_{Ai}^*)^\gamma (h_{Ai}L_{Ai})^\eta$，如此可以得到农业部门劳动力边际产出为：

$$mpl'_{Ai} = \eta A_{Ai} R_i^\lambda (K_{Ai}^*)^\gamma h_{Ai}^\eta L_{Ai}^{\eta-1} \qquad (3-18)$$

同理，将 k_{Ai}^* 代入式（3–12）可得资本最优配置时的非农业部门产出函数为 $Y_{Ii} = A_{Ii}(K_{Ii}^*)^\beta (h_{Ii}L_{Ii})^\alpha$，如此可以得到非农业部门劳动力边际产出为：

$$mpl'_{Ii} = \alpha A_{Ii}(K_{Ii}^*)^\beta h_{Ii}^\alpha L_{Ii}^{\alpha-1} \qquad (3-19)$$

与第一节中国省际要素错配的度量保持一致，用农业部门和非农业部门间劳动力边际产出的扭曲衡量农业与非农业部门间劳动力的错配程度。基于要素配置的动态性与路径选择性，假设 $\vartheta_I = Y_I/Y$，$\psi = \alpha\vartheta_I + \eta\vartheta_A$，则农业部门相对于非农业部门的劳动力错配程度可以表示为：

$$\hat{\rho}\left(\frac{mpl_A}{mpl_I}\right) = \frac{\alpha\vartheta_I}{\psi}\sqrt{\left(\frac{mpl'_A}{mpl'_I} - 1\right)^2} \qquad (3-20)$$

如此，农业部门与非农业部门间的劳动力错配程度可以表示为：

$$H_{FAIL} = \nu_{Al}\hat{\rho}\left(\frac{mpl_A}{mpl_I}\right) + \nu_{Il}\hat{\rho}\left(\frac{mpl_I}{mpl_A}\right) \qquad (3-21)$$

其中 ν_{Al} 和 ν_{Il} 分别为农业部门和非农业部门的劳动力要素占比权重。

同理，农业部门与非农业部门间资本的错配程度可以表示为：

$$H_{FAIk} = \nu_{Ak}\hat{\rho}\left(\frac{mpk_A}{mpk_I}\right) + \nu_{Ik}\hat{\rho}\left(\frac{mpk_I}{mpk_A}\right) \qquad (3-22)$$

其中，ν_{Ak} 和 ν_{Ik} 分别为农业部门和非农业部门的资本要素占比权重。

（二）考虑个体异质性的测度

当考虑个体的异质性时，劳动力的错配可能与人力资本的有效配置共存。下面仅从人力资本的角度构建模型。

$$Y_{Ai} = A_{Ai}R_i^\lambda K_{Ai}^\gamma H_{Ai}^\eta \qquad (3-23)$$

$$Y_{Ii} = A_{Ii}K_{Ii}^{\beta}H_{Ii}^{\alpha} \tag{3-24}$$

其中 H_A 和 H_I 分别表示农业部门和非农业部门的人力资本存量，$H = H_A + H_I$。

由式（3-23）和式（3-24）进一步可得：

$$(Y_{Ai}/H_i) = A_{Ai}(R_i/H_i)^{\lambda}(K_i/H_i)^{\gamma}H_i^{\lambda+\gamma+\eta-1}k_{Ai}^{\gamma}q_{Ai}^{\eta} \tag{3-25}$$

$$(Y_{Ii}/H_i) = A_{Ii}(K_i/H_i)^{\beta}H_i^{\alpha+\beta-1}(1-k_{Ai})^{\beta}(1-q_{Ai})^{\alpha} \tag{3-26}$$

其中，$q_A \in [0,1]$ 表示农业部门的人力资本比重。

由式（3-25）和式（3-26）可得 i 省份人均收入为：

$$y_i^h = \{(\Omega_{Ai}^h k_{Ai}^{\gamma}q_{Ai}^{\eta})^{\sigma} + [\Omega_{Ii}^h(1-k_{Ai})^{\beta}(1-q_{Ai})^{\alpha}]^{\sigma}\}^{1/\sigma} \tag{3-27}$$

其中，$\Omega_{Ai}^h = A_{Ai}(R_i/H_i)^{\lambda}(K_i/H_i)^{\gamma}H_i^{\lambda+\gamma+\eta-1}$，$\Omega_{Ii}^h = A_{Ii}(K_i/H_i)^{\beta}H_i^{\alpha+\beta-1}$。

如此，可通过最优化方式得到 i 省份农业部门人力资本和资本的最优比重。接下来的测算思路与部门个体同质性的测算思路类似，具体过程不再赘述。

二 参数设置与数据处理

本书遵循袁志刚和解栋栋的做法（袁志刚、解栋栋，2011），将农业部门的生产总值定义为第一产业的生产总值，将非农业部门的生产总值定义为第二、第三产业的生产总值。其余关于农业与非农业部门的变量界定与此一致。下面重点阐述参数设置与数据处理。

参数的设置。使用各省份农业部门的产出、物质资本存量、劳动力人数和土地，按照（3-11）式的设置形式，采用对数形式进行回归，得到农业部门的资本弹性（γ）、土地弹性（λ）和劳动力弹性（η）。估计结果在5%的水平上显著，且农业部门资本弹性 $\gamma = 0.293$，土地弹性 $\lambda = 0.091$，劳动力弹性 $\eta = 0.511$，三者之和小于1，说明中国农业部门的产出规模报酬递减，这与吴玉鸣等的结论一致（吴玉鸣，2010；赵文、程杰，2014）。同理，使用各省份非农业部门的产出、物质资本存量和劳动力人数，按照（3-12）式的设置形式，采用对数形式进行回归，得到非农业部门的资本弹性（β）和劳动力弹性（α）。估计结果在1%的水平上显著，且非农业部门资本弹性 $\beta = 0.452$，劳动力弹性 $\alpha = 0.623$。二者之和大于1，说明中国非农业部门的产出规模报酬递增。此外，基于产出函数的CES形式，农业部门、非农业部门之间的替代弹性为 $\frac{1}{1-\sigma}$，借鉴赵文和程杰的有关农业与非农业部门之间的替代弹性估计结果（赵文、程杰，2014），令 $\sigma = 1/3$。

数据的处理。本部分涉及的中国各省份三大产业的生产总值、劳动力人数、物质资本存量、平均受教育年限和人力资本存量、土地和农产品价格水平，相关数据来自《中国统计年鉴》和CEIC中国经济数据库，数据的具体处理方法如下。

第一，生产总值和劳动力人数。中国各省份三大产业的生产总值数据来源于《中国统计年鉴》，在处理中需要用三次产业增加值物价指数分别对三大产业的生产总值进行平减。1995—2010年各省份三大产业的劳动力人数数据来源于CEIC中国经济数据库。2010年以后中国各省份三大产业劳动力统计口径变化较大，2010年前后数据无可比性，所以本书采用的处理方式：i 省份第一产业劳动力人数 = i 省份劳动力人数 × 全国第一产业劳动力人数/全国劳动力人数，第二、第三产业的处理方式与此类似。中国各省劳动力人数、全国三次产业劳动力人数、全国劳动力人数的数据来源于《中国统计年鉴》。

第二，物质资本存量。1995—2002年中国各省份三次产业的物质资本存量的数据来源于徐现祥等估计的中国省区三次产业资本存量（徐现祥等，2007）。在此基础上，2003—2014年的物质资本存量根据各省份三次产业固定资产投资，按照永续盘存法得到，其中各省份三次产业的固定资产投资按照2012年的《三次产业划分规定》，由相关行业加总得到。在处理过程中仿照张军等的做法（张军等，2004），采用9.6%的物质资本折旧率，同时用第一、第二、第三产业的固定资产投资物价指数对各产业的固定资产投资进行平减。固定资产投资的相关数据来源于《中国统计年鉴》。

第三，平均受教育年限和人力资本存量。1995—2001年各省份从业人员的平均受教育年限的数据来源于陈钊等估算的人力资本和教育发展省级面板数据（陈钊等，2004），1995—2007年中国三次产业从业人员的平均受教育年限的数据来源于李仁君测算的中国三次产业从业人员平均受教育年限（李仁君，2010）。2001年以后的各省份平均受教育年限、2007年以后的中国三次产业平均受教育年限以及各省份三次产业平均受教育年限和人力资本存量的计算过程如下。

借鉴陈钊等的做法，中国各省份从业人员的平均受教育年限 = 6Q1 + 9Q2 + 12Q3 + 15Q4 + 16Q5 + 19Q6，其中Q1、Q2、Q3、Q4、Q5、Q6分别表示每个省份劳动者中小学生、初中生、高中生、大专生、本科生、研究生及以上所占的比例（陈钊等，2004）。中国各行业的平均受教育年限也采用类似的做法，中国三次产业的平均受教育年限根据2012年的《三次产业划分规定》，由相关行业按照劳动力人数权重加总得到。中国各省份第一产业的平均受教育年限 = 各省份的平均受教育年限×中国第一产业的平均受教育年限/中国的平均受教育年限，各省份第二、第三产业的平均受教育年限也采取类似的做法。中国各省份第一产业的人力资本存量 = 第一产业的平均受教育年限×第一产业的劳动力人数，各省份第二、第三产业的人力资本存量也采用类似的做法。各省份的平均受教育程度和中国各行业的平均受教育程度的相关数据来源于《中国劳动统计年鉴》。

第四，土地和农产品价格水平。中国各省份的土地存量和土地价格数据来源于CEIC中国经济数据库和各省份的统计年鉴，各省份农产品价格水平数据来源于《中国统计年鉴》。

三 城乡劳动力错配程度的演变趋势

表3-7给出了不考虑个体异质性的劳动力错配程度的测算结果。

东部地区，北京和天津的劳动力错配程度一直维持在较低水平；江苏、浙江和福建的劳动力错配程度起初并不高，且下降趋势明显，但2006年以后跳跃式上升，呈现以2006年为拐点的"U"形趋势；河北、山东、广东和海南的劳动力错配程度起初水平较高，但2010年之前呈下降趋势，之后则跳跃式上升，形成以2010年为拐点的"U"形趋势；上海的劳动力错配程度以2008年为界点，之前维持在较低水平，之后上升趋势明显。中部地区，安徽、江西、湖北和湖南的劳动力错配程度呈现以2006年为拐点的"U"形趋势，之前逐年下降，之后则快速上升；山西的劳动力错配程度呈逐年下降的趋势，但吉林、黑龙江的劳动力错配程度呈现先上升后下降的倒"U"形趋势。西部地区，重庆、贵州的劳动力错配程度起初水平较高，但2008年之前逐年下降，之后则快速上升，呈现以2008年为拐点的"U"形趋势；其余省份的劳动力错配程度起初水平较高，但整体有下降趋势，部分省份的劳动力错配程度近年来有拐头向上的趋势。

表3-7　　　　　　　　　劳动力错配程度的测算

东部地区	1995年	1998年	2000年	2002年	2004年	2006年	2008年	2010年	2012年	2014年
北京	0.139	0.143	0.145	0.085	0.066	0.068	0.004	0.019	0.100	0.161
天津	0.227	0.249	0.259	0.263	0.251	0.190	0.203	0.193	0.175	0.140
河北	0.717	0.670	0.673	0.673	0.613	0.566	0.413	0.032	0.532	0.870
辽宁	0.136	0.437	0.495	0.496	0.482	0.464	0.420	0.331	0.154	0.099
上海	0.118	0.148	0.161	0.141	0.108	0.088	0.053	0.106	0.457	0.806
江苏	0.482	0.499	0.507	0.424	0.342	0.256	0.940	0.994	1.078	1.147
浙江	0.586	0.572	0.511	0.438	0.320	0.072	0.392	0.956	1.059	1.142
福建	0.694	0.662	0.636	0.607	0.473	0.171	0.633	0.872	0.928	0.996
山东	0.779	0.764	0.754	0.701	0.588	0.459	0.257	0.157	0.568	0.892
广东	0.498	0.549	0.553	0.527	0.464	0.349	0.211	0.031	0.313	0.683
海南	0.733	0.759	0.714	0.726	0.678	0.617	0.465	0.087	0.693	0.779
均值	0.464	0.496	0.492	0.462	0.399	0.300	0.363	0.343	0.551	0.701

续表

中部地区	1995年	1998年	2000年	2002年	2004年	2006年	2008年	2010年	2012年	2014年
山西	0.602	0.624	0.649	0.650	0.600	0.577	0.551	0.475	0.376	0.180
吉林	0.137	0.032	0.579	0.518	0.589	0.621	0.495	0.351	0.190	0.477
黑龙江	0.505	0.677	0.697	0.702	0.688	0.662	0.635	0.589	0.245	0.657
安徽	0.850	0.847	0.842	0.781	0.470	0.181	0.744	0.793	0.834	0.893
江西	0.706	0.737	0.649	0.620	0.397	0.185	0.486	0.716	0.839	0.893
河南	0.865	0.842	0.960	0.905	0.819	0.724	0.589	0.378	0.075	0.367
湖北	0.542	0.347	0.521	0.529	0.269	0.256	0.836	0.920	0.986	1.063
湖南	0.859	0.817	0.864	0.805	0.695	0.338	0.436	0.588	0.761	0.808
均值	0.633	0.615	0.720	0.689	0.566	0.443	0.597	0.601	0.538	0.667
西部地区	1995	1998	2000	2002	2004	2006	2008	2010	2012	2014
广西	0.993	0.969	0.899	0.879	0.721	0.611	0.426	0.293	0.328	0.680
重庆	1.437	0.805	0.792	0.703	0.503	0.469	0.196	0.501	0.878	0.934
四川	0.934	0.902	0.842	0.781	0.552	0.287	0.574	0.701	0.801	0.856
贵州	1.171	1.109	1.009	0.960	0.816	0.691	0.287	0.430	0.731	0.795
云南	1.306	1.245	1.232	1.212	1.141	1.022	0.892	0.815	0.517	0.043
陕西	0.879	0.859	0.805	0.765	0.714	0.687	0.579	0.409	0.022	0.429
甘肃	0.856	0.824	0.850	0.829	0.809	0.767	0.661	0.527	0.114	0.442
青海	0.881	0.913	0.907	0.812	0.710	0.632	0.528	0.367	0.124	0.788
宁夏	0.866	0.863	0.846	0.800	0.700	0.650	0.614	0.514	0.446	0.345
新疆	0.790	0.825	0.836	0.803	0.762	0.741	0.717	0.624	0.490	0.105
内蒙古	0.035	0.534	0.635	0.717	0.669	0.667	0.538	0.337	0.273	0.777
均值	0.923	0.895	0.878	0.842	0.736	0.657	0.546	0.501	0.429	0.564

资料来源：笔者计算整理。

劳动力错配程度的地区间比较，起初东部地区最低，西部地区最高，中部居中。之后东部和中部的劳动力错配程度皆呈现以2006年为拐点的"U"形趋势，2006年之前有逐年下降的趋势，之后又拐头向上，但东部地区劳动力错配程度的上升速度较快；西部地区的劳动力错配程度有逐年下降的趋势，2010年以后略有上升，但趋势不明显。2014年地区间比较，东部地区的劳动力错配程度超过中西部地区。

总体上看，劳动力错配程度与中国的社会主义市场经济发展趋势一致，且与地区间的不同经济发展水平和市场化程度密切相关。基于章奇等的研究，[①] 东部地区的民营经济相对发达，城镇化水平较高，农业比重较小，且随着市场化程度的加深，以及各方面体制的完善，金融危机前劳动力扭曲程度逐年降低，符合城乡经济一体化的趋势（章奇、刘明兴，2012；王婧、李裕瑞，2016）。基于樊纲等的研究，[②] 中西部地区起初市场化水平较低，且受教育水平、对外开放度、城乡一体化建设相对滞后，阻碍了劳动力空间上的自由流动和行业的自由选择，增加了工作选择的成本，导致起初劳动力错配程度较高，但劳动力错配程度随着这些因素的改善而逐渐降低（樊纲等，2010；黄伟海、袁连生，2014）。[③] 需要特别说明的是金融危

[①] 章奇和刘明兴认为民营经济尽管在不断发展壮大，但不同地区的民营经济发展程度却存在着极大的差异。2005—2006年，50%以上的民营工业企业投资（500万元以上的投资）集中在东部沿海各省，而西部地区的民营企业投资则不到20%（章奇、刘明兴，2012）。王婧和李裕瑞利用2000年和2010年中国人口普查分县数据，研究发现中国县域城镇化格局基本未变，仍以珠三角、长三角、京津冀三大增长极的城镇化发展较为突出，东部地区的城镇化水平相对较高（王婧、李裕瑞，2016）。

[②] 基于樊纲等编写的《中国市场化指数》可知，起初中西部地区的市场化水平较低，但提升幅度明显。黄伟海和袁连生的研究发现，30年以来省际教育水平差距有逐渐缩小的趋势；但是中西部地区相对于东部地区，教育水平仍有一定差距（黄伟海、袁连生，2014）。

[③] 笔者也通过《中国统计年鉴》、CEIC中国经济数据库等计算了各省份城镇化水平、农业比重、受教育水平和对外开放度。其中1995—2004年的人口统计数据中城镇人口并没有考虑常住人口，所以采用周一星和田帅的方法进行修正（周一星、田帅，2006）。各省份人均受教育程度借鉴陈钊的做法（陈钊，2004），用公式 6Q1 + 9Q2 + 12Q3 + 15Q4 + 16Q5 + 19Q6 衡量，其中 Q1、Q2、Q3、Q4、Q5、Q6 分别表示每个省份劳动者中小学生、初中生、高中生、大专生、本科生、研究生及以上所占的比例。对外开放度用进出口总额与 GDP 的比重衡量。结果显示，东部地区的城镇化水平较高，农业比重较小；且相比于东部地区，中西部地区受教育水平、对外开放水平较低。可以看出，其结论也支持本书的观点。

机后东部地区劳动力错配程度快速上升,这是由东部省份农业部门、非农业部门间劳动力配置不合理程度加剧(农业部门劳动力稀缺,而非农业部门劳动力过剩)造成的。此外东部地区产业升级带来的劳动力与资本不匹配、劳动力供需不匹配程度加剧也提高了劳动力的错配程度。

其中,金融危机后江苏、浙江和福建的劳动力错配程度上升明显,主要原因是金融危机扭转了劳动力要素错配下降的趋势。而相比于其他地区,长三角地区以及邻近长三角的福建对金融危机的反应较为敏感,且为了缓解金融危机的负面影响,三省份对非农业部门过度投资、产能严重过剩,第二、第三产业新增投资的边际产出降低;而近年来倡导的现代农业的发展大大提高了农业部门的边际产出,农业部门需要与之相对应的劳动力投入,但金融危机后在总量劳动力上升趋势的前提下,三省份农业部门的实际劳动力投入仍呈现逐年下降的趋势,农业部门的实际劳动力均低于最优劳动力,农业部门劳动力数量变得相对稀缺,加重了农业与非农业部门间劳动力的错配程度。

考虑个体异质性后,大部分省份人力资本错配程度的变化趋势与表3-7基本一致,[①]但个别省份(如辽宁、山西、吉林、云南和新疆等)的人力资本错配程度呈现新的变化趋势。如北京的人力资本错配程度起初水平较低,但有逐年上升的趋势;辽宁的人力资本错配程度在2010年之前一直维持在较低水平,但之后有快速上升的趋势;山西和吉林的人力资本错配程度在金融危机后也有明显的上升趋势;云南和新疆的人力资本错配程度呈现以2010年为拐点的"U"形结构。说明个别省份部门的劳动力总量与人力资本总量的相对大小存在不一致性,这是由岗位选择与个体知识储备不匹配造成的。

---

① 考虑个体异质性后,大部分省份的劳动力错配程度的变化趋势与表3-7基本一致,不再列示。

四 城乡资本错配的演变趋势

表3-8给出了不考虑个体异质性的资本错配程度的测算结果。[①] 东部地区，北京和天津的资本错配程度一直处于较低水平；辽宁的资本错配程度起初较高，但2006年之前下降速度较快，之后则又拐头向上，呈现以2006年为拐点的"U"形趋势；江苏的资本错配程度较高，且上升速度较快；其余省份的资本错配程度在2006年之前水平较低，且上升趋势不明显，但2006年之后快速上升，尤其是浙江、福建和海南三省份。中部地区，山西的资本错配程度一直维持在较低水平；吉林的资本错配程度呈现以2008年为拐点，先下降后上升的"U"形结构；其余省份的资本错配程度基本上以2004年为界点，之前水平不高，且略有下降趋势，但之后呈跳跃式上升。西部地区，新疆和宁夏的资本错配程度一直处于较低水平，但新疆的资本错配程度在2012年以后呈跳跃式上升趋势；内蒙古的资本错配程度呈现以2006年为拐点，先下降后上升的"U"形趋势；其余省份的资本错配程度基本上以2006年为界点，之前维持在较低水平，但之后上升趋势明显。

资本错配程度的地区间比较，起初东部地区最低，中部地区最高，西部居中。之后东部、中部、西部地区的资本错配程度基本上呈现以2006年为拐点，先缓慢下降后快速上升的"U"形趋势，但东部地区资本错配程度的上升速度最快。2014年地区间比较，东部地区的资本错配程度超过中西部地区。

总体上看，金融危机前各省份的资本错配程度水平不高，且上升趋势不明显，但金融危机后各省份的资本错配程度都有不同程度的上升趋势，且部分省份的上升速度极快。一方面原因是金融危机后部门间的资本投资极度不平衡。另一方面，金融危机后企业经营

[①] 考虑个体异质性后，大部分省份的资本错配程度的变化趋势与表3-8基本一致，不再列示。

环境恶化，企业的资本回报率降低，但农业现代化的推进、城乡一体化的发展使得农业生产率提高，农业资本回报率的上升需要与之匹配的资本投入。而大量社会资本进入股市、楼市，只有极少数资本进入农业部门，造成农业部门投资资本的匮乏。这与周月书等的研究结论一致（周月书、王悦雯，2015；王颂吉、白永秀，2013），他们认为农村资本回报率高于城市而吸引不到投资资本，主要是投资风险和金融制度不完善造成的（朱喜等，2011）。

表 3-8　　资本错配程度的测算

东部地区	1995年	1998年	2000年	2002年	2004年	2006年	2008年	2010年	2012年	2014年
北京	0.022	0.003	0.010	0.195	0.135	0.074	0.201	0.177	0.200	0.185
天津	0.083	0.073	0.069	0.068	0.061	0.046	0.048	0.053	0.059	0.063
河北	0.240	0.213	0.208	0.199	0.168	0.154	0.140	0.840	1.395	1.316
辽宁	1.385	0.895	0.667	0.149	0.095	0.054	0.065	0.139	0.451	0.791
上海	0.058	0.048	0.043	0.040	0.031	0.021	0.054	0.461	0.733	1.342
江苏	0.486	0.705	0.565	0.852	1.444	1.634	1.769	1.847	2.204	2.282
浙江	0.186	0.163	0.147	0.120	0.035	0.614	1.200	1.772	1.855	2.025
福建	0.204	0.193	0.185	0.209	0.022	0.724	1.327	1.469	1.644	1.772
山东	0.243	0.243	0.239	0.234	0.162	0.102	0.501	0.820	1.094	1.322
广东	0.112	0.093	0.085	0.043	0.014	0.321	0.729	0.830	1.008	1.242
海南	0.011	0.113	0.274	0.210	0.104	0.103	0.477	1.122	1.518	1.703
均值	0.275	0.249	0.227	0.211	0.207	0.350	0.592	0.867	1.106	1.277
中部地区	1995	1998	2000	2002	2004	2006	2008	2010	2012	2014
山西	0.243	0.204	0.187	0.177	0.166	0.149	0.141	0.059	0.074	0.238
吉林	1.370	0.786	0.659	0.647	0.105	0.144	0.081	0.465	0.825	1.157
黑龙江	0.259	0.257	0.246	0.255	0.242	0.236	0.243	0.223	0.247	1.094
安徽	0.329	0.302	0.293	0.259	0.381	1.022	1.325	1.447	1.722	1.729
江西	0.167	0.192	0.165	0.087	0.429	0.792	0.787	1.150	1.271	1.431

续表

中部地区	1995年	1998年	2000年	2002年	2004年	2006年	2008年	2010年	2012年	2014年
河南	0.225	0.241	0.260	0.265	0.242	0.192	0.006	0.372	0.841	1.058
湖北	0.288	0.600	0.503	0.304	0.807	1.064	1.259	1.348	1.571	1.682
湖南	0.268	0.200	0.237	0.178	0.018	0.464	1.020	1.252	1.313	1.604
均值	0.394	0.348	0.319	0.271	0.299	0.508	0.608	0.790	0.984	1.249

西部地区	1995年	1998年	2000年	2002年	2004年	2006年	2008年	2010年	2012年	2014年
广西	0.301	0.281	0.258	0.250	0.101	0.348	0.804	1.025	1.345	1.371
重庆	0.193	0.047	0.030	0.051	0.529	0.422	0.744	1.115	1.170	1.242
四川	0.303	0.289	0.264	0.222	0.317	0.901	1.197	1.295	1.418	1.600
贵州	0.494	0.438	0.406	0.370	0.269	0.088	0.599	1.034	1.506	1.936
云南	0.498	0.402	0.370	0.347	0.313	0.285	0.240	0.188	0.596	0.913
陕西	0.279	0.270	0.257	0.254	0.230	0.200	0.027	0.367	1.004	1.117
甘肃	0.215	0.157	0.142	0.015	0.143	0.176	0.039	0.274	1.039	1.120
青海	0.322	0.291	0.273	0.264	0.246	0.210	0.069	0.161	0.869	1.019
宁夏	0.200	0.196	0.189	0.190	0.200	0.196	0.194	0.143	0.070	0.035
新疆	0.286	0.309	0.301	0.302	0.303	0.280	0.268	0.150	0.084	0.885
内蒙古	1.221	0.907	0.522	0.084	0.017	0.015	0.191	0.558	1.044	1.301
均值	0.392	0.326	0.274	0.214	0.243	0.284	0.398	0.574	0.922	1.140

资料来源：笔者计算整理。

第三节 中国省际要素错配的空间与时间演变特点

一 劳动力、资本要素错配的空间自相关性

前文通过构建模型测算了1995—2014年中国各省份劳动力和资本的错配程度，并分析了其相对大小和变化趋势。其中可以看出，无论是相对大小，还是变化趋势，东部、中部和西部地区的劳动力和资本错配程度均有明显的地区特性。比如东部地区各省份的劳动

力、资本错配程度前期处于较低水平，但是金融危机后普遍加速上升，其中江苏、浙江和福建等更为显著；中部地区各省份的劳动力、资本错配程度在金融危机前水平不高，但是金融危机后上升速度也较为明显，其中安徽、湖北和湖南等更为显著；西部地区各省份的劳动力、资本错配程度前期相对较高，但金融危机前下降速度较快，且金融危机后上升速度不及东部和中部地区，其中贵州、重庆和四川等更为显著。劳动力、资本错配在地区内部以及地区间的变动趋势具有一致性，预示着要素错配程度具有典型的空间自相关特点，也即劳动力、资本错配程度高的地区或者低的地区具有空间集聚性。下面以中国省际三大产业的劳动力和资本错配为例，考察要素错配的空间自相关性。

莫兰指数（Moran's I）是目前最为流行的测度空间自相关性的方法之一。本书借用 Moran's I 统计量测度中国各省份劳动力、资本要素错配的空间自相关程度。

$$I = \frac{\sum_{i=1}^{n}\sum_{j=1}^{n}w_{ij}(\Theta_i - \overline{\Theta})(\Theta_j - \overline{\Theta})}{S^2 \sum_{i=1}^{n}\sum_{j=1}^{n}w_{ij}} \qquad (3-28)$$

其中，Θ 为劳动力或资本错配程度，$S^2 = \sum_{i=1}^{n}\sum_{j=1}^{n}w_{ij}$ 为样本方差，w_{ij} 为空间权重矩阵的 (i,j) 元素，表示区域 i 与区域 j 之间的经济距离。传统文献较多用邻近标准或距离标准定义空间权重（徐建刚等，2006；吕韬、曹有挥，2010），但考虑到要素错配空间相关的特性，本书用省份间的劳动力流动量衡量空间权重 w_{ij} 的大小，当两省份的劳动力流动量较大时，说明两省份的经济交流密切，经济相关度高，则空间权重元素 w_{ij} 较大。令人惋惜的是，目前较难直接获取省份间劳动力的流动量。刘毓芸等认为不同方言大区间，方言距离越远，劳动力流动越低（刘毓芸等，2015），则方言距离不仅包含了空间距离因素（一般而言，空间距离越近，意味着方言相似度越高），也包含了劳动力流动因素，所以本书用方言距离作为劳动力流动量的替代变量。① 空间权重矩阵元素 $w_{ij} = 1 - D_{ij}/(2 \cdot Max(D_{ij}))$，其中 D_{ij} 为方言距离。

表 3-9 给出了劳动力、资本要素错配的空间自相关程度。可以看出，1995 年劳动力错配和资本错配的 Moran's I 系数不显著，意味着各省份劳动力、资本错配程度的空间自相关程度不高，这与中国的市场化程度较低有关。随着全国各省份劳动力的相互流动以及各省份的资本相互投资，省份间的经济交流及经济相关性加重，省份间的经济依赖性也逐步加强。2005 年以后劳动力错配和资本错配的 Moran's I 系数均显著为正，表明劳动力错配和资本错配高的省份具有较强的空间集聚性，一定程度上反映了省份间相似的经济特性，这与目前中国经济圈的战略发展有关。经济圈内部相近的经济战略定位促进了要素配置的同质性，进而加强了要素错配的空间相关性。

另外，基于稳健性检验，本书用邻接标准定义空间矩阵 W，即相邻省份的空间矩阵元素取值 1，否则取 0。可以看出，1995 年劳动力错配和资本错配的 Moran's I 指数均为正数，但并不显著；2005 年以后劳动力错配和资本错配的 Moran's I 指数均显著为正，表明 2005 年以后各省份的空间相关性加强，各省份的要素错配具有空间集聚特性，得到的结果与用方言距离定义空间权重矩阵的结果一致。进一步稳定性检验，本书用回归的方法先对要素错配程度进行去趋势处理，然后对残差进行 Moran's I 指数检验，发现 2005 年以后劳动力错配和资本错配的 Moran's I 指数均显著为正，得到的结果仍然与用方言距离定义空间权重矩阵的结果一致。由此可以判断，由于经济特性的影响，各省份劳动力错配程度和资本错配程度均具有空间自相关特点。

---

① 各省份方言区的划分参照刘毓芸等的研究（刘毓芸等，2015），同时考虑到计算的便捷性，对于属于不同方言区的省份，方言距离设定为 1；对于属于同一方言区的省份，方言距离设定为 1/2；对于有重叠方言区的省份，方言距离设定为 3/4，再用各省份人口数量作为权重对方言距离进行修正。

表 3-9　　　　　　　要素错配空间自相关性检验结果

	Moran's I			
方言距离标准	1995 年	2005 年	2010 年	2014 年
劳动力错配	0.063 (1.343)	0.176*** (6.371)	0.210*** (4.288)	0.308*** (6.516)
资本错配	0.129 (0.916)	0.237*** (3.736)	0.363*** (4.117)	0.352*** (5.192)
邻近距离标准	1995 年	2005 年	2010 年	2014 年
劳动力错配	0.137 (1.129)	0.232*** (4.483)	0.175*** (3.929)	0.313*** (5.579)
资本错配	0.171 (1.098)	0.299*** (2.996)	0.281*** (4.546)	0.392*** (4.851)
去趋势处理	1995 年	2005 年	2010 年	2014 年
劳动力错配	0.083 (1.294)	0.156*** (5.232)	0.196*** (3.850)	0.273*** (5.464)
资本错配	0.167 (1.465)	0.292*** (3.976)	0.302*** (4.393)	0.315*** (3.284)

注：＊＊＊、＊＊、＊分别表示估计系数在1%、5%、10%的水平上显著，且括号中的数值为 t 检验值。

资料来源：笔者计算整理。

二　劳动力、资本要素错配的时间收敛性

经过测算可知，各省份劳动力错配和资本错配程度均具有先下降后上升的"U"形趋势，那么各省份要素错配的差异程度如何呢？是收敛趋势，还是发散趋势呢？下面将首先利用方差和变异系数分析要素错配的时间收敛性问题。表 3-10 给出了劳动力、资本错配程度的方差和变异系数。可以看出，全国和东部、中部、西部地区各省份劳动力错配程度的方差在金融危机前有逐渐减小的趋势，其中全国各省份劳动力错配程度的方差从 1995 年的 0.117 下降到 2006 年的 0.049，表明各省份劳动力错配程度在金融危机前存在收敛特点。但金融危机后全国和东部、中部、西部地区各省份劳动力错配

程度的方差又呈现逐步扩大的趋势，其中全国各省份劳动力错配程度的方差从2008年的0.050上升到2014年的0.106，意味着劳动力错配程度存在逆收敛特点。进一步发现全国和东部、中部、西部地区各省份劳动力错配的变异系数也呈现出与方差相似的特性，进一步印证了各省份劳动力错配先收敛后发散的特点。而各省份资本错配的方差也呈现倒"U"形结构，但倒"U"形结构的拐点比劳动力错配提前4年左右。其中全国各省份资本错配程度的方差从1995年的0.115下降到2002年的0.028，然后拐头向上，上升到2014年的0.294。类似于劳动力错配，各省份的资本错配程度在拐点前存在收敛性特点，而拐点后又呈现发散特点。同时全国和东部、中部、西部地区各省份资本错配的变异系数再次印证了这一观点。由方差和变异系数的变化趋势，可以初步判断各省份劳动力错配程度和资本错配程度具有先收敛后发散的特点。

表3-10　　　　　劳动力、资本错配程度的方差和变异系数

劳动力错配		1995年	1998年	2000年	2002年	2004年	2006年	2008年	2010年	2012年	2014年
全国	方差	0.117	0.077	0.055	0.053	0.050	0.049	0.050	0.080	0.101	0.106
	变异系数	0.520	0.422	0.347	0.358	0.406	0.329	0.466	0.616	0.649	0.522
东部	方差	0.062	0.046	0.041	0.043	0.036	0.037	0.063	0.139	0.113	0.137
	变异系数	0.551	0.446	0.424	0.463	0.490	0.452	0.713	1.117	0.629	0.543
中部	方差	0.052	0.070	0.020	0.016	0.028	0.044	0.016	0.035	0.108	0.079
	变异系数	0.372	0.445	0.202	0.189	0.301	0.284	0.219	0.317	0.627	0.434
西部	方差	0.115	0.029	0.019	0.018	0.024	0.030	0.034	0.022	0.074	0.085
	变异系数	0.379	0.196	0.164	0.164	0.217	0.269	0.344	0.310	0.654	0.531
资本错配		1995年	1998年	2000年	2002年	2004年	2006年	2008年	2010年	2012年	2014年
全国	方差	0.115	0.055	0.029	0.028	0.078	0.140	0.243	0.289	0.324	0.294
	变异系数	0.901	0.744	0.631	0.809	1.178	1.357	1.277	0.964	0.635	0.490
东部	方差	0.137	0.072	0.040	0.045	0.153	0.213	0.317	0.361	0.429	0.439
	变异系数	1.384	1.112	0.905	1.032	1.949	1.358	0.979	0.714	0.610	0.533

续表

资本错配		1995年	1998年	2000年	2002年	2004年	2006年	2008年	2010年	2012年	2014年
中部	方差	0.136	0.042	0.026	0.023	0.052	0.134	0.261	0.273	0.306	0.205
	变异系数	0.963	0.609	0.514	0.588	0.784	0.741	0.865	0.681	0.579	0.372
西部	方差	0.077	0.044	0.015	0.012	0.016	0.049	0.131	0.183	0.214	0.204
	变异系数	0.728	0.658	0.467	0.537	0.537	0.802	0.936	0.767	0.517	0.408

资料来源：笔者计算整理。

进一步使用 ADF 检验方法验证劳动力、资本错配程度先收敛后发散的特点。借鉴 Yao 和 Zhang 的做法（Yao, Zhang, 2001），建立如下检验方程：

$$\Delta\psi_{it} = \alpha_0 + \alpha_1 t + \alpha_2 \psi_{it-1} + \sum_{m=1}^{n} \beta_m \Delta\psi_{it-m} + \varepsilon_{it} \qquad (3-29)$$

其中 ψ 为劳动力、资本错配程度，Δ 表示差分，α、β 为变量系数，ε 为误差项。当 $-1 < \alpha_2 < 0$ 时，表明增长路径呈收敛特点。表 3-11 给出了劳动力、资本错配程度收敛性检验的结果。劳动力错配程度的收敛性检验结果方面。1995—2014 年回归系数 α_2 为负值，但并不显著，表明各省份劳动力错配程度在整个时间段并没有收敛趋势。进一步划分为 1995—2006 年和 2007—2014 年两个时间段，分别基于两个时间段进行回归检验。1995—2006 年回归系数 α_2 显著为负值，表明 1995—2006 年各省份劳动力错配程度具有收敛特点，且这一时间段的回归系数 α_1 也显著为负值，表明各省份劳动力错配程度有下降趋势。2007—2014 年回归系数 α_2 显著为正值，表明 1995—2006 年各省份劳动力错配程度具有发散特点，且这一时间段的回归系数 α_1 也显著为正值，表明各省份劳动力错配程度有上升趋势。整体来看，各省份劳动力错配程度具有先下降后上升的"U"形趋势，且具有先收敛后发散的特性。

与劳动力错配程度类似，各省份资本错配的回归系数 α_2 在 1995—2014 年为正值，但并不显著，表明各省份资本错配程度在这个时间段并没有收敛趋势。而进一步划分为1995—2003年和2004—2014年两个时间段，分别基于两个时间段进行回归检验。各省份资本错配程度的回归系数 α_2 在1995—2003年显著为负，在2004—2014年显著为正，验证了各省份资本错配程度先收敛后发散的特点。且各省份资本错配的时间趋势系数 α_1 在1995—2003年显著为负，在2004—2014年显著为正，表明各省份资本错配程度有先下降后上升的趋势，与其"U"形结构一致。

表3-11　　　　　　　　　收敛性检验结果

	劳动力错配			资本错配		
	1995—2014年	1995—2006年	2007—2014年	1995—2014年	1995—2003年	2004—2014年
α_2	-0.337 (0.655)	-0.184*** (3.924)	0.297** (3.362)	0.135 (-1.124)	-0.316** (2.221)	0.542*** (3.775)
α_1	0.124 (-1.249)	-0.011** (2.459)	0.041** (2.218)	0.091 (1.120)	-0.275*** (4.262)	0.032** (2.133)
滞后期数	3	2	2	2	2	2

注：***、**、*分别表示估计系数在1%、5%、10%的水平上显著。且对于劳动力错配，1995—2006年为第一阶段，2007—2014年为第二阶段；对于资本错配，1995—2003年为第一阶段，2004—2014年为第二阶段。

资料来源：作者计算整理。

第四节　本章小结

本章将劳动力和资本放在同一框架下，核算了1995—2014年全国各省份劳动力和资本的错配程度，并借助差值分解方法将劳动力、资本错配程度分解为要素回报差异的贡献和产业内部要素市场扭曲的贡献。结果显示，金融危机前各省份的劳动力、资本错配程度整体上呈现下降趋势或先上升后下降的趋势；金融危机后各省份的劳动力、资本错配程度有加速上升的趋势，且东部地区要素错配的上升速度更快，导致近年来东部省份有更高的要素错配程度。另外，劳动力、资本错配均具有空间自相关性，且二者都有先收敛后发散的趋势。整体上看，各省份工资差异的贡献量前期较低，但增长趋势明显，这与中国城市和农村经济发展阶段是一致的。与工资差异的贡献量相比，产业内部劳动力市场的贡献量更加突出，说明导致劳动力扭曲的体制性因素依然较严重，所有制壁垒、户籍限制等现象依然存在，加剧了产业内部劳动力市场的扭曲。

同时，本章基于二元经济的视角，构建了农业与非农业部门之间要素错配的测算模型，度量了1995—2014年中国各省份农业与非农业部门之间劳动力、资本要素的错配程度。研究发现，无论是二元经济的劳动力错配程度，还是二元经济的资本错配程度，各地区都具有先下降后上升的趋势。地区间比较，起初东部地区的劳动力、资本错配程度最低，但金融危机后有快速上升的趋势，且上升速度高于中部、西部地区，2014年东部地区的劳动力、资本错配程度超过中部、西部地区。

第四章

中国城市层面要素错配的表现格局

改革开放以来,城市经济作为中国经济的主战场,取得了突飞猛进的发展。但近年来,城市经济的发展遇到了瓶颈,"城市病"的加剧说明过去简单依靠资源投资拉动的外延型发展模式已经不可持续(徐君等,2016;方创琳,2018)。中国的城市化率已经超过临界值(50%),标志着城市经济增长动力即将转变为"空间资源配置"(张自然等,2014)。2014年3月,中共中央、国务院印发了《国家新型城镇化规划(2014—2020年)》,明确指出由粗放型转向集约型,进一步提高城市资源配置效率是推进新型城镇化面临的紧迫任务。现有文献详细探讨了全要素生产率(或者全要素生产率的分解:技术效率和规模效率)对城市经济发展的重要性(戴勇安,2010;王业强、魏后凯,2018),但鲜有文献研究部门间要素的配置效率对城市经济的影响,缺少对要素错配与城市经济作用机制的深入探讨。而部门间要素的配置效率近年来已经得到学术界的高度关注,且被认为是导致经济产出和效率损失的重要因素。

中国生产要素市场化程度不足,地区间分割严重,价格机制不健全,阻碍了市场中劳动力、资本等要素的自由流动,加剧了中国要素市场的配置扭曲,降低了劳动力、资本要素的组合效率,进而影响产出水平的提高(杨志才、柏培文,2017)。经济新常态下,中国实施的各项供给侧改革,最重要的目的就是解决好生产要素的投入与配置问题，解除阻碍劳动力、资本、土地等要素自由流动的各项制度约束，发挥政府在资源配置中的作用（杨志才，2019）。所以，需要从要素配置的角度寻找城市经济高质量增长的新动能，继续强化城市经济对国民经济的引领作用。但目前通过供给侧改革解除要素错配、促进城市经济高速增长的战略选择，面临的首要问题之一就是考察城市层面劳动力、资本错配程度的格局表现。

要素配置扭曲在现实中的表现是多维的，不仅表现在城市内部的在位企业和潜在进入企业之间，也表现在不同空间区位上的城市之间，以及不同规模的城市之间。其中，市场机制决定了要素在企业进入和退出中的分布规律，区位价值决定了要素在地理空间上的分布规律，集聚效应决定了要素在经济体规模上的分布规律。当要素分布违背市场、区位和集聚的原理时，则会出现配置扭曲的状态。本部分将分别从企业进入和退出机制、空间区位和规模投资三个角度探究城市要素错配的动态格局、空间格局和规模格局。

从企业进入和退出机制的角度考察城市僵尸企业导致的要素错配，依此探究城市层面要素错配的动态格局。僵尸企业本身的造血能力不足，只有依靠外部资源的输入才能维持运营，这将扭曲正常的市场竞争秩序，影响整个经济的资源配置状况，降低经济的整体效率，加剧整个经济体系的系统性风险（聂辉华等，2016；谭语嫣等，2017）。此部分以僵尸企业为对象，考察在位企业和潜在进入企业之间要素的不合理配置。具体将首先考察各地级以上城市及城市群的僵尸企业的分布，然后通过全要素生产率的 OP（Olley & Pakes）方法、GR（Griliches & Regev）方法、BHC（Baily, Hulten & Campbell）方法的静态与动态分解考察各城市群以及各省份僵尸企业带来的效率损失，并通过反事实方法和 TFP 的分解估计僵尸企业退出对整个经济 TFP 的影响，最后利用全要素生产率的差异程度衡量要素错配程度，探究各城市群要素错配的演变趋势。

从空间区位的角度探究城市层面要素错配的空间格局。空间区位决定了企业的运输成本和市场规模的大小，离大城市和港口越近、企业的成本越小，市场越大。随着交通基础设施的建设，运输成本有显著的递减趋势；随着网络商城的爆炸式发展和快递行业的不断完善，传统购物方式受到严重冲击，传统市场规模对企业的束缚有递减趋势。但这是否意味着空间区位不再是企业选址中重点考虑的因素呢？如果空间区位仍然对企业的经营起重要影响，那么企业应该选址在离大城市和港口较近的距离投资。如果企业投资在现实中的空间分布并不是如此，则将出现要素的错配。此部分将分别从离大城市距离和离大港口距离等角度考察城市层面资源错配在空间区位上的格局表现，具体通过城市空间区位与全要素生产率和城市空间区位与资源投入的非同步性关系考察中国城市层面空间资源错配的现状格局。

从规模投资的角度探究城市层面要素错配的规模格局。城市规模的扩张可能从如下几个方面给企业带来有利影响。第一，城市规模扩大带来的集聚效应，使得更多的消费者分摊企业的固定投资，摊薄了企业的平均成本，有利于企业尽早收回产品在研发阶段的初始投入。第二，城市规模扩大带来的规模经济，有利于企业提供更加专业化的产品和服务，也有利于企业更好地选择中间投入品和特殊技能的劳动力。第三，城市规模扩大带来的空间集聚，促进了企业之间的交流，带来了技术知识的外溢，有利于新创意、新思想的产生，即产生正的外部性，集中表现为劳动生产率的提高和企业研发能力的提升。第四，城市规模的扩大，有利于大量创新的小微企业在市场上得以生存，因为即使较小的细分市场也有足够大的市场规模。但城市规模的扩大将会给企业带来成本、生产性活动和价格上的坏处。如基础设施与公共服务更加拥挤，企业员工的通勤时间增加，区域内的土地和租房价格提高，这些将提高企业的营运成本；竞争增强将给行业内和产业链的上下游企业带来价格压力等。所以，城市规模对企业的投资选择将起到重要影响。但小城市没有基础产业的支撑，在追赶大城市的道路上，最好的捷径就是加大投资，其造成的直接后果就是要素生产率的降低与投资过度问题。特大型城市由于具有各种政策性优惠，市场潜力大，有金融科技的支撑，吸引了过量的投资，在投资路径依赖的自我强化和公共服务支撑体系停滞不前的情况下，也容易出现投资过度的问题。所以，在全国城市规模的空间分布状况下，企业投资如何选择将对要素配置有重大影响。此部分将考察城市规模对企业全要素生产率分布和企业投资分布的影响，探讨中国城市层面要素的规模错配的格局表现。

第一节　城市层面要素错配的动态格局

在自由竞争条件下，经营能力差、盈利能力弱的企业会被市场淘汰，资源向经营效率高的企业流动。但现实中这类企业得到政府的持续性补贴或银行的信贷补贴，从而实现持续性经营，成为僵尸企业（黄少卿、陈彦，2017）。

Caballero 等（CHK 方法）最早从信贷补贴的角度识别僵尸企业，如果企业为其债务支付的利息小于按照市场上最低利率需要支付的利息，则认为银行为企业提供了一定的信贷补贴，相应的企业被认定为僵尸企业（Caballero et al.，2008）。CHK 方法比较适用于主银行制度国家，但仍会出现误判情况。Fukuda 和 Nakamura 在 CHK 识别方法的基础上增加了"盈利标准"和"持续信贷标准"（FN–CHK 方法）。FN–CHK 识别方法仍会出现一些特殊情况：某些企业仅在一个年度中被识别为僵尸企业，这极有可能是由于短期的外部冲击造成的，而并非企业的持续性经营出现问题。所以应该将这类企业从僵尸企业中排除。考虑到中国的具体情况，政府补贴在僵尸企业的形成中占据重要作用。朱鹤等曾将扣除政府补贴和税费返还后的净利润小于零的企业界定为僵尸企业，且为了消除短期外部冲击的影响，将净利润连续 3 年小于零的企业界定为僵尸企业（朱鹤等，2016）。可见，基于中国的国情，从"连续亏损"的角度出发利用"实际利润法"识别僵尸企业更为重要。本书在参考 Imai

等的方法的基础上（Imai，2016；黄少卿、陈彦，2017），用扣除政府补贴和信贷补贴之后的净利润（即实际利润）与零比较来识别僵尸企业：

$$\sum_{j=0}^{T}(netprofit_{it-j} - subsidyincome_{it-j} - creditsubsidy_{it-j}) < 0 \quad (4-1)$$

其中，$netprofit$ 为企业净利润，用利润总额和应交所得税的差表示；$subsidyincome$ 为企业收到的政府补贴；$creditsubsidy$ 为企业收到的信贷补贴。本书选取 T=1，即采用连续两年实际利润为负的判断标准识别僵尸企业，另外本书也选取了 T=2 做稳健性检验。

信贷补贴用按照市场最低利率企业需要支付的利息和企业实际支付的利息之差来表示：

$$creditsubsidy_{it} = rs_{t-1} \times BS_t + \left(\frac{1}{4}\sum_{j=0}^{4} rl_{t-j}\right) \times BL_t - R_{it} \quad (4-2)$$

其中，BS、BL 分别为企业的短期负债和长期负债，考虑到短期负债中的各种应付项无须偿付利息，所以本书用企业短期负债减去应付账款等应付项作为短期银行负债，用企业长期负债作为长期银行负债。rs、rl 分别为短期最低贷款利率和长期最低贷款利率。R 为企业的利息支出。

另外，我们在稳健性检验中也分别在 FN–CHK 方法、FN–CHK 修正方法中考虑政府补贴识别了僵尸企业。以 FN–CHK 修正方法为例，本书的识别方法：企业取得银行信贷补贴、扣除政府补贴后的息税前利润低于按照市场最低利率需要支付的利息、上一年度资产负债率高于 50% 且当年负债总额仍然持续增加、企业在当期和前一期或后一期均被识别为僵尸企业。

本书的企业层面数据来源于 1998—2007 年的中国工业企业数据库。我们首先参照 Brandt 等的做法（Brandt et al.，2012），依据企业的法人代码、企业名称、地址、电话号码等信息对不同年份的企业进行识别和组合，将 10 年的截面数据合并为一个面板数据集。其次，为了研究需要，本书对中国工业企业数据库的数据做如下清洗：

第一，2002年之前和2003年之后的行业分类标准变化较大，本书将2002年之前的4位数行业分类调整为2003年之后的行业分类。第二，删除数据可疑的样本：删除总资产小于等于零的企业；删除固定资产小于等于零的企业；删除总资产小于固定资产的企业；删除总资产小于负债总额的企业；删除非营业状态的企业等。其中，样本企业有营业和非营业状态，非营业状态包括停业、筹建、撤销和其他，为了减轻样本选择的偏误，本书删除所有处于非营业状态的企业样本。

本书的城市层面数据来源于1998—2007年的《中国城市统计年鉴》。由于2002年之前和2003年之后城市代码出现差异，本书根据城市名称等相关变量进行识别，以2003年之后的城市代码为基准，对2002年之前的城市代码进行修正。

最后根据城市代码对企业数据和城市数据进行匹配，得到合并后的非平衡面板数据。根据"实际利润法"识别僵尸企业时T的选择不同，最终数据的年份也不同。当T=2时，即采用连续三年实际利润为负作为僵尸企业的识别标准，我们得到2000—2007年的非平衡面板数据；当T=1时，即采用连续两年实际利润为负作为僵尸企业的识别标准，我们得到1999—2007年的非平衡面板数据。

一 各地级以上城市及城市群的僵尸企业的分布

表4-1从不同规模、不同等级和不同地区的角度给出了1999—2007年城市的僵尸企业的分布情况。从全国来看，1999年全国僵尸企业的比例较高，平均达到28.7%；此后有快速下降的趋势，2004年全国僵尸企业平均比例达到13.4%，2004年之后比例变化不大，基本上处于稳定波动状态。从规模角度来看，大规模、中规模和小规模城市的僵尸企业比例总体上也呈现先下降后稳定波动的趋势。1999年大规模、中规模和小规模城市的僵尸企业比例分别为27.0%、28.0%和30.2%，而2004年三者的比例分别降低到13.8%、11.9%和14.6%。比较三者，中规模城市的僵尸企业比例

最小，大规模城市和小规模城市的僵尸企业比例相对较高，这说明小规模城市和大规模城市的要素错配程度更高一些。且2004年之前，大规模城市的僵尸企业比例低于小规模城市，而2004年之后大规模城市的僵尸企业比例超过小规模城市。从等级角度来看，副省级和省会城市的僵尸企业比例呈现以2004年为拐点，先下降后上升的趋势；其他地级市的僵尸企业比例呈现以2004年为拐点，先下降后稳定波动的趋势。对二者进行比较，2004年之前，其他地级市的僵尸企业比例更高一些，但是2004年之后，副省级和省会城市的僵尸企业比例呈波浪式增长，超过其他地级市。财政分权之后，城市等级越高，其在资源分配和公共资源管理上的权力也越大（王垚等，2015），所以副省级以上城市可以得到更多的财政资金投入（江艇等，2018）。为了维持资源分配中的优势状态，副省级以上城市有更高的动力确保GDP的增长目标，进而更容易对部分连年亏损的僵尸企业进行政策支持。从表4-1中可以看出，1999年副省级和省会城市、其他地级市的僵尸企业比例分别达到27.0%和29.8%，而2007年二者的僵尸企业比例分别为17.5%和13.5%。从地区角度来看，东部城市、中部城市和西部城市的僵尸企业比例均呈现以2004年为拐点的先下降后稳定波动的趋势。对三者进行比较，西部城市的僵尸企业比例最高，东部城市的僵尸企业比例最低。1999年东部城市、中部城市和西部城市的僵尸企业比例分别为26.9%、31.5%和35.8%，2007年三者的僵尸企业比例分别为14.0%、15.3%和20.3%。虽然东部城市的企业数量和投资额更高，但西部城市的僵尸企业比例更高。近年来，国家支持将更多的资源投向中部、西部地区以促进地区间的均衡发展，但是空间区位决定了西部地区的区位价值更低，企业的市场规模小和运输成本高决定了企业的资本回报率较低，甚至出现亏损。这就导致了要素在空间角度的错配情况。

为了稳健性检验，本书也利用方法二、方法三和方法四测度了僵尸企业，并分别从不同规模、不同等级和不同地区的角度给出了城市的僵尸企业比例，相对大小和变化趋势与方法一所得结果基本一致，结果详见表4-1，在此不再详细阐述。

表4-1　　　　　　　不同城市的僵尸企业的分布　　　　　（单位:%）

	方法一	1999年	2000年	2001年	2002年	2003年	2004年	2005年	2006年	2007年
	全国平均	28.7	27.4	24.4	22.9	20.1	13.4	15.5	14.3	14.8
不同规模	小规模城市	30.2	29.5	26.1	24.5	20.8	14.6	16.4	15.1	14.6
	中规模城市	28.0	25.0	22.8	21.3	19.2	11.9	12.6	11.9	12.9
	大规模城市	27.0	26.9	23.9	22.8	20.5	13.8	17.3	16.0	16.4
不同等级	副省级和省会城市	27.0	26.2	23.8	22.7	20.5	13.9	17.5	16.6	17.5
	其他地级市	29.8	28.1	24.7	23.0	19.9	13.2	14.4	13.2	13.5
不同地区	东部城市	26.9	23.8	21.2	19.9	17.9	11.7	14.1	12.7	14.0
	西部城市	35.8	35.5	33.2	32.9	28.9	21.3	21.7	21.7	20.3
	中部城市	31.5	34.3	30.6	28.2	24.2	17.0	19.1	17.7	15.3
	方法二	1999年	2000年	2001年	2002年	2003年	2004年	2005年	2006年	2007年
不同规模	小规模城市		36.9	33.2	30.9	27.8	18.7	17.0	22.2	23.1
	中规模城市		32.7	28.1	26.5	25.2	15.1	13.5	18.5	19.5
	大规模城市		32.1	30.1	27.6	26.5	17.2	16.8	23.3	24.8
不同等级	副省级和省会城市		31.9	29.8	27.6	26.3	17.1	16.7	23.9	25.4
	其他地级市		35.7	31.2	28.8	26.6	16.9	15.3	20.1	20.9
不同地区	东部城市		31.1	26.2	24.2	23.3	14.2	13.9	19.3	20.6
	西部城市		43.2	42.0	41.4	38.2	26.4	24.0	30.9	31.5
	中部城市		39.9	40.0	36.2	32.7	23.7	21.0	26.6	26.1
	方法三	1999年	2000年	2001年	2002年	2003年	2004年	2005年	2006年	2007年
不同规模	小规模城市	23.8	23.5	19.8	18.8	17.5	11.3	14.6	13.2	14.9
	中规模城市	22.6	20.2	17.7	17.1	16.9	9.0	11.6	11.3	12.7
	大规模城市	20.5	20.8	17.4	17.5	17.6	10.3	15.4	14.7	16.8
不同等级	副省级和省会城市	20.8	20.3	17.2	17.0	17.1	10.2	15.3	15.1	17.5
	其他地级市	23.7	22.6	19.1	18.3	17.4	10.2	13.2	12.1	13.7

续表

	方法三	1999年	2000年	2001年	2002年	2003年	2004年	2005年	2006年	2007年
不同地区	东部城市	20.8	19.3	16.2	16.0	16.1	9.0	13.2	12.5	14.7
	西部城市	28.8	27.7	25.8	24.2	22.5	15.4	17.8	17.0	18.6
	中部城市	25.8	26.4	22.5	20.9	19.1	12.8	15.3	13.8	14.1

	方法四	1999年	2000年	2001年	2002年	2003年	2004年	2005年	2006年	2007年
不同规模	小规模城市		17.7	14.6	14.1	12.9	8.0	8.8	10.5	15.5
	中规模城市		14.8	12.2	11.9	11.3	6.0	7.0	9.1	13.7
	大规模城市		14.8	12.6	12.4	12.3	7.1	9.0	11.4	17.1
不同等级	副省级和省会城市		14.4	12.2	12.0	12.0	7.1	9.1	12.0	17.7
	其他地级市		16.9	13.9	13.2	12.3	7.0	7.9	9.5	14.2
不同地区	东部城市		13.9	11.3	11.1	10.8	5.9	7.7	9.7	15.0
	西部城市		21.1	18.6	18.1	17.0	10.9	11.6	13.9	19.2
	中部城市		19.9	17.4	16.2	14.9	10.4	9.9	11.5	15.3

注：(1) 数值为僵尸企业占全部企业数量的比例。(2) 方法一：利用扣除政府补贴和信贷补贴之后连续2年的净利润（即实际利润）与零比较来识别僵尸企业。方法二：利用扣除政府补贴和信贷补贴之后连续3年的净利润（即实际利润）与零比较来识别僵尸企业。方法三和方法四：分别在FN-CHK方法、FN-CHK修正方法中考虑政府补贴来识别僵尸企业。(3) 城市规模的划分标准：按照城市人口规模的相对大小将城市人口规模划分为3组，分别为小规模城市、中规模城市和大规模城市。(4) 根据1994年中央机构编制委员会发布的中编〔1994〕1号文件，哈尔滨、长春、沈阳、大连、青岛、南京、宁波、厦门、武汉、广州、深圳、成都、重庆、西安、济南和杭州共16个市的政府机关行政级别定为副省级。除了重庆于1997年升格为直辖市之外，中国的城市行政级别未有重大变化。所以，本书的样本中共有4个直辖市、15个副省级城市和267个地级市。(5) 目前关于中国东部、中部、西部地区省份划分的标准不一，本书依据地理位置的划分标准将全国31个省级行政区（本研究不含中国香港、澳门和台湾地区）进行划分。其中，东部地区包括北京、天津、河北、辽宁、上海、江苏、浙江、福建、山东、广东和海南11个省（市）；中部地区包括山西、吉林、黑龙江、安徽、江西、河南、湖北、湖南8个省份；西部地区包括四川、重庆、贵州、云南、西藏、陕西、甘肃、青海、宁夏、新疆、广西、内蒙古12个省份（自治区、直辖市），本书下同。

资料来源：笔者计算整理。

表4-2从所有权、轻重工业、要素密集性和出口与否的角度给出了各城市的僵尸企业分布比例。从所有权角度看，国有控股

企业的僵尸企业比例较高，1999年国有控股企业的僵尸企业比例达到43.3%；虽然国有控股企业的僵尸企业比例有下降的趋势，但2007年仍然达到22.2%。非国有企业（即其他企业）的僵尸企业比例在2004年之前有明显的下降趋势，但2004年之后有轻微的上升趋势，2007年非国有企业的僵尸企业比例达到13.6%。对国有企业（即国有控股企业）和非国有企业的僵尸企业比例进行比较，国有企业的僵尸企业比例远远高于非国有企业。国有企业与地方政府的关系更为密切，有更多的途径与地方政府维系政企关系，企业更能得到地方政府提供的政策优惠。即使国有企业的效率较非国有企业低，盈利能力相对较弱，但由于能得到地方政府的补贴、税收、政策倾斜等优惠，国有企业更多地表现为"僵而不死"。

从轻重工业来看，轻工业和重工业的僵尸企业比例并没有明显的差异，两者均表现出下降趋势，但轻工业的僵尸企业比例在2006年之后有明显的上升迹象。1999年轻工业和重工业的僵尸企业比例分别为29%和28.4%，2007年两者的僵尸企业比例分别为15.7%和14%。

从要素密集性角度看，劳动密集型、资本密集型和技术密集型企业的僵尸企业比例均呈现以2004年为拐点的先显著下降后稳健波动的趋势，1999年三者的僵尸企业比例分别为31.2%、27.8%和29.7%，2007年三者的僵尸企业比例分别为14.8%、15.1%和14.2%。三者的差异较小，但资本密集型企业的僵尸企业比例2001年之前在三者中最小，而在2001年之后却最大。资本密集型企业的前期投入一般较大，其对地方的就业和税收的重要性不言而喻。对于企业来说，其破产的沉没成本较大；对于地方政府而言，其破产的成本也较大。所以，地方政府倾向于维系资本密集型企业的正常运营，为其提供更多的政策优惠和财政补贴，从而导致更高的僵尸企业比例。

从出口与否的角度看，出口企业和非出口企业的僵尸企业比例均呈现先显著下降后稳定波动的趋势。且2004年之前,非出口企业的僵尸企业比例高于出口企业;2004年之后,二者的差距不明显。1999年出口企业和非出口企业的僵尸企业比例分别达到27.3%和29.2%,而2007年二者的僵尸企业比例分别为15.7%和14.5%。

为了稳健性检验,本书也利用方法二测度了僵尸企业,并分别从所有权、轻重工业、要素密集性和出口与否的角度给出了城市的僵尸企业比例,相对大小和变化趋势与方法一所得结果基本一致,结果详见表4-2,在此不再详细阐述。

表4-2　　　　各城市不同行业的僵尸企业的分布　　　　（单位:%）

	方法一	1999年	2000年	2001年	2002年	2003年	2004年	2005年	2006年	2007年
	全国平均	28.7	27.4	24.4	22.9	20.1	13.4	15.5	14.3	14.8
所有权	国有控股	43.3	45.5	43.6	43.2	41.2	35.2	35.3	25.5	22.2
	其他企业	21.7	19.8	18.0	17.7	16.1	10.8	13.5	12.3	13.6
轻重工业	轻工业	29.0	26.7	24.2	22.3	20.4	18.0	15.6	14.5	15.7
	重工业	28.4	28.1	24.6	22.9	19.9	17.6	15.4	14.1	14.0
要素密集性	劳动密集型	31.2	27.8	24.8	22.7	19.9	13.2	14.6	13.3	14.8
	资本密集型	27.8	26.9	24.0	23.1	19.9	13.5	16.5	15.2	15.1
	技术密集型	29.7	28.3	25.1	22.9	20.0	12.4	14.9	13.7	14.2
出口与否	出口企业	27.3	23.8	21.3	19.5	18.0	16.2	14.3	13.6	15.7
	非出口企业	29.2	28.6	25.5	24.1	20.9	13.4	15.9	14.5	14.5
	方法二	1999年	2000年	2001年	2002年	2003年	2004年	2005年	2006年	2007年
所有权	国有控股		55.1	56.5	54.7	54.1	44.8	43.4	36.1	33.2
	其他企业		25.5	22.0	21.4	21.1	13.5	13.0	18.4	20.4
轻重工业	轻工业		33.9	29.9	28.2	26.4	21.3	16.4	21.6	23.2
	重工业		34.9	31.6	29.1	26.6	21.0	15.3	21.2	21.8

续表

	方法二	1999年	2000年	2001年	2002年	2003年	2004年	2005年	2006年	2007年
要素密集性	劳动密集型		35.5	30.4	27.8	25.5	16.4	15.2	20.3	22.0
	资本密集型		33.6	30.3	28.3	26.9	17.3	16.3	22.6	23.3
	技术密集型		35.0	31.1	28.5	25.9	15.7	14.7	20.3	21.4
出口与否	出口企业		31.9	26.8	24.6	23.5	19.4	15.3	19.4	21.5
	非出口企业		35.2	32.1	29.8	27.7	17.0	16.0	22.1	22.8

注：(1) 数值为僵尸企业占全部企业数量的比例。(2) 国有企业包括国有绝对控股企业和国有相对控股企业，非国有企业包括私营企业、外资企业等。(3) 轻工业包括以农产品和非农产品为原料的轻工业，重工业包括采掘工业、原材料工业、加工工业等。(4) 参考鲁桐等的做法（鲁桐、党印，2014；郭晓丹等，2019），本书按照行业的要素密集性将行业划分为劳动密集型、资本密集型和技术密集型行业。劳动密集型行业包括农副食品加工业；食品制造业；饮料制造业；纺织业；纺织服装、鞋、帽制造业；皮革、毛衣、羽毛及其制造业；木材加工及木、竹、藤、棕、草制品业；家具制造业；文教体育用品制造业；工艺品及其制造业。资本密集型行业包括烟草制造业；造纸及纸制品业；印刷业和记录媒介的复制；石油加工、炼焦及核燃料加工业；化学原料及化学制品制造业；化学纤维制造业；橡胶制品业；塑料制品业；非金属矿物制品业；黑色金属冶炼及压延加工业；金属制品业。技术密集型行业包括医疗制造业；通用设备制造业；专用设备制造业；交通运输设备制造业；电气机械及器材制造业；通信设备、计算机及其他电子设备制造业；仪器仪表及文化、办公用机械制造业。

资料来源：笔者计算整理。

接下来，本书将考察各城市群的僵尸企业分布情况。关于城市群的划分，学者们给出的方法较多，本书将全国的部分城市划分为14个城市群：长江中游城市群、哈长城市群、成渝城市群、长江三角洲城市群、中原城市群、北部湾城市群、关中平原城市群、呼包鄂榆城市群、兰西城市群、粤港澳大湾区城市群、京津冀城市群、辽中南城市群、山东半岛城市群和海峡西岸城市群。表4-3给出了各城市群的简介和包含的城市。

表 4-3　　　　　　　　　　城市群的简介及划分

城市群	简介	包含的城市
长江中游城市群	长江中游城市群，国土面积约 31.7 万平方公里。战略定位：中国经济新增长极，中西部新型城镇化先行区，内陆开放合作示范区，"两型"社会建设引领区	武汉、黄石、鄂州、黄冈、孝感、咸宁、仙桃、潜江、天门、襄阳、宜昌、荆州、荆门、长沙、株洲、湘潭、岳阳、益阳、常德、衡阳、娄底、南昌、九江、景德镇、鹰潭、新余、宜春、萍乡、上饶、抚州、吉安
哈长城市群	哈长城市群，国土面积约 26.4 万平方公里。战略定位：东北老工业基地振兴发展重要增长极，北方开放重要门户，老工业基地体制机制创新先行区，绿色生态城市群	哈尔滨、大庆、齐齐哈尔、绥化、牡丹江、长春、吉林、四平、辽源、松原、延边
成渝城市群	成渝城市群，国土面积约 18.5 万平方公里。战略定位：全国重要的现代产业基地，西部创新驱动先导区，内陆开放型经济战略高地，统筹城乡发展示范区，美丽中国的先行区	成都、重庆、自贡、泸州、德阳、遂宁、内江、乐山、南充、眉山、宜宾、广安、资阳、绵阳、达州、雅安
长江三角洲城市群	长江三角洲城市群，国土面积约 35.8 万平方公里，中心区国土面积约 22.5 万平方公里。战略定位：最具经济活力的资源配置中心，具有全球影响力的科技创新高地，全球重要的现代服务业和先进制造业中心，亚太地区重要国际门户，全国新一轮改革开放排头兵，美丽中国建设示范区	上海、南京、无锡、常州、苏州、南通、扬州、镇江、盐城、泰州、杭州、宁波、湖州、嘉兴、绍兴、金华、舟山、台州、合肥、芜湖、马鞍山、铜陵、安庆、滁州、池州、宣城
中原城市群	中原城市群，国土面积约 28.7 万平方公里。战略定位：中国经济发展新增长极，全国重要的先进制造业和现代服务业基地，中西部地区创新创业先行区，内陆地区双向开放新高地，绿色生态发展示范区	郑州、洛阳、开封、南阳、安阳、商丘、新乡、平顶山、许昌、焦作、周口、信阳、驻马店、鹤壁、濮阳、漯河、三门峡、济源、长治、晋城、运城、邢台、邯郸、聊城、菏泽、宿州、淮北、蚌埠、阜阳、亳州

续表

城市群	简介	包含的城市
北部湾城市群	北部湾城市群，陆域面积约11.66万平方公里。战略定位：面向东盟国际大通道的重要枢纽，"三南"开放发展新的战略支点，"21世纪海上丝绸之路"与"丝绸之路经济带"有机衔接的重要门户，全国重要绿色产业基地，陆海统筹发展示范区	南宁、北海、钦州、防城港、玉林、崇左、湛江、茂名、阳江、海口、儋州、东方、澄迈、临高、昌江
关中平原城市群	关中平原城市群，国土面积约10.71万平方公里。战略定位：向西开放的战略支点，引领西北地区发展的重要增长极，以军民融合为特色的国家创新高地，传承中华文化的世界级旅游目的地，内陆生态文明建设先行区	西安、宝鸡、咸阳、铜川、渭南、商洛、运城、临汾、天水、平凉、庆阳
呼包鄂榆城市群	呼包鄂榆城市群，国土面积约17.5万平方公里。战略定位：全国高端能源化工基地，向北向西开放战略支点，西北地区生态文明合作共建区，民族地区城乡融合发展先行区	呼和浩特、包头、鄂尔多斯、榆林
兰西城市群	兰西城市群，国土面积约9.75万平方公里。战略定位：维护国家生态安全的战略支撑，优化国土开发格局的重要平台，促进中国向西开放的重要支点，支撑西北地区发展的重要增长极，沟通西北西南、连接欧亚大陆的重要枢纽	兰州、西宁、海东、白银、定西、临夏回族自治州、海北藏族自治州、海南藏族自治州、黄南藏族自治州部分地区
粤港澳大湾区城市群	粤港澳大湾区前称珠江三角洲城市群，是中国城市群中经济最有活力、城市化率最高的地区，粤港澳大湾区是中国乃至亚太地区最具活力的经济区之一	香港、澳门、广州、深圳、佛山、东莞、中山、珠海、江门、肇庆、惠州

续表

城市群	简介	包含的城市名称
京津冀城市群	京津冀城市群区域面积占全国的2.3%，人口占全国的7.23%。整体定位：以首都为核心的世界级城市群、区域整体协同发展改革引领区、全国创新驱动经济增长新引擎、生态修复环境改善示范区	北京、天津、张家口、承德、秦皇岛、唐山、沧州、衡水、廊坊、保定、石家庄、邢台、邯郸
辽中南城市群	辽中南地区工业化起步已近70年，在工业化推动下形成了中部城市密集圈和沈大经济走廊。逐步形成了以沈阳、大连为中心，以长大、沈丹、沈山、沈吉和沈阜五条交通干道为发展轴线的城镇布局体系，提高了地区城市化水平	沈阳、大连、鞍山、抚顺、本溪、丹东、辽阳、营口、盘锦
山东半岛城市群	山东半岛城市群是山东省发展的重点区域，是中国北方重要的城市密集区之一，是黄河中下游广大腹地的出海口，同时又是距离韩国、日本地理位置最近的省份，地处中国环渤海区域	济南、青岛、烟台、淄博、潍坊、东营、威海、日照
海峡西岸城市群	海峡西岸城市群与中国台湾隔海相对，既是开展对台合作、促进和平统一的基地，又可在合作中加快发展。加快海峡西岸经济区建设，将进一步促进海峡两岸经济紧密联系，互利共赢	福州、厦门、泉州、莆田、漳州、三明、南平、宁德、龙岩、温州、丽水、衢州、上饶、鹰潭、抚州、赣州、汕头、潮州、揭阳、梅州

资料来源：《国务院关于长江中游城市群发展规划的批复》《国家发展改革委关于印发长江中游城市群发展规划的通知》《国务院关于哈长城市群发展规划的批复》《国家发展改革委关于印发哈长城市群发展规划的通知》《国务院关于成渝城市群发展规划的批复》《国家发展改革委关于印发成渝城市群发展规划的通知》《国务院关于长江三角洲城市群发展规划的批复》《国家发展改革委关于印发长江三角洲城市群发展规划的通知》《中共中央国务院印发长江三角洲区域一体化发展规划纲要》《国务院关于中原城市群发展规划的批复》《国家发展改革委关于印发中原城市群发展规划的通知》《国务院关于北部湾城市群发展规划的批复》《国家发展改革委关于印发北部湾城市群发展规划的通知》《国务院关于关中平原城市群发展规划的批复》《国家发展改革委关于印发关中平原城市群发展规划的通知》《国务院关于呼包鄂榆城市群发展规划的批复》《国家发展改革委关于印发呼包鄂榆城市群发展规划的通知》《国务院关于兰州—西宁城市群发展规划的批复》《国家发展改革委关于印发兰州—西宁城市群发展规划的通知》《中共中央国务院印发〈粤港澳大湾区发展规划纲要〉》。

表4-4给出了不同城市群的僵尸企业的分布情况。长江中游城市群、哈长城市群、成渝城市群、北部湾城市群和关中平原城市群的僵尸企业比例在前期较高，1999年五者的僵尸企业比例分别为32.5%、37.7%、33.2%、37.8%和37.2%。五者的僵尸企业比例在其后的年份中有逐步降低的趋势，且成渝城市群和关中平原城市群在2004年之后处于稳定波动状态，2007年长江中游城市群、哈长城市群、成渝城市群、北部湾城市群和关中平原城市群的僵尸企业比例分别为14.2%、22.0%、15.0%、18.0%和24.4%。中原城市群、粤港澳大湾区城市群、京津冀城市群、山东半岛城市群和海峡西岸城市群的僵尸企业比例在前期较低，1999年五者的僵尸企业比例分别为24.3%、26.9%、25.0%、22.5%和23.9%。且中原城市群、山东半岛城市群和海峡西岸城市群的僵尸企业比例呈波浪式下降，且下降趋势较为明显，2007年三者的僵尸企业比例分别为9.9%、10.1%和10.7%；粤港澳大湾区城市群和京津冀城市群的僵尸企业比例也呈波浪式下降，但下降趋势较为微弱，2007年二者的僵尸企业比例分别为16.0%和19.8%。长江三角洲城市群的僵尸企业比例前期并不高，但呈现先下降后上升的趋势，1999年和2007年长江三角洲城市群的僵尸企业比例分别为28.6%和14.7%。呼包鄂榆城市群的僵尸企业比例前期较高，且呈波浪式下降，但下降趋势较为微弱，1999年和2007年呼包鄂榆城市群的僵尸企业比例分别为34.1%和20.7%。兰西城市群的僵尸企业比例前期并不高，但呈现较为稳定的波浪趋势，1999年和2007年兰西城市群的僵尸企业比例分别为29.3%和26.3%。辽中南城市群的僵尸企业比例前期不低，且呈明显的下降趋势，1999年和2007年辽中南城市群的僵尸企业比例分别为31.3%和18.2%。

整体来看，对14个城市群的僵尸企业比例进行横向比较，1999年僵尸企业比例从大到小的排序为：北部湾城市群、哈长城市群、关中平原城市群、呼包鄂榆城市群、成渝城市群、长江中游城市群、辽中南城市群、兰西城市群、长江三角洲城市群、粤港澳大湾区城市群、京津冀城市群、中原城市群、海峡西岸城市群和山东半岛城市群。由于14个城市群的僵尸企业比例在之后的变化趋势差异较大，所以2007年14个城市群的僵尸企业比例的排序发生了变化，比例由高到低排序为：兰西城市群、关中平原城市群、哈长城市群、呼包鄂榆城市群、京津冀城市群、辽中南城市群、北部湾城市群、粤港澳大湾区城市群、成渝城市群、长江三角洲城市群、长江中游城市群、海峡西岸城市群、山东半岛城市群和中原城市群。从各城市群的僵尸企业比例1999年和2007年排名的角度看，北部湾城市群、长江中游城市群和成渝城市群的僵尸企业比例下降趋势最为明显；与1999年的排名相比，2007年3个城市群的僵尸企业比例的排名分别下降6名、5名和4名。中原城市群、哈长城市群和长江三角洲城市群2007年的僵尸企业比例的排名也有下降，分别下降2名、1名和1名。而兰西城市群和京津冀城市群的僵尸企业比例的下降趋势较为微弱，与1999年的排名相比，2007年2个城市群的僵尸企业比例的排名分别上升7名和6名。粤港澳大湾区城市群、关中平原城市群、辽中南城市群、山东半岛城市群和海峡西岸城市群2007年的僵尸企业比例的排名也上升，分别上升2名、1名、1名、1名和1名。

为了稳健性检验，本书也利用方法二测度了僵尸企业，并给出了各城市群的僵尸企业比例，相对大小和变化趋势与方法一所得结果基本一致，结果详见表4-4，在此不再详细阐述。

表4-4　　　　　　　不同城市群的僵尸企业的分布　　　　（单位：%）

方法一	1999年	2000年	2001年	2002年	2003年	2004年	2005年	2006年	2007年
长江中游城市群	32.5	36.3	29.4	28.9	23.4	17.6	16.3	14.9	14.2
哈长城市群	37.7	37.7	38.0	35.1	32.1	23.4	24.0	21.0	22.0
成渝城市群	33.2	33.4	27.8	25.2	20.9	17.4	15.4	16.1	15.0
长江三角洲城市群	28.6	23.0	19.7	17.9	15.9	10.6	13.8	12.5	14.7
中原城市群	24.3	26.7	26.2	23.2	20.2	12.7	15.3	13.0	9.9
北部湾城市群	37.8	34.8	32.4	31.1	28.1	23.1	21.1	19.7	18.0
关中平原城市群	37.2	34.1	33.4	31.2	29.5	24.4	26.2	25.5	24.4

续表

方法一	1999年	2000年	2001年	2002年	2003年	2004年	2005年	2006年	2007年
呼包鄂榆城市群	34.1	36.8	28.0	35.5	29.7	15.6	21.1	15.3	20.7
兰西城市群	29.3	18.4	32.1	35.7	33.2	20.4	25.5	29.6	26.3
粤港澳大湾区城市群	26.9	24.9	22.5	21.0	20.6	12.9	16.2	15.0	16.0
京津冀城市群	25.0	25.6	24.6	25.5	22.9	14.8	20.3	19.2	19.8
辽中南城市群	31.3	30.9	30.8	28.2	24.5	17.4	19.5	17.3	18.2
山东半岛城市群	22.5	20.6	19.9	17.8	17.8	12.1	10.7	9.9	10.1
海峡西岸城市群	23.9	23.5	19.4	18.3	14.7	10.6	11.3	10.1	10.7

方法二	1999年	2000年	2001年	2002年	2003年	2004年	2005年	2006年	2007年
长江中游城市群		43.9	38.9	34.1	33.2	21.1	18.2	22.3	22.8
哈长城市群		26.7	45.6	45.4	40.1	29.1	26.6	31.5	32.7
成渝城市群		40.3	37.1	32.0	28.5	20.9	18.2	22.8	24.4
长江三角洲城市群		31.9	24.3	22.0	21.0	13.0	13.4	19.1	21.1
中原城市群		33.6	34.1	31.6	27.7	22.6	16.6	19.9	19.6
北部湾城市群		43.6	39.9	38.2	36.0	26.9	24.5	28.7	26.6
关中平原城市群		43.1	42.4	40.6	38.4	30.4	29.7	36.3	36.9
呼包鄂榆城市群		45.5	38.9	39.2	39.0	20.6	19.3	27.8	27.2
兰西城市群		22.5	29.1	46.4	44.2	25.4	23.6	40.7	40.7
粤港澳大湾区城市群		31.2	28.4	26.9	27.2	16.7	15.2	22.6	24.5
京津冀城市群		30.5	29.6	28.9	29.7	19.1	18.6	26.9	27.4
辽中南城市群		37.8	36.7	33.4	30.4	19.7	19.1	27.5	28.9
山东半岛城市群		28.4	25.4	21.6	20.9	14.6	11.8	14.6	15.8
海峡西岸城市群		28.6	24.6	22.3	19.9	13.2	12.5	15.3	15.7

注：数值为僵尸企业占全部企业数量的比例。
资料来源：笔者计算整理。

二 僵尸企业带来的效率损失

本书通过对比僵尸企业与正常企业全要素生产率的差异，考察僵尸企业带来的效率损失。学术界认为用 OLS 方法（普通最小二乘法）或 FE 方法计算全要素生产率，内生性问题比较大，结果误差较大，所以本书主要采用 OP 方法（Olley，Pakes，1996）计算全要素生产率。在前文数据整理的基础上，进一步剔除从业人数小于 8 的企业样本，剔除主营业务收入、中间投入变量为负值、缺失值或零值的企业样本。另外，分别用固定资产价格指数和工业品价值指数对固定资产存量和中间投入品进行价格平减，得到实际值。对于企业层面的全要素生产率的计算，理论上，每家企业面临的约束条件不同，进而采用的生产技术也有差异，用统一的生产函数刻画企业的生产行为与实际误差较大，得到的全要素生产率的结果也不可靠（杨汝岱，2015）。为了尽可能真实地反映企业的生产技术水平，借鉴杨汝岱的做法，本书假设同行业中企业的生产技术较为相近，以两位数行业分类为依据，分行业估计劳动力、资本和中间品的弹性系数，在此基础上计算企业层面的全要素生产率。有了企业层面的全要素生产率，本书借鉴 Brandt 等的做法（Brandt et al.，2012；Hsieh，Klenow，2009），用企业层面全要素生产率加权得到整体的全要素生产率。基于此，本书以主营业务收入为权重计算城市群和省份层面的正常企业和僵尸企业的全要素生产率。

表 4-5 给出了各城市群正常企业和僵尸企业的全要素生产率的估算结果。关于各城市群正常企业的全要素生产率。虽然各城市群 1999 年正常企业的全要素生产率并不高，且各城市群正常企业的全要素生产率的差异不显著，但各城市群正常企业的全要素生产率均有显著的增长趋势，1999 年各城市群正常企业的全要素生产率平均值为 0.713，2007 年这一平均值已经达到 4.931。其中，山东半岛城市群、兰西城市群和京津冀城市群正常企业的全要素生产率在 2007 年的数值较高，分别达到 9.238、6.506 和 6.478。而长江三角洲城市群、海峡西岸城市群和北部湾城市群正常企业的全要素生产率在 2007 年的数值较低，分别为 2.368、2.599 和 2.635。且 2007 年各城市群正常企业的全要素生产率的排名为：山东半岛城市群、兰西城

市群、京津冀城市群、成渝城市群、中原城市群、长江中游城市群、哈长城市群、辽中南城市群、呼包鄂榆城市群、关中平原城市群、粤港澳大湾区城市群、北部湾城市群、海峡西岸城市群和长江三角洲城市群。其中，山东半岛城市群、长江中游城市群和辽中南城市群正常企业全要素生产率的排名提升较多，分别提升13名、5名和4名；而粤港澳大湾区城市群、北部湾城市群和海峡西岸城市群正常企业全要素生产率的排名下降较多，分别下降8名、8名和7名。

表4-5　　　各城市群正常企业和僵尸企业的全要素生产率

		1999年	2000年	2001年	2002年	2003年	2004年	2005年	2006年	2007年
正常企业	长江中游城市群	0.511	0.637	0.594	0.860	1.060	2.097	3.655	4.360	5.883
	哈长城市群	0.593	1.105	0.856	1.027	1.489	1.799	2.496	3.981	5.225
	成渝城市群	0.813	1.022	1.066	1.461	1.809	2.111	2.607	3.799	6.027
	长江三角洲城市群	0.617	0.815	0.826	1.009	1.312	1.296	1.823	2.147	2.368
	中原城市群	0.678	1.161	0.913	1.037	1.272	1.926	2.473	2.852	6.010
	北部湾城市群	0.874	1.100	1.055	1.442	1.678	1.515	2.004	2.518	2.635
	关中平原城市群	0.479	0.489	0.569	0.724	0.969	1.528	1.919	2.553	3.788
	呼包鄂榆城市群	0.587	0.582	0.711	0.829	1.186	1.392	1.919	2.358	3.798
	兰西城市群	1.211	0.402	0.205	0.151	0.474	2.349	2.645	2.992	6.506
	粤港澳大湾区城市群	0.896	0.989	1.253	1.301	1.419	2.517	2.004	2.438	3.297
	京津冀城市群	1.061	1.438	1.406	1.763	4.354	3.416	4.204	4.168	6.478
	辽中南城市群	0.506	0.861	0.865	1.019	1.518	1.800	1.932	3.386	5.177
	山东半岛城市群	0.360	0.530	0.676	1.006	1.412	2.027	4.100	6.026	9.238
	海峡西岸城市群	0.799	1.017	0.963	1.164	1.376	1.464	1.539	1.801	2.599
	平均	0.713	0.868	0.854	1.057	1.523	1.946	2.523	3.241	4.931
		1999年	2000年	2001年	2002年	2003年	2004年	2005年	2006年	2007年
僵尸企业	长江中游城市群	0.110	0.114	0.145	0.186	0.334	0.720	1.040	2.853	3.177
	哈长城市群	0.119	0.295	0.196	0.407	0.634	0.465	0.871	1.152	1.985
	成渝城市群	0.171	0.345	0.298	0.491	0.692	0.766	0.943	1.234	1.980

续表

		1999年	2000年	2001年	2002年	2003年	2004年	2005年	2006年	2007年
僵尸企业	长江三角洲城市群	0.208	0.334	0.344	0.452	0.645	0.794	0.988	1.126	1.062
	中原城市群	0.089	0.168	0.130	0.164	0.252	0.441	0.593	0.851	0.967
	北部湾城市群	0.126	0.193	0.256	0.372	0.525	0.588	0.798	0.959	1.156
	关中平原城市群	0.104	0.097	0.103	0.155	0.201	0.445	0.505	0.565	0.723
	呼包鄂榆城市群	0.152	0.189	0.197	0.272	0.424	0.480	0.582	0.749	1.140
	兰西城市群	0.087	0.379	0.078	0.018	0.169	0.394	1.314	1.824	1.442
	粤港澳大湾区城市群	0.298	0.319	0.537	0.483	0.618	1.207	1.159	1.255	1.718
	京津冀城市群	0.460	0.415	0.426	0.460	0.671	1.348	1.618	1.568	1.935
	辽中南城市群	0.121	0.219	0.221	0.249	0.575	0.565	0.808	1.271	2.609
	山东半岛城市群	0.214	0.349	0.394	0.512	0.684	1.014	1.183	2.226	3.072
	海峡西岸城市群	0.254	0.382	0.453	0.501	0.743	0.719	0.806	0.961	1.064
	平均	0.180	0.271	0.270	0.337	0.512	0.710	0.943	1.328	1.716

注：僵尸企业的测度方法为方法一，利用扣除政府补贴和信贷补贴之后连续2年的净利润（即实际利润）与零比较来识别僵尸企业。

资料来源：笔者计算整理。

关于各城市群僵尸企业的全要素生产率。各城市群僵尸企业的全要素生产率数值较低，虽然有较为显著的增长趋势，但增长速度较慢。1999年各城市群僵尸企业的全要素生产率平均值仅为0.180，2007年这一平均值上升为1.716。其中，长江三角洲城市群、中原城市群、关中平原城市群和海峡西岸城市群僵尸企业的全要素生产率在2007年数值非常低，分别为1.062、0.967、0.723和1.064。各城市群僵尸企业与正常企业相比，全要素生产率有显著的降低，且降低程度较高，说明僵尸企业带来的效率损失比较严重。从时间上看，各城市群僵尸企业的全要素生产率与正常企业全要素生产率的差距逐渐增大，1999年各城市群僵尸企业比正常企业的全要素生产率低 0.533，而 2007 年这一差距逐步增大到 3.215。其中，山东半岛城市群、兰西城市群、中原城市群、京津冀城市群和成渝城市群的僵尸企业带来的效率损失最为严重，2007 年其僵尸企业全要素生产率与正常企业全要素生产率之间的差距分别为 6.166、5.064、5.043、4.543 和 4.047。这也说明僵尸企业的存在已经成为城市全要素生产率提升的严重阻碍。大量的资源被限定于僵尸企业中，得不到更有效率地发挥生产效能的机会，造成了资源配置扭曲的发生。如果这部分资源能自由流动到其他高效率行业或企业，对于整个经济来说，资源配置得到优化，生产效率将得到提升。

为了深入探究僵尸企业带来的效率损失，表 4-6 进一步给出了各省份正常企业和僵尸企业之间全要素生产率的差值。从全国算术平均水平来看，正常企业的全要素生产率有逐步上升的趋势，且增长幅度较大，从 1999 年的 0.825 增长到 2007 年的 5.647。僵尸企业的全要素生产率水平较低，虽然有增长趋势，但增长幅度较小，1999 年僵尸企业的全要素生产率仅为 0.216，2007 年也仅增长到 1.706。但正常企业的全要素生产率和僵尸企业的全要素生产率的全国平均差值却不小，且增长趋势显著，2007 年二者的差距达到 3.941，说明僵尸企业带来的效率损失有逐年增长的趋势，且幅度较大。具体到省份层面，各省份正常企业的全要素生产率和僵尸企业的全要素生产率的差值总体上均呈现不同程度的上升趋势，2007 年达到较高水平。其中，2007 年僵尸企业带来的效率损失达到 5 以上的有内蒙古、青海、天津、陕西、上海、四川和河南，处于第一梯队。2007 年僵尸企业带来的效率损失处于 3—5 的有北京、海南、河北、江西、山东、新疆和云南，处于第二梯队。2007 年其余省份僵尸企业带来的效率损失在 3 以下，具体的梯队分类详情见表 4-7。

表4-6　　　　　　　各省份僵尸企业带来的效率损失

	1999年	2000年	2001年	2002年	2003年	2004年	2005年	2006年	2007年
安徽	0.398	0.546	0.501	0.610	0.606	0.978	1.244	1.711	2.495
北京	2.749	3.068	3.975	3.380	2.141	4.079	3.365	3.937	4.014
福建	0.657	1.037	0.744	1.278	0.914	1.408	1.401	1.563	2.874
甘肃	1.527	0.179	0.126	0.025	0.130	2.047	1.713	1.028	1.412
广东	0.624	0.659	0.745	0.817	0.759	1.231	0.892	1.134	1.544
广西	0.456	0.744	0.693	1.132	1.320	1.246	1.128	2.092	2.192
贵州	0.467	0.472	0.166	0.128	0.297	0.300	0.552	0.928	1.471
海南	1.027	0.952	0.801	1.292	0.785	1.059	2.278	2.103	4.983
河北	0.619	1.096	0.919	1.046	1.155	1.407	1.490	2.074	3.329
河南	0.519	1.000	0.777	0.816	1.020	1.586	4.217	4.898	5.713
黑龙江	0.557	0.568	0.529	0.680	1.029	1.050	1.169	1.370	2.531
湖北	0.771	0.816	0.911	1.248	1.508	1.867	3.948	1.572	2.681
湖南	0.212	0.257	0.303	0.440	0.441	0.942	1.366	1.458	2.433
吉林	0.402	0.463	0.538	0.398	0.559	1.297	1.723	2.890	2.486
江苏	0.267	0.325	0.356	0.416	0.548	0.513	0.993	1.303	1.775
江西	0.241	0.268	0.314	0.262	0.566	1.104	1.330	2.167	3.718
辽宁	0.327	0.559	0.526	0.694	0.826	1.128	1.036	1.877	2.262
内蒙古	1.221	0.488	1.925	1.503	2.045	2.100	5.967	7.215	13.531
宁夏	0.331	0.704	0.212	0.212	0.529	0.709	1.018	1.200	0.879
青海	0.196	0.776	0.418	0.820	0.278	3.982	1.479	0.837	12.636
山东	0.169	0.136	0.320	0.535	0.650	0.812	2.017	2.299	4.258
山西	0.174	0.150	0.222	0.398	0.583	0.744	1.327	1.163	2.114
陕西	0.284	0.319	0.424	0.502	0.822	1.249	2.229	4.105	6.312
上海	1.308	1.978	1.518	1.821	2.285	1.964	5.013	7.791	5.560

续表

	1999 年	2000 年	2001 年	2002 年	2003 年	2004 年	2005 年	2006 年	2007 年
四川	0.721	0.708	0.831	1.089	1.362	1.549	2.000	3.064	5.160
天津	0.333	0.173	0.013	0.523	6.358	3.855	4.119	1.280	8.867
新疆	0.309	0.358	0.262	0.648	0.510	0.969	1.591	1.994	3.477
云南	1.239	0.868	1.242	1.527	1.668	1.473	1.564	2.467	4.492
浙江	0.280	0.291	0.311	0.383	0.494	0.297	0.384	0.378	0.608
重庆	0.534	0.669	0.649	0.770	0.856	0.952	1.202	1.789	2.411
全国平均正常企业的 TFP	0.825	0.997	1.029	1.210	1.946	2.067	2.945	3.629	5.647
全国平均僵尸企业的 TFP	0.216	0.309	0.320	0.363	0.511	0.861	0.953	1.866	1.706
全国平均差值	0.609	0.688	0.709	0.847	1.435	1.206	1.992	1.763	3.941

注：(1) 省份层面数值为各省份正常企业的 TFP 与僵尸企业 TFP 的差值。(2) 僵尸企业的测度方法为方法一，利用扣除政府补贴和信贷补贴之后连续 2 年的净利润（即实际利润）与零比较来识别僵尸企业。

资料来源：笔者计算整理。

表 4-7　　各省份僵尸企业带来效率损失的梯队排序

第一梯队（效率损失 5 以上）	内蒙古、青海、天津、陕西、上海、四川、河南
第二梯队（效率损失 3—5）	北京、海南、河北、江西、山东、新疆、云南
第三梯队（效率损失 3 以下）	安徽、福建、甘肃、广东、广西、贵州、黑龙江、湖北、湖南、吉林、江苏、辽宁、宁夏、陕西、浙江、重庆

注：梯队划分的依据为各省份正常企业和僵尸企业之间全要素生产率的差值。

资料来源：笔者计算整理。

僵尸企业的全要素生产率普遍较低，对整个经济的效率产生不利影响。那么对于整个经济效率来说，僵尸企业究竟对经济效率产生多大的影响呢?如果僵尸企业退出经营,社会将这部分资源投入到效率更高的行业或企业中,整个经济的效率将提高多少呢?表4-8粗略估计了僵尸企业退出对整个经济效率的影响。如果僵尸企业退出市场,这部分资源投入到其他行业或企业,拥有正常企业的生产效率,则整个社会的全要素生产率将显著提高。1999年如果僵尸企业退出,整个社会的全要素生产率将提高27.3%,2007年将提高10.7%。

表4-8　　　　　　僵尸企业退出对整个经济效率的影响

	1999年	2000年	2001年	2002年	2003年	2004年	2005年	2006年	2007年
僵尸企业存在	0.560	0.704	0.712	0.892	1.320	1.780	2.278	2.967	4.455
僵尸企业退出	0.713	0.868	0.854	1.057	1.523	1.946	2.523	3.241	4.931
全要素生产率提高比例(%)	27.3	23.2	20.0	18.5	15.4	9.3	10.8	9.2	10.7

资料来源:笔者计算整理。

下面进一步利用全要素生产率的动态分解考察整个经济效率波动的来源。现有文献主要有四种不同的方法来分解全要素生产率的动态波动。

Baily等将生产率的动态波动分解为四个部分,分别为企业内部生产率的变化、企业内部市场份额的变化、进入企业生产率的变化和退出企业生产率的变化。

$$\Delta\Phi = \sum_{i \in S} s_{i1}(\varphi_{i2} - \varphi_{i1}) + \sum_{i \in S}(s_{i2} - s_{i1})\varphi_{i2} \\ + \sum_{i \in E} s_{i2}\varphi_{i2} - \sum_{i \in X} s_{i1}\varphi_{i1} \qquad (4-3)$$

其中,s_{it}表示企业在第t期的份额(本书采用主营业务收入的份额占比),φ_{it}表示企业在第t期的全要素生产率。S、E和X分别表示在位企业、进入企业和退出企业。分解公式中的四个部分分别表示企业内部生产率的变化、企业内部市场份额的变化、进入企业生产率的变化和退出企业生产率的变化。

由于 BHC 分解方法存在一定的问题,比如忽略了年平均生产率的变化。Griliches 和 Regev 在 BHC 分解的基础上剔除年平均生产率的影响,构建 GR 分解方法。

$$\Delta \Phi = \sum_{i \in S} s_{i1}(\varphi_{i2} - \varphi_{i1}) + \sum_{i \in S} (s_{i2} - s_{i1})(\overline{\varphi_i} - \overline{\Phi}) \\ + \sum_{i \in E} s_{i2}(\varphi_{i2} - \overline{\Phi}) - \sum_{i \in X} s_{i1}(\varphi_{i1} - \overline{\Phi}) \quad (4-4)$$

其中,$\overline{\Phi} = \frac{1}{2}(\Phi_1 + \Phi_2)$,$\Phi_t = \sum_{i \in S} s_{it}\varphi_{it}$,其他变量定义同前。

可以看出,GR 分解方法没有将企业生产率提高带来的整体生产率上升从资源配置中剥离出来。为了弥补这一缺陷,Foster 等提炼出资源配置效率部分,构建 FH 分解方法。

$$\Delta \Phi = \sum_{i \in S} s_{i1}(\varphi_{i2} - \varphi_{i1}) + \sum_{i \in S} (s_{i2} - s_{i1})(\varphi_{i1} - \Phi_1) \\ + \sum_{i \in S} (s_{i2} - s_{i1})(\varphi_{i2} - \Phi_1) + \sum_{i \in E} s_{i2}(\varphi_{i2} - \Phi_1) \\ - \sum_{i \in X} s_{i1}(\varphi_{i1} - \Phi_1) \quad (4-5)$$

基于 FH 分解方法可知,前一期退出企业的生产率不会对第二期的生产率产生影响,也即是后两项的计算存在误差。Melitz 和 Polance 在总结前三种方法的基础上,得到动态的 OP 分解方法。

$$\Delta \Phi = (\Phi_{S2} - \Phi_{S1}) + s_{E2}(\Phi_{E2} - \Phi_{S2}) + s_{X2}(\Phi_{S1} - \Phi_{X1}) \\ = \Delta \overline{\varphi}_s + \Delta \text{cov}_S + s_{E2}(\Phi_{E2} - \Phi_{S2}) + s_{X2}(\Phi_{S1} - \Phi_{X1}) \quad (4-6)$$

其中,$\Delta \overline{\varphi}_s = \overline{\varphi}_{S2} - \overline{\varphi}_{S1}$,$\overline{\varphi}_{st} = \frac{1}{n}\sum_{i=1}^{n_{st}} \varphi_{it}$,$\Delta \text{cov}_S = \text{cov}_{S2} - \text{cov}_{S1}$,

$$\text{cov}_{St} = \sum_{i \in S}(s_{it} - \overline{s}_t)(\varphi_{it} - \overline{\varphi}_t),\ s_{E2} = \sum_{i \in E} s_{i2},\ s_{X2} = \sum_{i \in X} s_{i2},$$

$$\Phi_{E2} = \sum_{i \in E} \frac{s_{i2}}{s_{E2}}\varphi_{i2},\ \Phi_{X2} = \sum_{i \in X} \frac{s_{i2}}{s_{X2}}\varphi_{i2},\ \Phi_{S2} = \sum_{i \in S} \frac{s_{i2}}{s_{S2}}\varphi_{i2}。$$

基于 Melitz 和 Polance 的做法,本书以 1998 年为基年,将企业分为在位企业、进入企业和退出企业。由前文分析可知,全要素生产率的增长有四个来源:在位企业自身的技术进步、在位企业间资源配置的优化、高生产率企业的进入和低生产率企业的退出。基于 OP 分解方法的计算可知，1999—2007 年中国工业企业的全要素生产率的提升动力主要来源于企业自身的技术进步，贡献份额为 64.8%，在位企业间资源配置的优化仅贡献 23.3%，企业进入退出效应贡献 11.9%。企业自身技术的提高需要时间和经济成本，且要消耗大量的资源，而企业间资源配置的优化才是实现经济可持续内生增长的主要方式。从计算结果看，在位企业间资源配置的贡献力度较小，这与中国资源错配的演变趋势一致，说明还存在着较高的资源优化空间。从要素配置的角度看，企业进入退出效应也属于资源配置优化的范畴，但从对全要素生产率增长的贡献力度的角度看，企业进入退出机制的提升效果还没有凸显出来，这与中国存在大量的僵尸企业有关。虽然僵尸企业自身生产效率低下，但仍会消耗大量的社会资源，对其他企业的正常经营产生挤出效应。所以如果能建立僵尸企业的破产和重组机制，顺利清理部分僵尸企业，企业进入退出效用的贡献份额将会大幅提高。

三 各城市群的要素错配程度

本部分考察了各城市群的要素错配程度的相对大小和演变趋势。自由市场中，企业在不同城市间可以自由流动，促使城市间的生产效率趋同。但现实中的环境和制度阻碍了经营主体和资源要素在城市间的流动，使得城市间的生产效率的差异得到稳固和加强。基于此，城市群的要素错配程度用城市群内部各城市的全要素生产率的差异程度衡量，具体用城市群内部各城市的全要素生产率的基尼系数衡量。

表 4-9 给出了各城市群的要素错配程度。总体上看，各城市群的要素错配程度在 2004 年之前水平相对较低，但 2004 年之后有显著的增长趋势，2007 年又有一定的回落。先看 2004 年之前的情况。长江中游城市群、关中平原城市群和京津冀城市群的要素错配程度前期较高，且长江中游城市群和京津冀城市群的要

素错配程度并没有明显的下降趋势，而是呈波浪式变动，1999年三者的要素错配程度分别达到 0.490、0.545 和 0.418。呼包鄂榆城市群和兰西城市群的要素错配程度前期不高，但 2004 年之前有显著的上升趋势，2003 年二者的要素错配程度分别达到 0.448 和 0.435。哈长城市群、成渝城市群、山东半岛城市群的要素错配程度前期较低，且 2004 年之前上涨趋势不明显，1999年三者的要素错配程度分别为 0.194、0.187 和 0.220。

横向比较，基于 1999 年的要素错配程度的相对大小排序为：关中平原城市群、长江中游城市群、京津冀城市群、中原城市群、粤港澳大湾区城市群、长江三角洲城市群、北部湾城市群、兰西城市群、呼包鄂榆城市群、辽中南城市群、海峡西岸城市群、山东半岛城市群、哈长城市群和成渝城市群。再看 2004 年之后的情况，长江中游城市群、中原城市群和关中平原城市群的要素错配程度在 2005 年和 2006 年有跳跃式增长趋势，且 2006 年三者的要素错配程度分别达到 0.552、0.962 和 0.727。兰西城市群的要素错配程度在 2006 年和 2007 年有跳跃式增长趋势，且 2007 年要素错配程度达到 0.616。2007 年哈长城市群和呼包鄂榆城市群的要素错配程度也较为突出，分别为 0.475 和 0.450。而 2007 年北部湾城市群和粤港澳大湾区城市群的要素错配程度较低，分别为 0.242 和 0.273。

横向比较，基于 2007 年的要素错配程度的相对大小排序为：兰西城市群、哈长城市群、呼包鄂榆城市群、成渝城市群、长江中游城市群、山东半岛城市群、辽中南城市群、关中平原城市群、长江三角洲城市群、海峡西岸城市群、京津冀城市群、中原城市群、粤港澳大湾区城市群和北部湾城市群。其中，与 1999 年相比，哈长城市群、成渝城市群和兰西城市群的要素错配程度增加得较为显著，分别上升 11 名、10 名和 7 名；而中原城市群、粤港澳大湾区城市群和京津冀城市群的要素错配程度优化得较为显著，均下降 8 名。

表 4-9　　　　　　　　　各城市群的要素错配程度

	1999 年	2000 年	2001 年	2002 年	2003 年	2004 年	2005 年	2006 年	2007 年
长江中游城市群	0.490	0.421	0.427	0.496	0.321	0.304	0.685	0.552	0.371
哈长城市群	0.194	0.341	0.309	0.312	0.232	0.208	0.364	0.373	0.475
成渝城市群	0.187	0.247	0.278	0.273	0.261	0.186	0.342	0.421	0.382
长江三角洲城市群	0.269	0.288	0.298	0.254	0.286	0.279	0.353	0.367	0.327
中原城市群	0.385	0.454	0.418	0.414	0.379	0.282	0.961	0.962	0.287
北部湾城市群	0.250	0.288	0.327	0.274	0.316	0.202	0.288	0.207	0.242
关中平原城市群	0.545	0.341	0.325	0.286	0.333	0.250	0.322	0.727	0.352
呼包鄂榆城市群	0.237	0.281	0.561	0.442	0.448	0.363	0.340	0.314	0.450
兰西城市群	0.249	0.305	0.504	0.521	0.435	0.456	0.268	0.431	0.616
粤港澳大湾区城市群	0.355	0.311	0.561	0.479	0.319	0.280	0.196	0.203	0.273
京津冀城市群	0.418	0.601	0.377	0.329	0.489	0.338	0.357	0.240	0.290
辽中南城市群	0.235	0.224	0.264	0.275	0.303	0.276	0.331	0.467	0.359
山东半岛城市群	0.220	0.221	0.260	0.236	0.257	0.240	0.154	0.331	0.365
海峡西岸城市群	0.225	0.356	0.312	0.336	0.302	0.324	0.240	0.288	0.320

资料来源：笔者计算整理。

第二节　城市层面要素错配的空间格局

根据区域经济理论，空间区位是有其区位价值的。靠近主体市场的区位具有更高的区位价值，因其降低了交通带来的运输等交易费用，扩大了企业的目标市场范围，给企业带来获取市场需求变化等信息流的便利，同时有利于企业的劳动力和银行信贷资金的获取，以及最新的创新知识变化与技术变革的获取。如此，企业投资的空间区位选择对企业的经营至关重要。虽然随着物联网等交通基础设施的建设，运输成本有显著的递减趋势；随着网络商城的快速发展和快递行业的不断完善，传统购物方式受到严重冲击，传统市场区位对企业的束缚有递减趋势，但这并不意味着空间区位不再是企业选址中重要考虑的因素。

接下来，本书分别从东部、中部、西部地区，离大城市距离和离大港口距离等角度考察资源错配在空间区位上的格局表现，具体通过空间区位与全要素生产率和空间区位与资源投入的非同步性关系考察资源错配的现状格局。

为了考察空间区位对全要素生产率和资源投入的影响，本书构建如下模型：

$$Y_{pcat} = \beta_1 citylocation_{pcat} + BX_{pct} + \varphi_i + \gamma_c + \eta_t + \varepsilon_{pcat} \quad (4-7)$$

其中，下标 p 表示省份，c 表示城市，a 表示企业。被解释变量 Y_{pcat} 为全要素生产率或资源投入。与前文要素错配的动态格局的研究一致，此部分采用 OP 方法计算全要素生产率。在前文数据整理的基础上，我们进一步剔除从业人数小于 8 的企业样本，剔除主营业务收入、中间投入变量为负值、缺失值或零值的企业样本。另外，我们分别用固定资产价格指数和工业品价值指数对固定资产存量和中间投入品进行价格平减，得到实际值。对于企业层面的全要素生产率的计算，每家企业面临的约束条件不同，进而采用的生产技术也有差异，用统一的生产函数刻画企业的生产行为与实际误差较大，得到的全要素生产率的结果也不可靠（杨汝岱，2015）。为了尽可能真实地反映企业的生产技术水平，借鉴杨汝岱的做法，本书假设同行业中企业的生产技术较为相近，以两位数行业分类为依据，分行业估计劳动力、资本和中间品的弹性系数，在此基础上计算企业层面的全要素生产率。资源投入主要从固定资产净值年平均余额、从业人员、资产总计、长期负债、所有者权益和补贴收入等角度设计替代变量。

关键解释变量 $citylocation_{pcat}$ 为城市空间区位，分别为东部、中部和西部地区虚拟变量，离大城市距离和离大港口距离。"离大港口距离"指各城市距离 5 大港口的直线距离最近的一个，出于吞吐量和地理位置的考虑，5 大港口选定为天津港、上海港、广州港、大连港和宁波港。"离大城市距离"指各城市距离 13 个大城市的直线距离最近的一个，出于 1998 年市辖区非农业人口数量（大于 200 万人）和地理位置的考虑，13 个大城市选定为北京、天津、沈阳、大连、长春、哈尔滨、上海、南京、武汉、广州、重庆、成都和西安。本书根据经纬度计算城市之间的直线距离，而非交通距离或开车时间，因为后者是内生的。考虑到新疆的乌鲁木齐和克拉玛依距离港口和大城市较远，对回归结果造成干扰，所以在回归中将其去掉。

解释变量 X_{pct} 为控制变量，包括产业结构、对外开放度、政府支出、教育水平和公共交通。产业结构，用第二产业增加值与 GDP 的比值衡量；对外开放度，用外商实际投资额与 GDP 的比值衡量；政府支出，用地方财政一般预算内支出与 GDP 的比值衡量；教育水平，用普通高等学校在校生数衡量；公共交通，用人均城市道路面积衡量。

本书在回归中加入城市固定效应 γ_c，以规避遗漏不随时间变化的城市内部不可观测变量带来的内生性问题。另外，本书进一步加入了行业固定效应 φ_i 和时间固定效应 η_t，以控制其他不可观测的因素对估计结果的影响。ε_{pcat} 为随机误差项。

本部分的企业层面数据来源于 1998—2007 年的中国工业企业数据库。为了研究需要，对中国工业企业数据库做如下具体的处理：其一，2002 年之前和 2003 年之后的行业分类标准变化较大，参照 Brandt 等的处理方法（Brandt et al., 2012），本书将 2002 年之前的 4 位数行业分类调整为 2003 年之后的行业分类。其二，参照 Brandt 等的处理方法（Brandt et al., 2012；杨汝岱，2015），删除数据可疑的样本：主营业务收入小于 500 万元的企业；总资产小于等于零的企业；非营业状态的企业；企业年龄小于0.5年的企业。其中，样本中的企业有营业和非营业状态，非营业状态包括停业、筹建、撤销和其他，所以并不清楚企业是否由于发生企业改制或重组而处于非营业状态，为了减轻样本选择的偏误，本书删除所有处于非营业状态的企业样本。

本部分的城市层面数据来源于1998—2007年的《中国城市统计年鉴》。为了满足研究需要，本书对《中国城市统计年鉴》的数据做如下具体的处理：首先，由于县级城市的缺失值较多，本书只选取地级以上城市的相关变量。其次，由于2002年之前和2003年之后城市代码出现部分差异，本书根据城市名称等相关变量进行识别，以2003年之后的城市代码为基准，对2002年之前的城市代码进行修正。最后，由于西藏地级以上城市的相关变量缺失值较多，且统计误差较大，所以本书删除了西藏的样本。

一 东部、中部、西部空间区位与资源错配

本部分考察东部、中部、西部空间区位的资源错配的表现格局。表4-10给出了东部、中部、西部空间区位与全要素生产率的实证结果。第1—9列均以东部地区为参照组。第1列在城市固定效应、产业固定效应和时间固定效应的基础上直接加入中部地区和西部地区的虚拟变量，第2列在第1列的基础上加入控制变量产业结构、对外开放度、政府支出、教育水平和公共交通。可以看出，中部地区和西部地区的估计系数均在1%的水平上显著为负，表明相比于东部地区，中部地区和西部地区的全要素生产率显著较低。且从第2列的估计结果看，中部地区和西部地区的估计系数分别为-0.238和-0.201，说明中部地区和西部地区企业的全要素生产率平均分别比东部地区企业的全要素生产率低-0.238和-0.201，且中部地区的全要生产率要低于西部地区。

表4-10 东部、中部、西部空间区位与全要素生产率

	(1)	(2)	(3)国有企业	(4)非国有企业	(5)小规模	(6)中规模	(7)大规模	(8)轻工业	(9)重工业
中部地区	-0.167*** (0.009)	-0.238*** (0.011)	-0.267*** (0.029)	-0.195*** (0.012)	-0.083*** (0.006)	-0.068*** (0.003)	-0.264*** (0.013)	-0.216*** (0.023)	-0.247*** (0.015)
西部地区	-0.063*** (0.017)	-0.201*** (0.022)	-0.143*** (0.055)	-0.224*** (0.024)	-0.036*** (0.008)	-0.022*** (0.003)	-0.260*** (0.029)	-0.312*** (0.070)	-0.229*** (0.030)
产业结构		0.167*** (0.010)	0.107*** (0.031)	0.205*** (0.010)	0.100*** (0.029)	0.078*** (0.012)	0.242*** (0.012)	0.222*** (0.016)	0.205*** (0.015)
对外开放度		0.001 (0.002)	-0.003 (0.012)	0.005*** (0.002)	-0.006 (0.013)	-0.000 (0.008)	0.000 (0.002)	-0.003 (0.002)	0.001 (0.003)
政府支出		0.056*** (0.010)	0.084* (0.050)	0.018* (0.009)	0.178*** (0.051)	0.224*** (0.025)	0.084*** (0.011)	0.096*** (0.013)	0.082*** (0.017)
教育水平		-0.008*** (0.001)	-0.001 (0.005)	-0.006*** (0.001)	0.017*** (0.002)	0.021*** (0.001)	-0.009*** (0.002)	-0.004** (0.002)	-0.011*** (0.002)

第四章 中国城市层面要素错配的表现格局　121

续表

	(1)	(2)	(3)	(4)	(5)	(6)	(7)	(8)	(9)
			国有企业	非国有企业	小规模	中规模	大规模	轻工业	重工业
公共交通	0.020***	0.024***	0.039***	0.020***	0.042***	0.018***	0.034***	0.022***	0.037***
	(0.003)	(0.001)	(0.005)	(0.001)	(0.005)	(0.002)	(0.002)	(0.002)	(0.002)
产业固定	Yes	Yes	Yes	Yes	Yes	Yes	Yes	Yes	
城市固定	Yes	Yes	Yes	Yes	Yes	Yes	Yes	Yes	Yes
时间固定	Yes	Yes	Yes	Yes	Yes	Yes	Yes	Yes	Yes
Constant	0.020***	0.012	−0.036	−0.024	−0.343***	−0.309***	−0.041**	−0.095***	−0.032
	(0.003)	(0.017)	(0.057)	(0.016)	(0.031)	(0.014)	(0.020)	(0.025)	(0.027)
Observations	1771928	1730812	287924	1441190	30762	138715	1169878	629141	710214
F	314.337	308.271	68.119	261.165	48.636	215.149	234.845	141.740	162.379
R^2	0.056	0.055	0.072	0.056	0.076	0.075	0.061	0.060	0.061

注：(1) 东部地区为参照组。(2) *、**、***分别表示在10%、5%、1%的水平上显著，括号中的数值为稳健标准误。

资料来源：笔者计算整理。

第3—9列分别从所有制、规模和轻重工业角度考察东部、中部、西部空间区位对全要素生产率的异质性影响。第3—4列将样本分为国有企业和非国有企业两个子样本，然后分别以子样本进行回归。结果发现，中部地区和西部地区的估计系数均在1%水平显著为负，表明中部地区和西部地区国有企业和非国有企业的全要素生产率均显著低于东部地区。但从第3列和第4列中部地区和西部地区的估计系数可以看出，中部地区国有企业的全要素生产率低于西部地区，但中部地区非国有企业的全要素生产率高于西部地区。第5—7列将样本按照企业规模分为小规模、中规模和大规模三个子样本，然后分别以子样本进行回归。结果显示，中部地区和西部地区的估计系数均在1%的水平上显著为负，表明中部地区和西部地区不同规模企业的全要素生产率均显著低于东部地区。第8—9列将样本分为轻工业和重工业两个子样本，然后分别以子样本进行回归。结果发现，中部地区和西部地区的估计系数均在1%的水平上显著为负，表明中部地区和西部地区轻工业企业和重工业企业的全要素生产率均显著低于东部地区。但从第8列和第9列中部地区和西部地区的估计系数可以看出，中部地区轻工业企业的全要素生产率高于西部地区，但中部地区重工业企业的全要素生产率低于西部地区。

表4-11给出了东部、中部、西部空间区位对资源投入的影响。第1—6列分别以企业的固定资产净值年平均余额、从业人员数、资产总计、长期负债、所有者权益和补贴收入作为企业资源投入的替代变量。估计结果显示，除了第3列和第5列，其余各列中部地区和西部地区的估计系数均在1%的水平显著为正，表明中部地区和西部地区企业的固定资产净值年平均余额、从业人员数、长期负债和补贴收入均高于东部地区，即中部地区和西部地区的资源投入高于东部地区；且根据估计系数比较可知，中部地区的资源投入要低于西部地区。第3列和第5列的估计结果显示，中部地区的估计系数在1%的水平上显著为负，而西部地区的估计系数

表 4-11　东部、中部、西部空间区位与资源投入

	(1) 固定资产净值年平均余额	(2) 从业人员数	(3) 资产总计	(4) 长期负债	(5) 所有者权益	(6) 补贴收入
中部地区	0.256***	0.475***	-0.361***	0.504***	-0.426***	0.499***
	(0.044)	(0.029)	(0.037)	(0.084)	(0.044)	(0.014)
西部地区	0.645***	0.616***	0.609***	0.890***	0.593***	0.587***
	(0.091)	(0.059)	(0.076)	(0.192)	(0.088)	(0.015)
产业结构	-0.312***	-0.484***	-0.609***	-0.683***	-0.230***	0.109*
	(0.041)	(0.026)	(0.034)	(0.086)	(0.040)	(0.056)
对外开放度	-0.071***	-0.011**	-0.062***	0.036	-0.070***	-0.040
	(0.008)	(0.005)	(0.007)	(0.026)	(0.008)	(0.026)
政府支出	0.526***	-0.221***	0.334***	0.056	0.664***	0.013
	(0.042)	(0.027)	(0.035)	(0.121)	(0.041)	(0.104)
教育水平	-0.026***	-0.009***	-0.021***	0.064***	-0.009	0.038***
	(0.006)	(0.004)	(0.005)	(0.012)	(0.006)	(0.003)

续表

	(1)	(2)	(3)	(4)	(5)	(6)
	固定资产净值年平均余额	从业人员数	资产总计	长期负债	所有者权益	补贴收入
公共交通	-0.019***	-0.025***	0.019***	-0.007	0.035***	0.129***
	(0.005)	(0.004)	(0.005)	(0.012)	(0.005)	(0.010)
产业固定	Yes	Yes	Yes	Yes	Yes	Yes
城市固定	Yes	Yes	Yes	Yes	Yes	Yes
时间固定	Yes	Yes	Yes	Yes	Yes	Yes
Constant	4.039***	5.520***	10.163***	7.549***	8.812***	6.191***
	(0.070)	(0.045)	(0.058)	(0.151)	(0.068)	(0.065)
Observations	1730812	1730812	1730812	667613	1642904	224943
F	606.138	624.088	698.750	979.453	548.104	521.484
R^2	0.103	0.105	0.117	0.324	0.098	0.111

注:(1)东部地区为参照组。(2)*、**、*** 分别表示在10%、5%、1%的水平上显著,括号中的数值为稳健标准误。

资料来源:笔者计算整理。

在1%的水平上显著为正，仍然表明西部地区企业的资产总计和所有者权益要高于东部地区，即西部地区的资源投入高于东部地区。

表4-10和表4-11的结果表明，虽然中部地区和西部地区的全要素生产率低于东部地区，但中部地区和西部地区的资源投入却高于东部地区，即全要素生产率的空间分布和资源投入的空间分布并不一致，意味着要素在空间上的分布表现出错配情况。为了抑制地区间收入差距扩大，国家层面的均衡发展战略引导更多的资源投入向中西部地区倾斜。在不顾东部、中部和西部地区的生产效率的情况下，这种做法就容易造成低效率地区配置更多的要素而高效率地区配置较少的要素的局面。晋升机制和财政分权制度背景下，地方经济增长速度的竞争导致地区间分割程度加大，地区主政官员的短视行为导致地方投资蜂拥而起、遍地开花，而这种投资并不合乎全国整体形势，出现了大量的投资不足和投资过度并存的问题，这种局面的产生也预示着要素在空间分布上的错配。

二 离大城市距离与资源错配

本部分从"离大城市距离"的角度考察空间区位资源错配的表现格局。表4-12给出了离大城市距离对全要素生产率的影响。由于"离大城市距离"并不随时间的推移而改变，所以表4-12的回归模型中并没有加入城市固定效应。第1列在产业固定效应和时间固定效应的基础上直接加入"离大城市距离"，第2列在第1列的基础上加入控制变量产业结构、对外开放度、政府支出、教育水平和公共交通。可以看出，"离大城市距离"的估计系数均在1%的水平上显著为负，表明随着离大城市的距离增加，企业的全要素生产率有逐步下降的趋势。

第3—9列分别从所有制、规模和轻重工业角度考察离大城市距离对全要素生产率的异质性影响。第3—4列分别以国有企业和非国有企业为子样本进行回归，估计结果显示离大城市距离的估

表4-12　　离大城市距离与全要素生产率

	(1)	(2)	(3)国有企业	(4)非国有企业	(5)小规模	(6)中规模	(7)大规模	(8)轻工业	(9)重工业
离大城市距离	-0.008***	-0.002***	-0.003***	-0.001***	-0.004***	-0.003***	-0.001***	0.001**	-0.001***
	(0.000)	(0.000)	(0.001)	(0.000)	(0.001)	(0.001)	(0.000)	(0.000)	(0.000)
产业结构		0.043***	0.048***	0.024***	0.124***	0.111***	0.057***	0.031***	0.072***
		(0.004)	(0.012)	(0.004)	(0.029)	(0.012)	(0.005)	(0.006)	(0.006)
对外开放度		-0.016***	0.004	-0.020***	-0.006	0.012	-0.021***	-0.022***	-0.025***
		(0.002)	(0.008)	(0.001)	(0.013)	(0.008)	(0.002)	(0.002)	(0.003)
政府支出		0.175***	0.271***	0.169***	0.219***	0.199***	0.208***	0.202***	0.240***
		(0.007)	(0.025)	(0.006)	(0.051)	(0.025)	(0.008)	(0.010)	(0.011)
教育水平		0.016***	0.028***	0.014***	0.018***	0.023***	0.018***	0.016***	0.019***
		(0.000)	(0.001)	(0.000)	(0.002)	(0.001)	(0.000)	(0.000)	(0.000)
公共交通		0.025***	0.065***	0.014***	0.064***	0.028***	0.020***	0.022***	0.017***
		(0.001)	(0.002)	(0.001)	(0.005)	(0.002)	(0.001)	(0.001)	(0.001)

续表

	(1)	(2)	(3) 国有企业	(4) 非国有企业	(5) 小规模	(6) 中规模	(7) 大规模	(8) 轻工业	(9) 重工业
产业固定	Yes	Yes	Yes	Yes	Yes	Yes	Yes	Yes	Yes
时间固定	Yes	Yes	Yes	Yes	Yes	Yes	Yes	Yes	Yes
Constant	-0.096***	-0.327***	-0.547***	-0.250***	-0.426***	-0.385***	-0.358***	-0.344***	-0.389***
	(0.003)	(0.004)	(0.014)	(0.005)	(0.032)	(0.014)	(0.005)	(0.006)	(0.006)
Observations	1771928	1730812	287924	1441190	30762	138715	1169878	629141	710214
F	1222.814	1220.910	271.510	918.520	46.306	208.629	965.776	2155.003	2439.119
R^2	0.032	0.036	0.048	0.033	0.071	0.071	0.040	0.039	0.040

注：*、**、*** 分别表示在10%、5%、1%的水平上显著，括号中的数值为稳健标准误。

资料来源：笔者计算整理。

计系数均在 1% 的水平上显著为负，表明国有企业和非国有企业的全要素生产率均随着离大城市距离的增加而降低。且估计系数表明，随着离大城市距离的增加，国有企业的全要素生产率衰减得更快。第 5—7 列将样本按照企业规模分为小规模、中规模和大规模三个子样本，然后分别以子样本进行回归。结果显示，小规模、中规模和大规模企业的全要素生产率均随着离大城市距离的增加而表现出降低趋势，且相比于大规模企业，小规模和中规模企业的全要素生产率随着离大城市距离的增加衰减得更快。第 8—9 列进一步考察了轻工业企业和重工业企业的全要素生产率受"离大城市距离"的影响。估计结果显示，重工业企业的全要素生产率随着"离大城市距离"的增加表现出下降趋势，而轻工业企业的全要素生产率却表现出上升趋势，这与轻工业企业的本地化倾向有关，离大城市越远，反而越有利于本地轻工业企业的经营发展。

表 4-13 从"离大城市距离"的角度考察了资源投入的空间分布格局。第 1—6 列分别以企业的固定资产净值年平均余额、从业人员数、资产总计、长期负债、所有者权益和补贴收入作为企业资源投入的替代变量。估计结果显示，除第 3 列和第 6 列，其余各列的离大城市距离的估计系数均在 1% 的水平上显著为正，其估计系数分别为 0.019、0.013、0.005、0.020，表明随着离大城市距离的增加，企业的固定资产净值年平均余额、从业人员数、长期负债、所有者权益均表现出上升趋势，即资源投入有增长的趋势。

表 4-12 和表 4-13 的结果表明，虽然随着离大城市距离的增加，企业全要素生产率有下降的趋势，但是企业的资源投入却有上升的趋势，即全要素生产率的分布格局与资源投入的分布格局不一致，如此便表现出资源在空间上的错配格局。

表 4-13　　　　　　　　　离大城市距离与资源投入

	（1）	（2）	（3）	（4）	（5）	（6）
	固定资产净值年平均余额	从业人员数	资产总计	长期负债	所有者权益	补贴收入
离大城市距离	0.019***	0.013***	-0.009***	0.005***	0.020***	0.004
	(0.001)	(0.000)	(0.001)	(0.002)	(0.001)	(0.002)
产业结构	0.225***	0.016	0.124***	-0.313***	0.058***	-0.194***
	(0.016)	(0.010)	(0.013)	(0.033)	(0.016)	(0.057)
对外开放度	0.059***	0.027***	0.048***	-0.047**	0.007	-0.089***
	(0.006)	(0.004)	(0.005)	(0.019)	(0.006)	(0.026)
政府支出	0.093***	-0.106***	0.105***	0.309***	0.620***	-0.001
	(0.028)	(0.018)	(0.023)	(0.066)	(0.027)	(0.106)
教育水平	0.017***	-0.032***	0.056***	0.030***	0.070***	0.027***
	(0.001)	(0.001)	(0.001)	(0.002)	(0.001)	(0.004)
公共交通	0.092***	0.046***	0.158***	-0.042***	0.174***	-0.037***
	(0.003)	(0.002)	(0.002)	(0.006)	(0.003)	(0.009)
产业固定	Yes	Yes	Yes	Yes	Yes	Yes
时间固定	Yes	Yes	Yes	Yes	Yes	Yes
Constant	3.671***	5.860***	8.921***	8.010***	7.614***	7.097***
	(0.019)	(0.012)	(0.016)	(0.038)	(0.019)	(0.067)
Observations	1730812	1730812	1730812	667613	1642904	224943
F	2870.671	2348.627	3093.816	5666.385	2344.764	485.124
R^2	0.081	0.067	0.087	0.310	0.070	0.103

注：*、**、***分别表示在10%、5%、1%的水平上显著，括号中的数值为稳健标准误。

资料来源：笔者计算整理。

三　离大港口距离与资源错配

本部分从"离大港口距离"的角度考察资源错配的空间表现格局。表4-14给出了全要素生产率随离大港口距离的空间分布。

由于"离大港口距离"并不随时间的推移而改变，所以表 4-14 的回归模型中没有加入城市固定效应。第 1 列在产业固定效应和时间固定效应的基础上直接加入"离大港口距离"，第 2 列在第 1 列的基础上加入控制变量产业结构、对外开放度、政府支出、教育水平和公共交通。可以看出，"离大港口距离"的估计系数均在 1% 的水平上显著为负，表明随着离大港口的距离增加，企业的全要素生产率有逐步下降的趋势。

第 3—9 列分别从所有制、规模和轻重工业角度考察全要素生产率随离大港口距离的异质性分布。第 3—4 列分别以国有企业和非国有企业为子样本进行回归，估计结果显示离大港口距离的估计系数均在 1% 的水平上显著为负，表明国有企业和非国有企业的全要素生产率均随着离大港口距离的增加而降低。且估计系数表明，随着离大港口距离的增加，国有企业的全要素生产率衰减得更快。第 5—7 列将样本按照企业规模分为小规模、中规模和大规模三个子样本，然后分别以子样本进行回归。结果显示，小规模、中规模和大规模企业的全要素生产率均随着离大港口距离的增加而表现出降低趋势，且相比于大规模企业，小规模和中规模企业的全要素生产率随着离大港口距离的增加衰减得更快。第 8—9 列进一步考察了轻工业企业和重工业企业的全要素生产率受"离大港口距离"的影响。估计结果显示，离大港口距离的估计系数均在 1% 的水平上显著为负，表明随着离大港口距离的增加，轻工业企业和重工业企业的全要素生产率均表现出下降趋势。

表 4-15 从"离大港口距离"的角度考察了资源投入的空间分布格局。第 1—6 列分别以企业的固定资产净值年平均余额、从业人员数、资产总计、长期负债、所有者权益和补贴收入作为企业资源投入的替代变量。估计结果显示，各列的离大港口距离的估计系数均在 1% 的水平上显著为正，其估计系数分别为 0.024、0.030、0.009、0.036、0.014 和 0.069，表明随着离大港口距离的增加，企业的固定资产净值年平均余额、从业人员数、资产总计、长期负债、所有者权益和补贴收入均表现出上升趋势，即资源投入有增长的趋势。

第四章 中国城市层面要素错配的表现格局 131

表4-14 离大港口距离与全要素生产率

	(1)	(2)	(3)	(4)	(5)	(6)	(7)	(8)	(9)
			国有企业	非国有企业	小规模	中规模	大规模	轻工业	重工业
离大港口距离	-0.004***	-0.001***	-0.006***	-0.001***	-0.006***	-0.004***	-0.000	-0.001***	-0.000***
	(0.000)	(0.000)	(0.000)	(0.000)	(0.001)	(0.000)	(0.000)	(0.000)	(0.000)
产业结构		0.044***	0.041***	0.031***	0.113***	0.100***	0.060***	0.047***	0.085***
		(0.004)	(0.012)	(0.004)	(0.029)	(0.012)	(0.005)	(0.006)	(0.006)
对外开放度		-0.017***	-0.000	-0.020***	-0.003	0.008	-0.022***	-0.018***	-0.023***
		(0.002)	(0.008)	(0.001)	(0.013)	(0.008)	(0.002)	(0.002)	(0.003)
政府支出		0.182***	0.231***	0.177***	0.169***	0.190***	0.214***	0.186***	0.233***
		(0.007)	(0.025)	(0.006)	(0.052)	(0.025)	(0.008)	(0.010)	(0.011)
教育水平		0.017***	0.027***	0.015***	0.018***	0.023***	0.019***	0.017***	0.021***
		(0.000)	(0.001)	(0.000)	(0.002)	(0.001)	(0.000)	(0.000)	(0.000)
公共交通		0.023***	0.053***	0.017***	0.047***	0.021***	0.020***	0.023***	0.021***
		(0.001)	(0.002)	(0.001)	(0.005)	(0.002)	(0.001)	(0.001)	(0.001)

续表

	(1)	(2)	(3) 国有企业	(4) 非国有企业	(5) 小规模	(6) 中规模	(7) 大规模	(8) 轻工业	(9) 重工业
产业固定	Yes	Yes	Yes	Yes	Yes	Yes	Yes	Yes	Yes
时间固定	Yes	Yes	Yes	Yes	Yes	Yes	Yes	Yes	Yes
Constant	-0.095*** (0.003)	-0.330*** (0.004)	-0.494*** (0.013)	-0.277*** (0.005)	-0.369*** (0.032)	-0.354*** (0.014)	-0.368*** (0.005)	-0.444*** (0.115)	-0.399*** (0.007)
Observations	1771928	1730812	287924	1441190	30762	138715	1169878	629141	710214
F	1213.402	1221.079	277.092	919.982	47.620	211.119	965.091	593.296	615.949
R^2	0.032	0.036	0.049	0.033	0.073	0.072	0.040	0.043	0.042

注：*、**、*** 分别表示在10%、5%、1%的水平上显著,括号中的数值为稳健标准误。

资料来源：笔者计算整理。

表4-15　　　　　　　　　　离大港口距离与资源投入

	(1) 固定资产净值年平均余额	(2) 从业人员数	(3) 资产总计	(4) 长期负债	(5) 所有者权益	(6) 补贴收入
离大港口距离	0.024***	0.030***	0.009***	0.036***	0.014***	0.069***
	(0.000)	(0.000)	(0.000)	(0.001)	(0.000)	(0.001)
产业结构	0.263***	0.089***	0.176***	-0.222***	0.057***	0.052
	(0.016)	(0.010)	(0.013)	(0.033)	(0.016)	(0.056)
对外开放度	0.070***	0.037***	0.045***	-0.006	0.017***	-0.097***
	(0.006)	(0.004)	(0.005)	(0.019)	(0.006)	(0.026)
政府支出	0.073***	-0.081***	0.175***	0.387***	0.561***	0.414***
	(0.028)	(0.018)	(0.023)	(0.065)	(0.027)	(0.104)
教育水平	0.016***	-0.030***	0.063***	0.035***	0.064***	0.044***
	(0.001)	(0.001)	(0.001)	(0.002)	(0.001)	(0.003)
公共交通	0.132***	0.098***	0.177***	0.034***	0.194***	0.126***
	(0.003)	(0.002)	(0.002)	(0.006)	(0.003)	(0.010)
产业固定	Yes	Yes	Yes	Yes	Yes	Yes
时间固定	Yes	Yes	Yes	Yes	Yes	Yes
Constant	3.529***	5.583***	8.720***	7.609***	7.618***	6.094***
	(0.018)	(0.012)	(0.015)	(0.037)	(0.018)	(0.065)
Observations	1730812	1730812	1730812	667613	1642904	224943
F	2916.180	2552.119	3101.884	5709.247	2349.364	535.261
R^2	0.082	0.072	0.087	0.312	0.070	0.112

注：*、**、***分别表示在10%、5%、1%的水平上显著，括号中的数值为稳健标准误。

资料来源：笔者计算整理。

表4-14和表4-15的结果表明，虽然随着离大港口距离的增加，企业全要素生产率有下降的趋势，但是企业的资源投入却有上升的趋势，即全要素生产率的分布格局与资源投入的分布格局不一致，如此表现出资源的空间错配格局。

综上，虽然中部地区和西部地区的全要素生产率低于东部地区，但中部地区和西部地区的资源投入却高于东部地区；虽然随着离大城市距离的增加，企业全要素生产率有下降的趋势，但是企业的资源投入却有上升的趋势；虽然随着离大港口距离的增加，企业全要素生产率有下降的趋势，但是企业的资源投入却有上升的趋势。如此，全要素生产率的空间分布和资源投入的空间分布并不一致，意味着要素在空间上的分布表现出错配格局。

第三节　城市层面要素错配的规模格局

城市规模的集聚效应将给企业带来分享、匹配和学习上的好处，如更多的消费者分摊企业的固定投资，摊薄了企业的平均成本；企业可以更好地选择中间投入品和特殊技能的劳动力，进而提供更加专业化的产品和服务；企业之间的交流得到加强，技术知识实现了外溢，有利于劳动生产率的提高和企业的研发能力的提升等（陆铭，2016）。这意味着大城市将具有更高的企业全要素生产率，但是大城市是否具有更高的资源投入呢？如果二者不一致，将出现全要素生产率在城市规模上的空间分布和资源在城市规模上的空间分布不一致的情况，即要素资源的规模错配。本部分将从规模投资的角度探究城市间要素错配的规模格局。

为了考察城市规模对全要素生产率和资源投入的影响，本书构建如下模型：

$$Y_{pcat} = \beta_1 cityscall_{pcat} + BX_{pct} + \varphi_i + \gamma_c + \eta_t + \varepsilon_{pcat} \tag{4-8}$$

其中，下标 p 表示省份，c 表示城市，a 表示企业。被解释变量 Y_{pcat} 为全要素生产率或资源投入，全要素生产率和资源投入的度量与前文保持一致。核心解释变量 $cityscall_{pcat}$ 为城市规模，用城市市区的年末总人口衡量（郭晓丹等，2019）。稳健性检验中，本书进一步用城市市区的非农业人口和人口密度来衡量城市规模（张国峰等，2017）。控制变量 X_{pct} 包括产业结构、对外开放度、政府支出、教育水平和公共交通，其衡量方式与前文保持一致。φ_i、γ_c、η_t 分别为城市固定效应、产业固定效应和时间固定效应。

一　城市规模与资源错配

表 4-16 给出了城市规模对全要素生产率的影响。第 1 列直接在城市固定效应、产业固定效应和时间固定效应的基础上加入以总人口数衡量的城市规模变量，第 2 列在第 1 列的基础上加入控制变量产业结构、对外开放度、政府支出、教育水平和公共交通。估计结果显示，城市规模（总人口）的估计系数均在 1% 的水平上显著为正，表明随着城市规模的扩大，企业全要素生产率有上升的趋势。为了避免因核心解释变量的度量误差而导致的估计偏误，第 3 列和第 4 列分别以非农业人口和人口密度度量城市规模，其估计系数分别为 0.032 和 0.006，均在 1% 的水平上显著为正，进一步表明城市规模对全要素生产率的正向影响，即大城市具有更高的生产效率。

表 4-16　　　　　　　　　城市规模与全要素生产率

	(1)	(2)	(3)	(4)
城市规模（总人口）	0.133*** (0.001)	0.030*** (0.002)		
产业结构		0.164*** (0.010)	0.159*** (0.010)	0.168*** (0.010)
对外开放度		-0.015*** (0.002)	-0.018*** (0.002)	0.001 (0.002)
政府支出		0.204*** (0.010)	0.209*** (0.010)	0.057*** (0.010)
教育水平		0.083*** (0.001)	0.080*** (0.001)	-0.008*** (0.001)

续表

	（1）	（2）	（3）	（4）
公共交通		0.064*** (0.001)	0.062*** (0.001)	0.023*** (0.001)
城市规模（非农业人口）			0.032*** (0.002)	
城市规模（人口密度）				0.006*** (0.001)
城市固定	Yes	Yes	Yes	Yes
产业固定	Yes	Yes	Yes	Yes
时间固定	Yes	Yes	Yes	Yes
Constant	-0.772*** (0.010)	-1.357*** (0.011)	-1.314*** (0.010)	-0.028 (0.019)
Observations	1770786	1730812	1689521	1730427
F	179.683	284.519	272.242	307.422
R^2	0.032	0.050	0.049	0.055

注：*、**、***分别表示在10%、5%、1%的水平上显著，括号中的数值为稳健标准误。

资料来源：笔者计算整理。

表4-17进一步探究了城市规模对全要素生产率的异质性影响。第1—2列分别以国有企业和非国有企业为子样本进行回归，结果显示城市规模的估计系数均在1%的水平上显著为正，且估计系数分别为0.066和0.031，表明城市规模的扩大带来了集聚效应的好处，国有企业和非国有企业的全要素生产率均随着城市规模的扩大而有上升趋势。第3—5列将样本按照企业规模分为小规模企业、中规模企业和大规模企业三个子样本，分别以子样本进行回归。估计结果显示，城市规模的估计系数均在1%的水平上显著为正，估计系数分别为0.058、0.055和0.028，表明小规模、中规模和大规模企业的全要素生产率均随着城市规模的扩大而表现出上升的趋势。且估计系

数表明,相比于大规模企业,中小规模企业的全要素生产率的增长效应更大。第6—7列分别以轻工业企业和重工业企业为子样本进行回归,估计结果显示,城市规模的估计系数均在1%的水平上显著为正,估计结果分别为0.025和0.028,表明轻工业企业和重工业企业的全要素生产率都受城市规模带来的集聚效应的正向影响,城市规模的扩张能带来其生产效率的提高。

表4-17　　　　　　城市规模与全要素生产率的异质性分析

	(1) 国有企业	(2) 非国有企业	(3) 小规模	(4) 中规模	(5) 大规模	(6) 轻工业	(7) 重工业
城市规模（总人口）	0.066*** (0.008)	0.031*** (0.002)	0.058*** (0.014)	0.055*** (0.006)	0.028*** (0.002)	0.025*** (0.002)	0.028*** (0.003)
产业结构	0.065** (0.030)	0.204*** (0.009)	0.066 (0.076)	0.074** (0.031)	0.206*** (0.012)	0.189*** (0.016)	0.173*** (0.015)
对外开放度	-0.040*** (0.011)	-0.007*** (0.002)	-0.016 (0.016)	-0.044*** (0.011)	-0.018*** (0.002)	-0.017*** (0.002)	-0.025*** (0.003)
政府支出	0.358*** (0.048)	0.138*** (0.009)	0.258*** (0.075)	0.496*** (0.048)	0.243*** (0.011)	0.221*** (0.013)	0.290*** (0.017)
受教育水平	0.100*** (0.003)	0.070*** (0.001)	0.107*** (0.007)	0.106*** (0.003)	0.081*** (0.001)	0.076*** (0.001)	0.084*** (0.001)
公共交通	0.092*** (0.005)	0.055*** (0.001)	0.058*** (0.011)	0.048*** (0.004)	0.073*** (0.002)	0.060*** (0.002)	0.074*** (0.002)
城市固定	Yes	Yes	Yes	Yes	Yes	Yes	Yes
产业固定	Yes	Yes	Yes	Yes	Yes	Yes	Yes
时间固定	Yes	Yes	Yes	Yes	Yes	Yes	Yes
Constant	-1.807*** (0.046)	-1.205*** (0.011)	-1.772*** (0.088)	-1.719*** (0.036)	-1.357*** (0.013)	-1.284*** (0.015)	-1.418*** (0.017)

续表

	(1) 国有企业	(2) 非国有企业	(3) 小规模	(4) 中规模	(5) 大规模	(6) 轻工业	(7) 重工业
Observations	287924	1441190	30762	138715	1169878	629141	710214
F	64.800	243.284	11.242	40.847	217.910	132.546	151.972
R^2	0.067	0.051	0.102	0.086	0.056	0.056	0.057

注：*、**、***分别表示在10%、5%、1%的水平上显著，括号中的数值为稳健标准误。

资料来源：笔者计算整理。

表4-18考察了资源投入在不同城市规模上的分布情况。第1—6列分别以企业的固定资产净值年平均余额、从业人员数、资产总计、长期负债、所有者权益和补贴收入作为企业资源投入的替代变量。估计结果显示，各列的城市规模的估计系数均在1%的水平上显著为负，其估计系数分别为 -0.169、-0.097、-0.066、-0.765、-0.052 和 -0.103，表明随着城市规模的增加，企业的固定资产净值年平均余额、从业人员数、资产总计、长期负债、所有者权益和补贴收入不但没有上升的趋势，反而表现出下降趋势，即资源投入有下降的趋势。

表4-17和表4-18的结果表明，虽然随着城市规模的增加，企业全要素生产率有上升的趋势，但是企业的资源投入却有下降的趋势，即全要素生产率的分布格局与资源投入的分布格局不一致，如此表现出资源的规模错配格局。

表4-18　　　　　　　　城市规模与资源投入

	(1) 固定资产净值 年平均余额	(2) 从业人员数	(3) 资产总计	(4) 长期负债	(5) 所有者权益	(6) 补贴收入
城市规模 （总人口）	-0.169*** (0.007)	-0.097*** (0.005)	-0.066*** (0.006)	-0.765*** (0.019)	-0.052*** (0.007)	-0.103*** (0.028)

续表

	（1）固定资产净值年平均余额	（2）从业人员数	（3）资产总计	（4）长期负债	（5）所有者权益	（6）补贴收入
产业结构	-0.641***	-0.548***	-0.884***	-4.343***	-0.602***	-0.735***
	(0.040)	(0.026)	(0.033)	(0.096)	(0.039)	(0.144)
对外开放度	-0.121***	-0.008	-0.125***	-0.813***	-0.145***	-0.165***
	(0.008)	(0.005)	(0.007)	(0.029)	(0.008)	(0.038)
政府支出	0.599***	-0.374***	0.645***	3.300***	1.058***	0.830***
	(0.041)	(0.027)	(0.034)	(0.136)	(0.040)	(0.190)
教育水平	-0.017***	-0.133***	0.115***	0.012	0.188***	0.069***
	(0.004)	(0.002)	(0.003)	(0.009)	(0.004)	(0.013)
公共交通	-0.076***	-0.103***	0.036***	0.193***	0.075***	0.026
	(0.006)	(0.004)	(0.005)	(0.014)	(0.005)	(0.018)
城市固定	Yes	Yes	Yes	Yes	Yes	Yes
产业固定	Yes	Yes	Yes	Yes	Yes	Yes
时间固定	Yes	Yes	Yes	Yes	Yes	Yes
Constant	5.235***	7.791***	8.970***	13.267***	6.801***	7.285***
	(0.047)	(0.031)	(0.039)	(0.124)	(0.046)	(0.178)
Observations	1730812	1730812	1730812	667613	1642904	224943
F	606.751	622.279	686.802	251.528	535.877	114.887
R^2	0.101	0.103	0.113	0.108	0.095	0.141

注：*、**、*** 分别表示在10%、5%、1%的水平上显著，括号中的数值为稳健标准误。

资料来源：笔者计算整理。

二 进一步研究：城市等级与资源错配

作为城市规模与资源错配的延续，接下来进一步探讨资源错配在不同城市等级上的分布表现。表4-19给出了全要素生产率在不同城市等级上的分布表现。根据1994年中央机构编制委员会发布的中编〔1994〕1号文件,哈尔滨、长春、沈阳、大连、青岛、南京、宁波、厦门、武汉、广州、深圳、成都、重庆、西安、济南和杭州共16个市的政府机关行政级别定为副省级。除了重庆于1997年升格为直辖市之外,中国的城市行政级别未有重大变化。所以,本书的样本中共有4个直辖市、15个副省级城市和267个地级城市。由于城市等级(副省级城市)虚拟变量并不随时间的推移而改变,所以表4-19的回归模型中并没有加入城市固定效应。第1列在产业固定效应和时间固定效应的基础上直接加入城市等级(副省级城市)虚拟变量,第2列在第1列的基础上加入控制变量产业结构、对外开放度、政府支出、教育水平和公共交通。结果显示,城市等级(副省级城市)的估计系数均在1%的水平上显著为正,且估计系数分别为0.061和0.034,表明副省级城市比其他城市具有更高的全要素生产率。

第3—9列进一步考察全要素生产率在不同城市等级上的异质性分布表现。第3—4列分别以国有企业和非国有企业为子样本进行回归。估计结果显示,城市等级(副省级城市)的估计系数均在1%的水平上显著为正,且其系数分别为0.126和0.016,表明副省级城市的国有企业的全要素生产率和非国有企业的全要素生产率均高于其他城市,且国有企业的差别幅度更大。第5—7列分别以小规模企业、中规模企业和大规模企业为子样本进行回归。估计结果显示,城市等级(副省级城市)的估计系数均在1%的水平上显著为正,其系数分别为0.053、0.041和0.029,表明副省级城市不同规模企业的全要素生产率均高于其他城市,且估计系数表明,相比于大规模企业,副省级城市中小规模企业的全要素生产率的增长效应更大。第8—9列分别以轻工业企业和重工业企业为子样本进行回归。估计结果显示,城市等级(副省级城市)的估计系数均在1%的水平上显著为正,且其系数分别为0.017和0.036,表明副省级城市的轻工业企业的全要素生产率和重工业企业的全要素生产率均高于其他城市。

第四章　中国城市层面要素错配的表现格局　141

表4-19　城市等级与全要素生产率

	(1)	(2)	(3)国有企业	(4)非国有企业	(5)小规模	(6)中规模	(7)大规模	(8)轻工业	(9)重工业
城市等级（副省级城市）	0.061***	0.034***	0.126***	0.016***	0.053***	0.041***	0.029***	0.017***	0.036***
	(0.001)	(0.001)	(0.004)	(0.001)	(0.008)	(0.003)	(0.001)	(0.002)	(0.002)
产业结构		0.059***	0.077***	0.033***	0.150***	0.132***	0.070***	0.037***	0.085***
		(0.004)	(0.012)	(0.004)	(0.029)	(0.012)	(0.005)	(0.006)	(0.006)
对外开放度		-0.007***	0.024***	-0.015***	0.005	0.027***	-0.015***	-0.018***	-0.016***
		(0.002)	(0.009)	(0.001)	(0.013)	(0.008)	(0.002)	(0.002)	(0.003)
政府支出		0.125***	0.071***	0.146***	0.150***	0.117***	0.169***	0.175***	0.181***
		(0.007)	(0.025)	(0.007)	(0.053)	(0.026)	(0.008)	(0.010)	(0.011)
教育水平		0.010***	0.002*	0.011***	0.008***	0.015***	0.012***	0.012***	0.011***
		(0.000)	(0.001)	(0.000)	(0.003)	(0.001)	(0.000)	(0.001)	(0.001)
公共交通		0.025***	0.066***	0.014***	0.061***	0.027***	0.021***	0.021***	0.017***
		(0.001)	(0.002)	(0.001)	(0.005)	(0.002)	(0.001)	(0.001)	(0.001)

续表

	(1)	(2)	(3) 国有企业	(4) 非国有企业	(5) 小规模	(6) 中规模	(7) 大规模	(8) 轻工业	(9) 重工业
产业固定	Yes	Yes	Yes	Yes	Yes	Yes	Yes	Yes	Yes
时间固定	Yes	Yes	Yes	Yes	Yes	Yes	Yes	Yes	Yes
Constant	-0.127***	-0.282***	-0.334***	-0.231***	-0.355***	-0.328***	-0.317***	-0.307***	-0.331***
	(0.003)	(0.005)	(0.014)	(0.005)	(0.033)	(0.015)	(0.006)	(0.006)	(0.006)
Observations	1771928	1730812	287924	1441190	30762	138715	1169878	629141	710214
F	1337.556	1239.615	292.823	922.802	47.131	211.536	975.733	2163.902	2480.058
R²	0.035	0.037	0.051	0.033	0.073	0.072	0.041	0.040	0.040

注：*、**、***分别表示在10%、5%、1%的水平上显著，括号中的数值为稳健标准误。

资料来源：笔者计算整理。

表 4-20 考察了资源投入在不同城市等级上的分布情况。第 1—6 列分别以企业的固定资产净值年平均余额、从业人员数、资产总计、长期负债、所有者权益和补贴收入作为企业资源投入的替代变量。第 1 列、第 2 列和第 6 列的估计结果显示，城市等级（副省级城市）的估计系数均在 1% 的水平上显著为负，其估计系数分别为 -0.023、-0.012、-0.343，表明随着城市规模的扩大，企业的固定资产净值年平均余额、从业人员数和补贴收入不但没有上升的趋势，反而表现出下降趋势，即资源投入有下降的趋势。

表 4-19 和表 4-20 的结果表明，虽然随着城市等级的增加，企业全要素生产率有上升的趋势，但是企业的资源投入却有下降的趋势，即全要素生产率的分布格局与资源投入的分布格局不一致，如此表现出资源分布的错配格局。

表 4-20　　　　　　　　　　城市等级与资源投入

	(1) 固定资产净值年平均余额	(2) 从业人员数	(3) 资产总计	(4) 长期负债	(5) 所有者权益	(6) 补贴收入
城市等级（副省级城市）	-0.023*** (0.004)	-0.012*** (0.003)	0.175*** (0.004)	0.069*** (0.010)	0.164*** (0.004)	-0.343*** (0.015)
产业结构	0.175*** (0.016)	-0.018* (0.010)	0.199*** (0.013)	-0.310*** (0.033)	0.062*** (0.016)	-0.232*** (0.056)
对外开放度	0.060*** (0.006)	0.029*** (0.004)	0.093*** (0.005)	-0.029 (0.019)	0.061*** (0.006)	-0.211*** (0.026)
政府支出	0.046 (0.029)	-0.146*** (0.019)	-0.164*** (0.024)	0.157** (0.068)	0.226*** (0.028)	0.802*** (0.110)
教育水平	0.014*** (0.001)	-0.035*** (0.001)	0.022*** (0.001)	0.014*** (0.003)	0.025*** (0.001)	0.107*** (0.005)

续表

	（1）固定资产净值年平均余额	（2）从业人员数	（3）资产总计	（4）长期负债	（5）所有者权益	（6）补贴收入
公共交通	0.088***	0.043***	0.158***	-0.042***	0.166***	-0.054***
	(0.003)	(0.002)	(0.002)	(0.006)	(0.003)	(0.009)
产业固定	Yes	Yes	Yes	Yes	Yes	Yes
时间固定	Yes	Yes	Yes	Yes	Yes	Yes
Constant	3.794***	5.953***	9.171***	8.179***	8.107***	6.392***
	(0.019)	(0.013)	(0.016)	(0.039)	(0.019)	(0.070)
Observations	1730812	1730812	1730812	667613	1642904	224943
F	2858.928	2335.397	3138.588	5667.566	2360.845	496.681
R^2	0.080	0.067	0.088	0.310	0.071	0.105

注：*、**、***分别表示在10%、5%、1%的水平上显著，括号中的数值为稳健标准误。

资料来源：笔者计算整理。

第四节　本章小结

要素配置扭曲在现实中的表现是多维的，不仅表现在城市内部的在位企业和潜在进入企业之间，也表现在不同空间区位上的城市之间，以及不同规模的城市之间。其中，市场机制决定了要素在企业进入退出中的分布规律，区位价值决定了要素在地理空间上的分布规律，集聚效应决定了要素在经济体规模上的分布规律。当要素分布违背市场、区位和集聚的原理时，则会出现配置扭曲的状态。本章分别从企业进入退出机制、空间区位和规模投资三个角度探究城市层面要素错配的动态格局、空间格局和规模格局。动态格局部分以僵尸企业为对象考察在位企业和潜在进入企业之间要素的不合理配置；空间格局部分考察城市空间区位（东部、中部、西部地区，离大城市距离、离大港口距离）与企业全要素生产率分布的互动机制，探讨城市间要素的空间错配的格局表现；规模格局部分考察城市规模（城市规模与城市等级）与企业全要素生产率分布的互动机制，探讨城市间要素的规模错配的格局表现。结果发现，城市层面的要素配置不仅存在僵尸企业效率损失导致的资源错配状况，而且还存在资源在空间和规模上的错配。这对于中国的大小城市发展道路问题，以及东部、中部、西部城市发展道路问题有一定的借鉴意义。

从规模、等级和空间角度看，各城市均具有不同比例的僵尸企业。从规模角度看，中规模城市的僵尸企业比例最小，大规模城市和小规模城市的僵尸企业比例相对较高，且2004年之前，大规模城市的僵尸企业比例高于小规模城市，而2004年之后小规模城市的僵尸企业比例超过大规模城市。从等级角度来看，副省级和省会城市的僵尸企业比例呈现以2004年为拐点先下降后上升的趋势，其他地级市的僵尸企业比例呈现以2004年为拐点先下降后稳定波动的趋势。对二者进行比较，2004年之前，其他地级市的僵尸企业比例更高一些，但是2004年之后，副省级和省会城市的僵尸企业比例稳步增长，超过其他地级市。从空间角度看，虽然东部城市的企业数量和投资额更高，但西部城市的僵尸企业比例更高。

与正常企业相比，僵尸企业的全要素生产率显著降低，且二者差距有逐步扩大的趋势，说明僵尸企业带来的效率损失比较严重，僵尸企业的存在已经成为城市全要素生产率提升的严重阻碍。如果僵尸企业退出市场，这部分资源投入其他行业或企业，拥有正常企业的生产效率，则整个社会的全要素生产率将显著提高。基于OP分解方法的计算结果可知，1999—2007年中国工业企业的全要素生产率的提升动力主要来源于企业自身的技术进步，贡献份额为64.8%，在位企业间资源配置的优化仅贡献23.3%，企业进入退出效应贡献11.9%。可以看出，在位企业间资源配置的贡献力度较小，这与中国资源错配的演变趋势一致，说明还存在着较大的资源优化空间。从要素配置的角度看，企业进入退出效应也属于资源配置优化的范畴，但从对全要素生产率增长的贡献力度的角度看，企业进入退出机制的提升效果还没有凸显出来，这与中国存在大量的僵尸企业有关。

虽然中部地区和西部地区的全要素生产率低于东部地区，但中部地区和西部地区的资源投入却高于东部地区；虽然随着离大城市距离、离大港口距离、城市规模和城市等级的增加，企业全要素生产率有下降的趋势，但是企业的资源投入却有上升的趋势，即全要素生产率的分布格局与资源投入的分布格局不一致，如此便表现出资源在空间上的错配格局。

第五章

中国要素错配的影响因素分析

通过第 4 章的测算结果可以发现，金融危机后各省份劳动力、资本错配程度有明显的上升趋势，且东部地区的上升速度更加显著，近年来东部地区的劳动力、资本错配程度已经超过中西部地区。本章将进一步探究究竟是什么因素导致如此严重的劳动力、资本错配程度。

对于这一问题，学术界已有相关研究。Banerjee 和 Duflo 认为资本在企业间的配置效率与信贷市场密切相关，并通过微观数据实证发现信贷约束引起的资本配置扭曲是不同国家之间生产率差距的主要根源（Banerjee, Duflo, 2005）。在此基础上，Amaral 等测算了引起信贷市场扭曲的各种因素对全要素生产率和产出水平的影响大小（Amaral, Quintin, 2010; Buera et al., 2011）。Banerjee 和 Moll 进一步研究发现，企业依据自身能力通过自筹经费可以减轻融资约束对企业的影响（Banerjee, Moll, 2010），但也有学者认为这种自我优化的过程极其漫长，对减轻企业间资本错配的功效甚微。Azariadis 等认为资本在产业间、行业间、企业间等不同层次的配置扭曲的加剧主要归因于金融市场摩擦（Azariadis, Kaas, 2012; Foellmi, Oechslin, 2012）。同时 Moscosoboedo 和 D'Erasmo 估计了不同国家非正式部门生产率因金融摩擦而遭受的损失大小（Moscosoboedo, D'Erasmo, 2012）。Barseghyan 等从更微观的角度研究企业进入和退出机制与要素配置扭曲的关系，发现当企业劳动的日常费用较高时，会出现一些高生产率水平的企业面临较大的扭曲而选择退出，较低生产率水平的企业却有可能继续经营，从而导致"劣币驱逐良币"的现象，加大了资源的错配程度（Barseghyan, Dicecio, 2009; Yang, 2016）。此外，Restuccia 和 Rogerson 认为补贴和征税等政策性行为影响企业对劳动力、资本等资源的投入选择，是要素配置扭曲加剧的主要原因（Restuccia, Rogerson, 2008）。Edmond 等从国际贸易的视角探讨了贸易壁垒对资源配置扭曲的影响，认为贸易壁垒的存在不利于劳动力、资本等要素的自由流动（Edmond et al., 2013）。

国内的学者较多从二元经济结构、户籍制度、行政干预、所有制等制度因素解释资源错配加剧的原因。如王颂吉和白永秀认为城乡二元经济的要素配置扭曲主要是地方政府的偏向性政策所致（王颂吉、白永秀，2013）；韩剑和郑秋玲从政府干预角度实证研究要素配置扭曲的影响因素，发现财政补贴、金融抑制、行政性市场进入壁垒显著影响行业内要素的配置，劳动力流动管制、金融抑制显著影响行业间要素的配置（韩剑、郑秋玲，2014）；汪伟和潘孝挺的研究表明所有制是影响金融要素扭曲配置的重要原因（汪伟、潘孝挺，2015）。此外，张杰等认为在地方政府招商引资的过程中，政府给予外资企业各种优惠待遇也会引起劳动力、资本要素配置扭曲的恶化（张杰等，2011）。

总体上看，现有关于要素错配影响因素分析的文献较多从市场分割、行政干预、所有制等制度性因素解释要素错配加剧的趋势，对内在机理的分析较少，且对要素错配影响因素的指标体系建设不够系统化、不全面，缺少从经济结构、要素自身、技术进步和经济环境维度的考虑。基于此，本章从制度因素、经济结构、要素自身、技术进步和经济环境五个方面构建影响要素错配的指标体系。首先，从理论上详细讨论了五维度影响要素错配的规律，并提出相关假说。其次，利用中国省际面板数据从实证上给予证明，并从替代变量、二元层面的要素错配等方面考察回归结果的稳健性。最后，本章研究了开放经济的双重影响以及要素错配的自我调节过程，拓宽了要素错配成因的研究视野，也为矫正要素配置扭曲提供了理论分析的基础。

第一节　理论与假说

传统文献提到的影响要素配置的制度因素总结起来有以下三点：政府干预、户籍制度和二元经济结构。

较多的学者认为政府干预是要素错配加剧的主要影响因素。韩剑和郑秋玲认为，从企业层面来说，政府干预的影响：限制市场的各种准入条件、对金融体系的控制及中小企业的信贷约束等（韩剑、郑秋玲，2014）。现状是大量稀缺性自然资源被控制在地方政府手中，政府通过行政干预手段限制中小民营企业进入部分行业，进而不可避免地出现一些企业利用市场势力抬高价格，形成高额利润的情况。同时，还有一些非自然垄断的行业，也存在着一定的市场准入限制，可能导致高效率的企业拿不到企业经营权，而通过寻租或其他不正当手段得到经营权的企业又效率低下。这些不公正的做法严重阻碍了市场——"看不见的手"有效配置资源的功能。

目前国内企业融资的手段主要有发行债券、发行股票等社会性直接融资，银行贷款等间接性融资，但国内债券市场和股票市场的发展较为缓慢，规模还比较小，且政府对于发行债券和股票的管制也比较严格，审批较为复杂，中小企业一般很难满足审批条件。银行仍然处于中国金融体系的核心地位，且国有银行又是银行业的中流砥柱，信贷资源的流向主要集中于国有银行。地方政府、国有银行、国有企业三者之间容易形成利益共同体，难免会出现企业融资中的所有制歧视现象。大量的优质资本低价格流向国有企业或者有行政资源的企业，使得一些生产率低下的企业过度投资，不断增加劳动力、资本等要素投入，造成一定程度的产能过剩问题；而信贷约束下中小民营企业难贷款或者高价贷款，甚至借助于民间"地下钱庄"的高利贷进行融资，造成一些生产率高的中小企业只能选择降低投资，缩小产能（韩剑、郑秋玲，2014；靳来群等，2015）。不同所有制企业之间融资成本的巨大差异，加重了金融资本在不同企业间的错配程度。

政府对企业进行财政补贴的现象不足为奇，但这种行为可能会扭曲生产要素的价格从而影响要素的合理配置（Restuccia, Rogerson, 2008）。对一些亏损企业或竞争力低下的企业进行财政补贴，降低了企业寻求扭亏为盈、快速发展的动力，在一定程度上保护了这些生产率不高的企业，使得本应该淘汰的僵尸企业仍然不停地吸收资源，继续存在。而一些缺少资本投入的高生产率企业可能由于融资约束出现资金链断裂问题，甚至倒闭。这样便加重了资源的错配程度，降低了要素的投入效率。这种不由生产率决定的补贴流向也加重了资源错配程度。

假说1：行政性市场准入壁垒显著影响要素的合理配置。

假说2：金融抑制程度显著影响要素的合理配置。

假说3：财政补贴将加重要素错配的程度。

户籍制度对劳动力转移的影响不可小觑（Vollrath，2009）。众所周知，中国城市工业化的过程需要大量的劳动力资源，但城市中的就业人员有限，且市民的劳动力价格较高，难以推动整体工业化进程。而中国农村有大量的剩余劳动力，且劳动力价格相对低廉，所以需要农村中剩余劳动力走出农村，贡献于城市工业化进程。但户籍制度的设定，使得农民工子女教育问题、户口定居问题、失业保险问题、城市生活最低保障等得不到有效解决，这大大降低了农民工的议价能力，也在一定程度上影响了农村劳动力贡献城市发展的意愿。另外，中国存在一些行业和企业，不招收农村户籍人员，只对城市户口人员开放，大量的高校毕业生也受此影响。更有甚者，有些单位只招收本省户籍人员，不对其余省份的户籍人员开放。这样就严重影响了劳动力资源的合理配置。

假说4：户籍制度将加重要素错配的程度。

经济发展早期，地区间经济竞争使得各地政府采取城市优先发展的偏向型政策，把大量资本投入城市中发展二、三产业，以期取得较好的GDP排名，这样人才、技术、资本等都被吸引到城市中，进一步制约了农村经济的发展，农村经济的落后又进一步造成大量资本转移到城市，出现恶性循环的现象（王颂吉、白永秀，2013）。中国城乡二元经济结构表现：农村缺乏资本供给，但劳动力剩余；城市缺乏劳动力供给，但资本过剩，劳动力和资本在城乡间都不能得到合理配置。同时城乡二元经济结构的强化，增加了劳动力和资本在农村和城市间的转移成本，使得城市中找不到投资项目的优质资本不能流到资本投资不足且有发展前景的农村，而廉价劳动力也不能顺利流向城市中有大量劳动力需求的组装制造加工业等劳动密集型产业基地，不利于城乡资源的合理配置。但近些年城镇化的推进、现代农业的发展与农村基础设施和投资环境的改善，提高了农村经济的活力，开始出现资本向农村回流的现象，促进了城乡二元经济结构的转变。

假说5：城乡二元经济结构的强化不利于要素的合理配置。

要素配置是快变量，经济结构是慢变量，长期的要素配置导致经济结构的形成，同时经济结构也反作用于要素的合理配置。以产业结构为例，劳动力、资本、土地、技术在一、二、三产业间的合理配置可以显著提高产业结构效率。改革开放40余年来，产业间的结构一直处于变动之中。起初国家为了实现工业化，大力发展第二产业，把大量的人才、技术、资金投入到第二产业中，构建了雄厚的工业化体系，这样的过程也是全要素生产率不断提高的过程，说明这个过程中第二产业比重增加、第一产业比重降低是合理的。但近年来受经济发展的路径依赖的影响，各地政府依然不顾重复建设，过度投资于第二产业，第一产业和第三产业均有投入不足的现象，经济增长动力明显欠佳，甚至出现零增长的现象，全要素生产率和结构效率增长均出现下滑趋势。因此，需要从产业结构变动规律的视角考虑要素的合理配置。

假说6：合理的经济结构显著影响要素错配程度。

诸如劳动力和资本供求关系、知识水平等要素自身因素也深刻影响着要素的合理配置。知识水平高的劳动力在选择工作时突破行业和地区限制的能力较强，劳资双方争论过程中表现出来的议价能力也明显高于一般劳动力。同时，劳动力的知识水平越高，投资资本的地区选择性越广，资本流动性越大。所以知识水平有利于减轻行政性市场进入壁垒或劳动力流动管制等制度因素对要素流动的限制，促进要素按照有序的方式在整体空间上的分布。但如果教育水平非均衡提高，产业间、行业间、地区间、城乡间劳动力受教育程度差异显著，高素质人才聚集于少数发达城市、少数高收入行业，形成教育资源的"中心—外围"结构，则不利于劳动力的合理流动，也会导致资本的偏向性投资。

假说7：教育水平的均衡提高有助于提高要素的合理配置。

纵观经济发展历史，每一次技术革命都伴随着经济的巨大飞跃，更加合理的要素配置是其中的一大原因。科学技术是第一生产力，科技创新过程不仅包括技术发明提高全要素生产率的过程，也包括要素重新组合提高结构效率的过程，所以要素合理配置其实就是技术进步的一部分。现阶段中国各地区推进的产业升级与技术升级，由劳动密集型向资本密集型、技术密集型转变，目的就是重新配置劳动力、资本、技术等资源，以此提高要素配置效率。但目前的技术进步主要集中于非农业部门，农业部门则是技术低洼区，城市是技术应用的承载地，农村则是技术应用的匮乏区；先进的技术较多集中于重工业等第二产业，而第一、第三产业的技术含量相对较少。这种产业间、地区间不平衡的技术分布也会导致要素的不平衡分布，出现集中配置现象。

假说8：技术进步的均衡提高促进要素的合理配置。

本书将从市场化水平、对外开放度、信息交流水平三个方面考察经济环境对要素配置的影响。

要素配置有两大主体：市场和政府，但究竟由哪一方决定要素配置，一直是经济学家们争论的话题，至今仍未达成一致意见。随着经济研究的深入，学者们逐步发现无论是市场还是政府都有不可避免的缺陷。由市场决定要素配置，各种商品和要素价格会更加透明化，价格信号会更加敏感和真实，如此价格能更精确地反映出供求关系的大小与变化趋势，更好地引导资本在地区间、行业间、企业间的流动，但会出现自然垄断、信息不对称、公共物品稀缺、社会贫富差距拉大的问题。由政府决定要素配置，则会出现经济活力不足、信息传递成本加大、审批手续烦琐、行政干预、寻租腐败等问题，这些问题的出现都会造成要素的不合理配置。所以目前来看，最有效的方式则是构建服务型政府，政府管理市场解决不了的问题，其余配置要素的空间留给市场。

参与全球分工，扩展国外市场，实质上是对国内市场的延伸，有助于克服国内需求不足的问题。同时，生产的过程蕴含着要素配置的过程，全球化其实就是要素配置的全球化，劳动力、资本、技术等生产要素在更大的市场中进行配置。置身于全球市场，一国将更多的资源投入有相对优势的产业中进行生产，而进口本国生产有相对劣势的产品，这样就提高了要素的利用效率。比如在改革开放初期，中国的技术、资本较落后，但劳动力丰富，所以沿海省份大力发展劳动密集型的组装加工业。虽然处于产业链条的低端，没有高附加值，但这样的生产方式已经是当时环境允许的较为有效率的方式。毛其淋认为对外开放不仅增加了国内企业间的竞争程度，有助于引导企业注重研发投入，激励企业进行技术革新和设备更新，提高企业全要素生产率和竞争优势，同时也降低了企业进口中间投入品的成本，减弱了企业为获取廉价生产要素而与政府部门建立关系乞求寻租的行为动机。但过分依赖出口导向经济，就会成为全球价值链条上的附庸，成为别国低价商品的生产基地。同时将本国资源过度集中于生产别国稀缺的商品，不利于本国劳动力、资本、土地、技术等资源的合理配置（毛其淋，2013）。

劳动力、资本、技术等要素的不合理配置很大程度上是由信息不对称引起的。不能快速有效地获取信息，不但不能及时地提醒决策者更新决策，有时还会给决策者提供错误信号，使之做出错误判断。信息越透明、信息交流越发达，就越有利于劳动和资本所有者了解不同要素的需求信息、价格信息和产出信息，从而有助于要素所有者科学决策、合理配置要素资源。

假说9：市场化水平的提高促进要素的合理配置。

假说10：合理的对外开放有助于降低要素错配程度。

假说11：信息交流水平显著降低要素错配程度。

第二节　研究设计与数据处理

（一）解释变量的选取

被解释变量劳动力、资本错配已通过第4章的测算得到，下面将具体说明制度因素、经济结构、要素自身、技术进步和经济环境等相关解释变量的选取。

为了探究制度因素对要素错配的影响，本书选取的制度因素指标包括财政补贴、行政性市场进入壁垒、金融抑制、劳动力流动管制和城乡二元对比系数。其中财政补贴的衡量借鉴褚敏和靳涛的做法（褚敏、靳涛，2013），用地方政府财政补贴占GDP的比重反映政府通过财政对经济的干预程度。借鉴刘小玄的做法（刘小玄，2003），用国有或国有控股企业工业总产值的占比衡量行政性市场进入壁垒的强度。借鉴鲁晓东的做法（鲁晓东，2009），用四大国有银行占银行总信贷的比重衡量金融抑制强度。樊纲等曾采用外来劳动力占当地从业人数的比例作为劳动力流动管制的衡量指标（樊纲等，2011），但外来劳动力的省份面板数据难以获取，所以本书借鉴韩剑和郑秋玲的做法（韩剑、郑秋玲，2014），用外来人口占常住人口的比例衡量劳动力流动管制强度。城乡二元对比系数的计算借鉴王颂吉等的方法（王颂吉、白永秀，2013；周月书、王悦雯，2015），用农业与非农业部门比较劳动生产率的比值衡量：$C^* = \frac{C_a}{C_n} = \left(\frac{y_a}{l_a}\right)/\frac{y_n}{l_n}$。其中，$C$ 为部门的比较劳动生产率，y 表示部门的增加值占整体 GDP 的比重，l 表示部门的就业人数在全社会就业总人数中所占的比重，a 和 n 分别表示农业部门和非农业部门。

经济结构、要素自身、技术进步因素方面。本书选取产业结构作为经济结构的代理变量，且用二产增加值占 GDP 的比重（二产占比）衡量。为了进一步验证产业结构变动对要素错配的影响，本书选取大中型工业企业产值占比作为二产占比的替代变量。

为了检验要素自身因素对要素错配的影响，本书选取劳动力受教育水平作为其代理变量。罗长远和张军用每万人在校大学生数表示各省的教育水平（罗长远、张军，2009b），祁毓和李祥云也采用类似的衡量方法（祁毓、李祥云，2011）。但在校学生并没有进入劳动力市场，并且考虑到省际的劳动力流动，每个省份的在校大学生并非一定留在原省份就业，这种衡量方法误差较大。所以本书用劳动力人均受教育程度衡量劳动力受教育水平，且人均受教育程度的相关计算方法和数据均借鉴杨志才和柏培文的做法（杨志才、柏培文，2017）。为了进一步检验教育水平对要素错配的影响，本书选取教育经费占 GDP 的比重作为人均受教育程度的替代变量。

为了检验技术进步对要素错配的影响，借鉴柏培文和杨志才的研究（柏培文、杨志才，2016），本书用每十万人专利授权数衡量技术进步水平，且进一步用资本深化程度作为其替代变量。

经济环境方面。为了检验经济环境因素对要素错配的影响，本书选取的变量有市场化水平、对外开放度、信息交流水平。其中市场化水平用市场化指数衡量，且 1997—2009 年的市场化指数来源于樊纲等编写的《中国市场化指数》；2010—2014 年的市场化指数则采用插值计算原理在原有数据的基础上计算得到。对外开放度则用经营单位所在地进出口总额占 GDP 的比重衡量，为了验证开放经济的双重性，本书另外用外商投资总额占 GDP 的比重衡量开放程度。信息交流水平用人均邮电业务量衡量。

（二）数据来源与处理方法

本书构建全国 30 个省级行政区（不含中国香港、澳门、台湾和西藏地区）1995—2014 年的面板数据实证分析制度因素、经济结构、要素自身、技术进步、经济环境对要素错配的影响。其中劳动力错配程度和资本错配程度的测算中用到的数据有各省（市、自治区）三大产业产出增加值、劳动力人数、物质资本存量。需要的数据主要来源于《中国统计年鉴》、CEIC 中国经济数据库以及各省份统计年鉴。另外需要说明的是财政补贴指标缺少的相关数据，本书采用对各省（市、自治区）财政支出中其他支出部分比例修正的方式进行处理；金融抑制指标个别省份缺少个别年份数据；信息交流水平指标缺少四川省、重庆市 1995 年的数据，在不影响回归效果的前提下，本书采用加权移动平均法修复相关缺少数据。

综上，表 5-1 列示了主要变量的描述性统计结果和数据来源。

表 5-1　　　　相关变量的统计性描述和数据来源

	样本量	平均值	标准差	最小值	最大值	定义及数据来源
lm	600	0.588	0.272	0.107	1.524	劳动力错配程度[a]
zm	600	0.388	0.208	0.022	1.601	资本错配程度[a]
fin	600	0.457	0.348	0.013	2.257	财政补贴：地方政府财政补贴/GDP[c]
xz	600	0.496	0.207	0.094	0.899	行政性市场进入壁垒：国有或国有控股企业工业产值/工业总产值[c]
jr	540	0.591	0.090	0.408	0.841	金融抑制：四大国有银行信贷额/银行总信贷[c]

续表

	样本量	平均值	标准差	最小值	最大值	定义及数据来源
ld	540	0.170	0.126	0.021	0.651	劳动力流动管制：外来人口数/常住人口数[c]
cx	600	0.210	0.073	0.066	0.484	城乡二元对比系数：农业比较劳动生产率/非农业比较劳动生产率[b]
ec	600	0.452	0.078	0.197	0.590	二产占比：第二产业增加值/GDP[b]
dz	600	1.110	0.354	0.636	3.316	大中型企业产值占比：大中型工业企业主营业务收入/（国有企业+私营企业）主营业务收入[b]
sjr	600	8.376	1.385	5.010	13.439	人均受教育程度：人均受教育年限[a]
jyj	600	0.046	0.013	0.025	0.093	教育经费：教育经费/GDP[b]
zl	600	2.904	1.326	0.314	6.314	专利授权数：ln（每十万人专利授权数）[b]
zb	600	1.301	1.133	-1.127	4.084	资本深化：ln（人均资本存量）[a]
scs	540	6.499	2.498	1.290	14.453	市场化水平：市场化指数[d]
dy	600	0.306	0.388	0.032	2.051	对外开放度：进出口总额/GDP[b]
xj	600	0.186	0.181	0.003	1.379	信息交流水平：邮电业务总量/劳动力人数[b]

注：人均受教育年限和资本存量的测算方法与杨志才和柏培文的测算方法一致（杨志才、柏培文，2017）。

资料来源：a：测算所得；b：《中国统计年鉴》；c：CEIC 中国经济数据库和各省统计年鉴等；d：樊纲等编写的《中国市场化指数》。

（三）基本模型设定

为了验证制度因素、经济结构、要素自身、技术进步、经济环境对要素错配的影响，设定如下基本模型：

$$Y_{it} = \beta_0 + \beta_1 X'_{it} + \beta_2 X''_{it} + \lambda_i + \lambda_t + \varepsilon_{it} \quad (5-1)$$

其中，Y 表示劳动力错配程度或资本错配程度，X' 表示传统文献中的制度因素，包括财政补贴（fin）、行政性市场进入壁垒（xz）、金融抑制（jr）、劳动力流动管制（ld）、城乡二元对比系数（cx）；

X'' 表示经济结构、要素自身、技术进步、经济环境因素，包括二产占比（ec）、人均受教育程度（sjy）、技术进步（zl）、市场化水平（scs）、对外开放度（dy）、信息交流水平（xj）；β 表示各变量的回归系数；λ_i 表示省份效应；λ_t 表示时间效应；ε 表示残差项。

第三节 实证结果及分析

（一）回归结果分析

首先是基准模型的回归结果，表5-2列示了制度因素影响要素错配的回归结果。整体来看，制度因素影响劳动力、资本错配程度的回归结果与前人研究基本一致。第1—4列考察了制度因素对劳动力错配程度的影响。其中第1列显示，财政补贴（fin）对劳动力错配的影响系数在1%的水平上显著为正，表明以财政补贴为代表的政府干预经济的行为加剧了劳动力错配程度。且城乡二元对比系数（cx）对劳动力错配的影响系数在1%的水平上显著为负，意味着城乡二元结构的固化阻碍了劳动力在农村与城市间的自由流动，不利于劳动力要素的合理配置。第2列加入了金融抑制（jr），其估计系数在1%的水平上显著为正，表明金融抑制影响各类企业的生产决策，进而影响要素动态配置，不利于劳动力的合理配置。第3列加入了行政性市场进入壁垒（xz），其估计系数在1%的水平上显著为正，表明政府对市场的过度干预严重阻碍了劳动力要素的合理配置。第4列加入了劳动力流动管制（ld），其对劳动力错配的影响系数在1%的水平上显著为正，表明劳动力流动管制严重阻碍了劳动力的自由流动，加重了劳动力的错配程度。

第5—8列考察了制度因素对资本错配程度的影响。其中第5列显示，财政补贴（fin）对资本错配的影响系数均在1%的水平上显著为正，表明财政补贴等政府干预行为显著增加了资本的错配程度。城乡二元对比系数（cx）对资本错配的影响系数在1%的水平上显著为正，表明城乡二元经济的弱化与资本错配程度增加是同步的，主要是由于农村金融投资的风险大，且投资效益具有门槛效应，农村投资回报还没有体现出来（朱喜等，2011）。第6列增加行政性市场进入壁垒（xz），其估计系数在1%的水平上显著为正，表明随着国有企业整体收益率逐年下滑，行政性市场进入壁垒的弊端逐步显现出来，成为资本错配程度增加的推动器。第7列和第8列显示，金融抑制（jr）的估计系数在10%的水平上显著为正，劳动力流动管制（ld）的估计系数在1%的水平上显著为正，意味着金融抑制和劳动力流动管制都影响了资本的合理配置。

表 5 – 2　　　　　　　　　　　基准回归结果

	LM				ZM			
	(1)	(2)	(3)	(4)	(5)	(6)	(7)	(8)
fin	0.176***	0.151***	0.073**	0.037**	0.189***	0.217***	0.233***	0.199***
	(6.22)	(4.85)	(1.97)	(1.91)	(4.21)	(4.90)	(3.85)	(3.76)
cx	-1.376***	-1.561***	-1.390***	-1.466***	1.502***	1.097***	0.888***	0.809***
	(-10.58)	(-9.33)	(-8.22)	(-13.42)	(8.21)	(5.41)	(3.18)	(4.41)
jr		0.458***	0.284**	0.139**			0.347*	0.219*
		(3.89)	(2.29)	(2.32)			(1.78)	(1.81)
xz			0.244***	0.228*		0.414***	0.338***	0.301**
			(3.75)	(1.79)		(3.17)	(3.24)	(1.99)
ld				0.435***				0.295***
				(4.24)				(4.04)
_cons	0.686***	0.452***	0.417***	0.148***	-0.039	-0.258***	-0.030	-0.195***
	(23.43)	(5.65)	(5.32)	(3.42)	(-0.91)	(-3.12)	(-0.25)	(-5.80)
省份虚拟变量	Y	Y	Y	Y	Y	Y	Y	Y

续表

	LM				ZM			
	(1)	(2)	(3)	(4)	(5)	(6)	(7)	(8)
年份虚拟变量	Y	Y	Y	Y	Y	Y	Y	Y
N	600	540	540	540	600	540	540	540
R^2	0.278	0.237	0.274	0.359	0.242	0.284	0.232	0.232

注：＊＊＊、＊＊、＊分别表示估计系数在1%、5%、10%的水平上显著，括号中的数值为t检验值。

资料来源：笔者计算整理。

接下来是五因素的回归结果。表5-3分两阶段列示了各因素对劳动力错配的影响。其中第1—7列是阶段1各因素对劳动力错配的回归结果。第1—6列显示，市场化水平（scs）、信息交流水平（xj）、人均受教育程度（sjy）、技术进步（zl）的估计系数均在1%的水平上显著为负，对外开放度（dy）、二产占比（ec）的估计系数均在5%的水平上显著为负。表明阶段1市场化水平、对外开放度、信息交流水平、二产占比、教育水平、技术进步的提高，有助于劳动力的合理配置，显著降低了劳动力错配程度。第7列把所有变量同时加入，可以看出市场化水平、二产占比、人均受教育程度的估计系数仍然显著为负。

第8—11列是阶段2各因素对劳动力错配的回归结果。第8列在劳动力流动管制（ld）、城乡二元对比系数（cx）、财政补贴（fin）和金融抑制（jr）的基础上加入了二产占比（ec），可以看出二产占比的估计系数在1%的水平上显著为正，表明阶段2二产占比已经成为劳动力合理配置的阻力，这与金融危机后大量的重复建设，钢铁、煤炭等制造业产能过剩有关。第9列加入人均受教育程度（sjy），估计系数在1%的水平上显著为正，表明阶段2受教育程度的提高，反而成为劳动力流动的障碍。这与大学生毕业即失业的现象有关。现在的劳动力市场是需求方市场，大学生刚毕业工作经验不足，又有买房买车的生活压力，使其失去了选择工作的余地，议

表5-3　劳动力错配的回归结果

	(1)	(2)	(3)	(4)	(5)	(6)	(7)	(8)	(9)	(10)	(11)
ld	0.619***	0.628***	0.661***	0.729***	0.778***	0.811***	0.595***	0.832***	0.518***	0.527***	0.545***
	(3.18)	(3.33)	(4.12)	(4.09)	(3.28)	(3.76)	(3.99)	(7.59)	(3.64)	(3.92)	(4.00)
cx	-1.381**	-1.110**	-0.594*	-0.629*	-0.699*	-0.567	-1.109**	-2.271***	-0.150**	-0.264*	-1.329***
	(-2.33)	(-2.39)	(-1.87)	(-1.88)	(-1.85)	(0.99)	(-2.21)	(-7.59)	(-2.47)	(-1.86)	(-3.91)
fin	0.274***	0.370***	0.293***	0.274***	0.225***	0.345***	0.138***	0.317**	0.302**	0.419**	0.254**
	(5.89)	(8.12)	(6.17)	(6.26)	(4.64)	(7.47)	(2.59)	(2.43)	(2.36)	(2.40)	(2.38)
jr	-0.064	0.093	-0.023	0.276**	-0.043	0.119	0.062	0.043	-0.303	0.214	0.098
	(-0.45)	(0.62)	(-0.16)	(2.14)	(-0.32)	(0.83)	(0.33)	(0.65)	(-0.23)	(0.94)	(0.88)
scs	-0.045***						-0.033*				-0.035*
	(-5.58)						(-1.91)				(-1.91)
dy		-0.164**					0.164				-0.185**
		(-2.09)					(1.06)				(-2.16)
xj			-0.729***				-0.089				0.157**
			(-4.50)				(-0.24)				(2.52)

续表

	(1)	(2)	(3)	(4)	(5)	(6)	(7)	(8)	(9)	(10)	(11)
ec	0.609***	0.300***		-2.362***			-1.824***	2.574***			2.051***
	(5.75)	(3.16)		(-7.03)			(-3.02)	(9.39)			(7.15)
sjy					-0.081***		-0.048*		0.111***		0.052**
					(-6.25)		(-1.85)		(6.61)		(2.24)
zl						-0.058***	0.042			0.129***	0.076***
						(-3.00)	(1.26)			(7.43)	(2.93)
_cons			0.423***	1.196***	1.033***	0.382***	1.548***	-1.113***	-0.412***	0.207***	-1.092***
			(4.58)	(7.47)	(6.73)	(3.78)	(5.43)	(-6.87)	(-3.29)	(3.78)	(-5.05)
省份	Y	Y	Y	Y	Y	Y	Y	Y	Y	Y	Y
年份	Y	Y	Y	Y	Y	Y	Y	Y	Y	Y	Y
N	300	300	300	300	300	300	300	240	240	240	240
R^2	0.387	0.339	0.357	0.401	0.407	0.324	0.554	0.455	0.484	0.404	0.597
F	43.53	30.9	38.38	52.16	47.27	33.08	11.22	98.31	74.05	80.33	50.82

注:1. 第1—7列的样本时间范围是1997—2006年,第8—11列的样本时间范围为2007—2014年。2. 受表格大小限制,第8—11列只列示部分回归结果。

资料来源:笔者计算整理。

价能力也大大降低，所以选择工作时受行业和地区限制的阻力剧增。另外，大量高素质人才集聚在个别行业、个别地区，加大了不同产业间、行业间、地区间劳动力受教育程度的差异，教育的结构性差异加剧了产业间、行业间、地区间劳动力错配程度。第10列加入技术进步（zl），其估计系数在1%的水平上显著为正，表明阶段2技术进步反而加剧了劳动力的错配程度，这与中国产业由劳动密集型向资本密集型和技术密集型不断转换升级有关，劳动力的技能水平不能满足产业升级的需要，同时也造成了大量劳动力失业，加剧了劳动力错配程度。另外，三大产业间、城乡间技术含量的差异也不利于劳动力的合理配置。第11列显示，市场化水平（scs）和对外开放度（dy）对劳动力错配的影响系数均显著为负，表明阶段2市场化水平和对外开放度的提高，显著降低了劳动力错配程度。信息交流水平（xj）的估计系数在5%的水平上显著为正，表明信息水平的提高加剧了劳动力错配程度。信息交流在不同产业、不同行业、不同地区的分布密度不同，导致信息交流对产业间、行业间或地区间的劳动力要素配置扭曲程度的贡献不同，造成要素错配程度的加剧。

表5-4分两阶段列示了各因素对资本错配的影响。其中第1—5列是阶段1各因素对资本错配的回归结果。第1—4列显示，二产占比（ec）、人均受教育程度（sjy）、技术进步（zl）、市场化水平（scs）、信息交流水平（xj）的估计系数均显著为负，表明阶段1二产占比、人均受教育程度、技术进步、市场化水平、信息交流水平的提高有助于资本的合理配置，显著降低了资本错配程度。且第4列显示对外开放度（dy）的估计系数在5%的水平上显著为正，意味着过度的出口导向型经济导致国内的产业或行业配置严重依赖国外需求，即存在出口路径依赖，进而影响到国内资本的合理配置。另外，产业间、行业间、地区间的进出口总额明显不同，也会加剧产业间、行业间、地区间的资本错配程度。第5列同时加入所有变量，可以看出二产占比、人均受教育程度、技术进步、市场化水平的估计系数仍然显著为负，对外开放度的估计系数仍显著为正。

表 5-4　资本错配的回归结果

	(1)	(2)	(3)	(4)	(5)	(6)	(7)	(8)	(9)	(10)
ld	0.065**	0.108*	0.039	0.088**	0.071*	0.201***	0.125*	0.026	−0.014	0.085
	(2.33)	(1.89)	(0.81)	(2.40)	(1.81)	(2.85)	(1.89)	(0.32)	(−0.17)	(0.89)
cx	1.108***	0.519**	0.219	0.774**	0.413	1.296***	0.386**	0.178	0.662***	0.379*
	(5.27)	(2.24)	(0.85)	(2.39)	(1.86)	(6.71)	(2.02)	(0.89)	(2.94)	(1.75)
fin	0.147**	0.176**	0.210***	0.219***	0.145**	0.155**	0.177**	0.199***	0.203***	0.151**
	(2.22)	(2.36)	(3.18)	(3.04)	(2.06)	(2.21)	(2.29)	(3.71)	(3.22)	(1.94)
jr	0.332*	0.157	0.185	0.367*	0.599***	0.309**	0.128	0.191	0.332*	0.299**
	(1.70)	(0.75)	(0.90)	(1.73)	(2.99)	(2.19)	(0.54)	(1.03)	(1.90)	(2.27)
ec	−2.156***				−2.340***	0.999***			0.750***	
	(−4.24)				(−4.62)	(5.65)			(4.23)	
sjy		−0.035*			−0.048		0.054***		0.012	
		(−1.74)			(−1.49)		(5.34)		(0.85)	
zl			−0.0551**		−0.110***			0.064***	0.042***	
			(−2.00)		(−2.97)			(6.04)	(2.76)	

续表

	(1)	(2)	(3)	(4)	(5)	(6)	(7)	(8)	(9)	(10)
scs				−0.037*	−0.075***					−0.039***
				(−1.92)	(−3.89)					(−3.98)
dy				0.319**	0.288**					0.171***
				(2.21)	(2.15)					(2.90)
xj				−1.01***	−0.202					−0.110**
				(−2.80)	(−0.51)					(−2.58)
省份	Y	Y	Y	Y	Y	Y	Y	Y	Y	Y
年份	Y	Y	Y	Y	Y	Y	Y	Y	Y	Y
_cons	0.985***	0.426*	0.250*	−0.163	1.112***	−0.368***	−0.170**	0.130***	−0.353***	−0.080
	(4.06)	(1.81)	(1.72)	(−1.03)	(3.95)	(−3.52)	(−2.26)	(3.94)	(−2.84)	(−1.15)
N	300	300	300	300	300	240	240	240	240	240
R^2	0.364	0.335	0.329	0.416	0.492	0.323	0.314	0.334	0.406	0.494
F	13.54	8.05	8.42	7.01	10.42	37.68	36.20	39.64	29.60	19.59

注：第1—5列的样本时间范围是1997—2006年，第6—10列的样本时间范围为2007—2014年。

资料来源：笔者计算整理。

第6—10列是阶段2各因素对资本错配的回归结果。第6列在劳动力流动管制（ld）、城乡二元对比系数（cx）、财政补贴（fin）和金融抑制（jr）的基础上加入二产占比（ec），其估计系数在1%的水平上显著为正，意味着金融危机后第二产业已经配置了过量的资本，而第一产业和第三产业的资本投入相对较少，影响了三大产业间资本的合理配置，此时二产占比的增加提高了资本错配程度。第7列加入人均受教育程度（sjy），其估计系数在1%的水平上显著为正，表明产业间、行业间或地区间受教育程度的差异成为教育水平影响资本错配的主要因素，大量的教育资源投放空间具有针对性，导致产业间或地区间的资本投放出现一边倒的现象，加重了阶段2的资本错配程度。第8列加入技术进步（zl），其估计系数在1%的水平上显著为正，这与企业转型升级的风险性有关。产业升级的经济效应不是短时间能够看到的，有时间的滞后性，同时企业的产业升级需要考虑成本和风险问题，创新失败后巨大的沉没成本是阻碍传统企业选择产业升级路径的主要障碍，也影响了阶段2资本的合理配置。另外，第一产业的技术含量明显低于第二、第三产业，东部地区的技术含量明显高于中西部地区，城市内部的科技含量明显高于农村地区，科技对产业间、地区间、城乡间经济发展的贡献不同，也加重了阶段2资本错配的程度。第10列显示，市场化水平（scs）、信息交流水平（xj）的估计系数显著为负，表明阶段2市场化水平和信息交流水平的提高，有助于降低资本错配程度。对外开放度（dy）的估计系数仍显著为正，表明阶段2对外开放度的增加加剧了资本错配程度。

（二）稳健性检验

接下来选取三个替代变量进一步验证产业结构、教育水平、技术进步对劳动力、资本错配程度的影响。其中，产业结构用大中型企业产值占比（dz）指标衡量，教育水平用教育经费占GDP比重（jyj）指标衡量，技术进步用资本深化程度（zb）指标衡量。

表5-5中的第1—6列给出了替代解释变量对劳动力错配的回归结果。其中第1—3列在劳动力流动管制（ld）、城乡二元对比系

数（cx）、财政补贴（fin）和金融抑制（jr）的基础上依次加入产业结构（dz）、教育水平（jyj）和技术进步（zb）指标，可以看出，阶段1大中型企业产值占比、教育经费、资本深化对劳动力错配的估计系数均在1%的水平上显著为负，表明阶段1的产业结构、教育水平和技术进步有利于劳动力要素的合理配置，具有降低劳动力错配程度的作用；第4—6列显示，阶段2教育经费、资本深化的估计系数均在1%的水平上显著为正，表明阶段2教育水平和技术进步在产业间、地区间、行业间的巨大差异使得结构性因素凸显，阻碍了劳动力的自由流动。

表5-5中的第7—12列给出了替代解释变量对资本错配的回归结果。其中第7—9列仍然在劳动力流动管制（ld）、城乡二元对比系数（cx）、财政补贴（fin）和金融抑制（jr）的基础上依次加入产业结构、教育水平和技术进步指标，可以看出，阶段1教育经费、资本深化对资本错配的估计系数均显著为负，表明阶段1教育水平和技术进步有利于资本的合理配置，促进了资本的自由流动；第10—12列显示，阶段2教育经费、资本深化的估计系数均在1%的水平上显著为正，表明阶段2教育水平和技术进步在城乡间、产业间以及行业间的不合理分布，导致了资本的流动受阻，加大了资本的错配程度。

整体上看，替代变量得到的结论与表5-3和表5-4一致，进一步验证了劳动力、资本错配回归结果的稳健性。

接下来进一步验证各因素对二元层面要素错配的影响。表5-6的第1—6列给出了阶段1二元层面劳动力错配的回归结果。第1—6列在劳动力流动管制（ld）、城乡二元对比系数（cx）、财政补贴（fin）和金融抑制（jr）的基础上依次加入各解释变量，可以看出，阶段1市场化水平（scs）、信息交流水平（xj）、二产占比（ec）、人均受教育程度（sjy）、技术进步（zl）对二元经济劳动力错配的估计系数均在1%的水平上显著为负，对外开放度的估计系数在5%的水平上显著为负，表明市场化水平、信息交流水平、二产占比、人均

表 5-5　稳健性检验:替代变量

	(1)	(2)	(3)	(4)	(5)	(6)	(7)	(8)	(9)	(10)	(11)	(12)
ld	1.062***	0.883***	0.712***	1.067***	0.949***	0.630***	0.199**	0.217*	0.098*	0.287***	0.220***	0.086*
	(4.69)	(5.71)	(3.68)	(8.50)	(7.48)	(4.74)	(2.28)	(1.95)	(1.88)	(3.91)	(2.97)	(1.87)
cx	0.838**	0.669**	0.212	1.030***	0.849***	0.134	0.736***	0.649**	0.206*	0.825***	0.708***	0.138*
	(2.32)	(2.29)	(0.75)	(3.27)	(2.74)	(−0.40)	(4.09)	(2.31)	(1.91)	(4.47)	(3.90)	(1.80)
fin	0.444***	0.313***	0.158***	0.401***	0.339***	0.210***	0.110**	0.143**	0.151**	0.121**	0.137**	0.123**
	(5.84)	(6.32)	(3.83)	(4.14)	(5.19)	(3.73)	(1.94)	(2.04)	(2.07)	(2.01)	(2.08)	(2.10)
jr	0.314	0.152	0.050	0.211*	0.198	0.049	0.438	0.191	0.158	0.341	0.233	0.159
	(1.23)	(1.08)	(−0.43)	(1.80)	(0.58)	(0.96)	(1.58)	(0.96)	(0.78)	(1.09)	(0.91)	(1.28)
dz	−0.235***			0.023			0.094			0.030		
	(−3.09)			(0.43)			(1.15)			(0.96)		
jyj		−3.728***			6.214***			−5.825***			3.728***	
		(−2.96)			(3.51)			(−3.27)			(3.60)	
zb			−0.220***			0.143***			−0.090**			0.083***
			(−11.12)			(6.63)			(−2.58)			(6.59)

续表

	(1)	(2)	(3)	(4)	(5)	(6)	(7)	(8)	(9)	(10)	(11)	(12)
省份	Y	Y	Y	Y	Y	Y	Y	Y	Y	Y	Y	Y
年份	Y	Y	Y	Y	Y	Y	Y	Y	Y	Y	Y	Y
_cons	0.329*	0.409***	0.558***	0.310***	0.0976	0.329***	−0.102	0.408***	0.217*	0.159***	0.051	0.190***
	(1.80)	(3.80)	(7.80)	(3.64)	(1.10)	(6.23)	(−0.52)	(2.68)	(1.72)	(3.19)	(0.99)	(6.13)
N	300	300	300	240	240	240	300	300	300	240	240	240
R^2	0.399	0.323	0.458	0.389	0.419	0.454	0.383	0.376	0.410	0.435	0.371	0.451
F	25.90	32.96	87.26	50.33	56.95	74.22	1.76	10.88	9.36	24.23	29.44	42.65

注：第1—6列为劳动力错配的回归结果，其中第1—3列的样本时间范围是1997—2006年，第4—6列的样本时间范围是2007—2014年。第7—12列为资本错配的回归结果，其中第7—9列的样本时间范围是1997—2006年，第10—12列的样本时间范围为2007—2014年。

资料来源：笔者计算整理。

受教育程度、技术进步和对外开放度的提高，促进了劳动力的空间流动，有利于劳动力的合理配置，起到降低劳动力错配的作用，得到的结论与表5-3一致，进一步验证了表5-3结果的稳健性。第7列加入所有变量，结果显示对外开放度、信息交流水平、二产占比、人均受教育程度的估计系数仍然显著为负。

表5-6的第8—11列给出了阶段2二元层面劳动力错配的回归结果。结果显示，阶段2市场化水平（scs）、人均受教育程度（sjy）、技术进步（zl）对二元经济劳动力错配的估计系数在1%的水平上显著为负，表明阶段2市场化水平、人均教育程度、技术进步的提高有助于二元经济劳动力错配程度的降低。对外开放度（dy）、信息交流水平（xj）、二产占比（ec）的估计系数均显著为正，表明产业间、城乡间以及行业间的对外开放度、信息交流水平的巨大差异，不利于劳动力的空间流动，加剧了劳动力错配程度的提高，得到的结论与表5-3一致，再次印证了结论的稳健性。

表5-7列示了二元层面资本错配的回归结果。第1—3列在劳动力流动管制（ld）、城乡二元对比系数（cx）、财政补贴（fin）和金融抑制（jr）的基础上依次加入二产占比（ec）、人均受教育程度（sjy）、技术进步（zl），结果显示，阶段1（第1—3列）二产占比（ec）、人均受教育程度（sjy）、技术进步（zl）对二元层面资本错配的估计系数均显著为负，表明产业结构、人均受教育程度和技术进步在阶段1有利于资本的合理配置，起到降低资本错配的作用，与表5-4的结果一致。第4列显示，阶段2二产占比（ec）显著提高了资本错配程度，这与城乡间资本投资的严重不平衡、非农业部门的资本过度投资严重挤占农业部门的资本有关。第5列显示，由于农业部门与非农业部门间人均受教育程度（sjy）的巨大差异，它们吸引投资资本的力度差别较大，阻碍了阶段2资本在农业部门与非农业部门间的合理配置。第6列显示，农业部门与非农业部门间技术含量的差异，使得阶段2技术进步对资本的合理配置起到阻碍作用。整体来看，结论与表5-4一致，验证了结果的稳健性。

表 5-6　二元层面劳动力错配的回归结果

	(1)	(2)	(3)	(4)	(5)	(6)	(7)	(8)	(9)	(10)	(11)
l_lm	0.900***	0.980***	0.954***	0.887***	0.903***	0.982***	0.843***	0.643***	0.730***	0.739***	0.902***
	(15.07)	(15.60)	(16.89)	(13.75)	(16.94)	(16.58)	(14.76)	(21.21)	(24.18)	(23.34)	(53.01)
ld	0.387***	0.124**	0.126**	0.156**	0.132**	0.128**	0.124**	0.098	0.215***	0.197***	0.188**
	(5.59)	(2.00)	(2.05)	(1.96)	(1.99)	(2.01)	(2.03)	(1.60)	(3.13)	(2.98)	(1.93)
cx	0.178	-0.329**	-0.324**	-0.318**	-0.291**	-0.314**	-0.212**	-0.145	-0.219	-0.130	-0.267***
	(1.12)	(-2.18)	(-2.15)	(-2.22)	(-2.19)	(-2.31)	(-2.37)	(-0.77)	(-1.42)	(-0.80)	(-2.86)
fin	0.091***	0.139***	0.073**	0.119***	0.031	0.111***	0.010	0.088***	0.126***	0.098**	0.069*
	(2.96)	(4.30)	(2.38)	(3.79)	(1.06)	(3.56)	(0.34)	(3.04)	(4.29)	(2.35)	(1.88)
jr	-0.037	0.067	-0.063	0.191**	-0.060	0.058	-0.012	-0.038	0.059	-0.033	0.067
	(-0.43)	(0.72)	(-0.75)	(2.23)	(-0.77)	(0.68)	(-0.15)	(-0.54)	(0.88)	(1.37)	(1.28)
scs	-0.033***						-0.008				-0.046***
	(-6.34)						(-1.08)				(-7.03)
dy		-0.112**					-0.125**				0.057
		(-2.27)					(2.36)				(1.85)
xj			-0.683***				-0.270*				0.150***
			(-7.21)				(-1.72)				(4.51)

续表

	(1)	(2)	(3)	(4)	(5)	(6)	(7)	(8)	(9)	(10)	(11)
ec				-1.126***			-0.637***	0.331*			0.538***
				(-4.72)			(-3.00)	(1.96)			(6.51)
sjy					-0.071***		-0.058***		-0.033***		-0.070***
					(-9.55)		(-4.50)		(-3.47)		(-8.09)
zl						-0.059***	0.020			-0.037***	-0.031***
						(-5.13)	(1.38)			(-3.49)	(3.01)
省份	Y	Y	Y	Y	Y	Y	Y	Y	Y	Y	Y
年份	Y	Y	Y	Y	Y	Y	Y	Y	Y	Y	Y
_cons	0.150**	-0.093	0.056	0.331***	0.588***	0.029	0.745***	0.064	0.482***	0.296***	0.155**
	(2.18)	(-1.51)	(1.01)	(2.83)	(6.51)	(0.46)	(6.06)	(0.64)	(6.81)	(10.47)	(2.40)
N	300	300	300	300	300	300	300	240	240	240	240
R^2	0.665	0.626	0.675	0.646	0.705	0.651	0.820	0.621	0.627	0.627	0.897
F	167.41	136.33	177.92	151.54	212.73	155.18	101.85	270.90	282.11	282.46	546.35

注：第1—7列的样本时间范围是1997—2006年，第8—11列的样本时间范围为2007—2014年。

资料来源：笔者计算整理。

表 5-7 二元层面资本错配的回归结果

	(1)	(2)	(3)	(4)	(5)	(6)
ld	0.076**	0.121***	0.089***	0.063**	0.112***	0.074***
	(2.47)	(4.01)	(3.18)	(2.52)	(3.55)	(2.57)
cx	0.499***	0.303***	0.312***	0.561***	0.293***	0.326***
	(4.92)	(4.03)	(4.33)	(5.40)	(3.94)	(4.40)
fin	-0.024	-0.015	-0.030	-0.031	-0.028	-0.043
	(-1.11)	(-0.67)	(-1.47)	(-1.33)	(-1.29)	(-1.73)
jr	-0.007	0.056	0.052	-0.021	0.075	0.068
	(-0.11)	(0.89)	(0.85)	(-0.21)	(1.16)	(0.98)
ec	-0.482**			0.284***		
	(2.49)			(3.21)		
sjy		-0.017**			0.018***	
		(2.53)			(-2.73)	
zl			-0.038***			0.015**
			(3.81)			(-2.33)
省份	Y	Y	Y	Y	Y	Y
年份	Y	Y	Y	Y	Y	Y
_cons	-0.193**	-0.164**	-0.111**	-0.158***	0.141***	0.016
	(-2.17)	(-2.12)	(-2.40)	(-2.99)	(2.83)	(1.12)
N	240	240	240	270	270	270
R^2	0.768	0.767	0.773	0.894	0.886	0.887

注：第1—3列的样本时间范围是1997—2006年，第4—6列的样本时间范围为2007—2014年。

资料来源：笔者计算整理。

（三）开放经济的双重影响

白重恩和钱震杰认为开放经济对国内经济的影响有外商直接投资和进出口贸易两种作用形式，二者影响经济增长的效果有所不同

(白重恩、钱震杰，2010）。前文已经研究了进出口贸易对要素错配的影响，下面将探讨外商直接投资对要素错配的影响是否与进出口贸易的影响一致。由于外商投资于第二产业或者第三产业对国内要素配置的影响不同，所以本书重点从产业结构的角度探究外商直接投资对要素错配的影响，构建模型：

$$Y_{it} = \beta_0 + \beta_1 Y_{it-1} + \beta_2 X'_{it} + \beta_3 ws_{it} + \beta_4 ws_{it} \times ec_{it} \\ + \beta_5 ws_{it} \times sc_{it} + \varepsilon_{it} \qquad (5-2)$$

其中，Y、X的定义同前，ws表示外商直接投资，用外商投资总额占GDP的比重衡量；ec、sc分别表示二产、三产占比。

表5-8的第1—3列展示了阶段1外商直接投资对劳动力错配的影响。可以看出，阶段1外商直接投资对劳动力错配的作用和二产占比对劳动力错配的作用存在相互加强的关系，且外商直接投资变动1个百分点，可以通过二产占比提升劳动力错配0.104个百分点。而外商直接投资对劳动力错配的作用和三产占比对劳动力错配的作用存在相互削弱的关系，且外商直接投资变动1个百分点，可以通过三产占比降低劳动力错配0.488个百分点。综合来看，阶段1外商直接投资加重了劳动力错配程度。这与阶段1各地区为了引进外资而给予外资企业各项优惠政策有关。这一时期，外商直接投资较多投资于制造业等劳动密集型产业，需要大量的劳动力，而税收和劳动力政策的优惠提升了外资企业的议价能力，进而降低了劳动力的议价空间，加重了国内劳动力要素边际产出和工资回报的的错配程度，不利于劳动力要素的合理配置。表5-8的第4—6列展示了阶段2外商直接投资对劳动力错配的影响。可以看出，阶段2外商直接投资和二产占比对劳动力错配的作用无显著的相互作用关系。而外商直接投资对劳动力错配的作用和三产占比对劳动力错配的作用存在相互削弱的关系，且外商直接投资变动1个百分点，可以通过三产占比降低劳动力错配0.064个百分点，这与近年来外商较多投资于服务业等第三产业有关，促进了国内劳动力从二产向三产的流动。但综合来看，阶段2外商直接投资仍不利于劳动力的合理配置。

表 5-8　开放经济的双重影响

	(1)	(2)	(3)	(4)	(5)	(6)	(7)	(8)	(9)	(10)	(11)	(12)
l_lm	0.954***	0.998***	0.996***	0.697***	0.692***	0.693***	0.836***	0.833***	0.831***	0.833***	0.833***	0.833***
	(15.36)	(16.62)	(16.54)	(24.59)	(24.82)	(24.59)	(-21.43)	(-20.88)	(-20.76)	(-20.61)	(-20.63)	(-20.62)
ld	0.128	0.121*	0.119*	0.127	0.135*	0.139*	0.107	0.130*	0.127*	0.072	0.134*	0.142*
	(1.47)	(1.88)	(1.89)	(1.63)	(1.78)	(1.80)	(1.12)	(1.87)	(1.85)	(1.51)	(1.89)	(1.95)
cx	-0.409***	-0.398**	-0.411**	-0.508***	-0.400**	-0.408**	-0.289***	-0.273**	-0.199*	-0.309***	-0.304**	-0.307**
	(-2.31)	(-2.33)	(-2.30)	(-2.91)	(-2.25)	(-2.27)	(-3.34)	(-2.35)	(-1.87)	(-3.95)	(-2.37)	(-2.32)
fin	0.143***	0.124***	0.125***	0.147***	0.128***	0.131***	0.108***	0.088***	0.098***	0.112***	0.109***	0.099**
	(4.05)	(3.67)	(3.68)	(4.01)	(3.99)	(3.62)	(4.49)	(4.47)	(3.24)	(3.14)	(4.05)	(2.28)
jr	0.089	0.083	0.079	0.073	0.077	0.075	0.175	0.183	0.173	0.113	0.109	0.124
	(0.90)	(0.88)	(0.83)	(0.93)	(0.90)	(1.01)	(1.53)	(1.61)	(1.51)	(1.47)	(1.39)	(1.33)
us	-0.053	0.629***	0.591***	0.063*	0.305**	0.274*	-0.007	0.218***	0.197***	-0.01	0.135**	0.127*
	(-1.51)	(5.14)	(3.95)	(1.83)	(2.27)	(1.67)	(-1.17)	(3.12)	(3.59)	(-1.42)	(2.16)	(1.88)
us×ec	0.265**		0.054	0.165		0.046	0.191**		0.124	0.124		0.021
	(2.30)		(0.45)	(1.27)		(1.14)	(2.29)		(0.86)	(1.27)		(0.27)

续表

	(1)	(2)	(3)	(4)	(5)	(6)	(7)	(8)	(9)	(10)	(11)	(12)
$us \times sc$		-1.408***	-1.353***		-0.773**	-0.727**		-1.03***	-0.094***		-0.064**	-0.071**
		(-5.02)	(-4.42)		(-2.44)	(-2.10)		(-4.24)	(-3.57)		(-2.20)	(-2.34)
省份	Y	Y	Y	Y	Y	Y	Y	Y	Y	Y	Y	Y
年份	Y	Y	Y	Y	Y	Y	Y	Y	Y	Y	Y	Y
_cons	-0.154**	-0.144**	-0.146**	0.331***	0.330***	0.326***	-0.166**	-0.163**	-0.169***	-0.047*	-0.045**	-0.047*
	(-2.57)	(-2.52)	(-2.55)	(9.85)	(10.37)	(9.74)	(-2.58)	(-2.53)	(-2.61)	(-1.96)	(-1.99)	(-1.96)
N	300	300	300	240	240	240	300	300	300	240	240	240
R^2	0.676	0.704	0.704	0.835	0.838	0.838	0.726	0.726	0.727	0.728	0.728	0.728
F	85.52	97.47	80.94	238.17	243.39	202.07	108.76	108.46	90.39	125.57	125.54	125.57

注：第1—6列为劳动力错配的回归结果，其中第1—3列的样本时间范围是1997—2006年，第4—6列为资本错配的回归结果，其中第7—9列的样本时间范围是1997—2006年，第10—12列的样本时间范围为2007—2014年。

资料来源：笔者计算整理。

表5-8的第7—9列展示了阶段1外商直接投资对资本错配的影响。可以看出，阶段1外商直接投资和二产占比对资本错配的作用具有相互强化的正向关系，且外商直接投资提高1个百分点，可以通过二产占比提升资本错配0.113个百分点。而外商直接投资和三产占比对资本错配的作用具有相互削弱的关系，且外商直接投资提高1个百分点，可以通过三产占比降低资本错配0.509个百分点。综合来看，阶段1外商直接投资加重了资本的错配程度。这与阶段1各地区给予外资企业优惠条件有关。这一时期，政策的导向性和各地区给出的引进外资的优厚条件是外商直接投资的驱动力，而生产率和生产环境的导向性减弱，降低了总体生产率，加重了资本的错配程度。表5-8的第10—12列展示了阶段2外商直接投资对资本错配的影响。可以看出，阶段2外商直接投资和二产占比对资本错配的作用无显著的相互作用关系。而外商直接投资对劳动力错配的作用和三产占比对资本错配的作用存在相互削弱的关系，这是受中国经济结构转型的大环境影响。大量新增投资流向金融服务、技术服务等第三产业，即顺应了结构转型的需要，也有利于提升总体生产率。但综合来看，阶段2外商直接投资仍不利于资本的合理配置。

（四）要素错配的自我调节机制

劳动力错配情况下，劳动力的工资回报与劳动力的边际产出不一致。如此，具有高学历或高技能的劳动力却得不到相应的高工资，这种不公平、不合理的行为必定会促使此类劳动力辞职再就业，表现出劳动力错配的自我调节特性。但由于劳动力固有的市场摩擦、企业对员工辞职的阻碍条款以及重新找工作需要的时间和成本，劳动力错配可能具有短期的惯性特点。

资本错配情况下，有些行业投资过度、产出过剩，新增投资的边际产出或回报率降低；而有些行业却因为投资不足，相关产品匮乏，行业具有较高的回报率。总体表现出资本的投资回报率与资本的边际成本不一致。资本的逐利行为必然使得资本从过度投资的行业退出，流向投资不足的行业，表现出资本错配的自我调节特性。

但资本市场的摩擦、行政性市场进入壁垒以及资本的沉没成本，使得资本错配可能表现出短期的惯性特点。

为了探究要素错配的自我调节机制，设定模型：

$$Y_{it} = \beta_0 + \beta_m \sum_{m=1}^{N} Y_{it-m} + \delta X_{it} + \varepsilon_{it} \qquad (5-3)$$

其中，Y 表示劳动力错配或资本错配；X 表示解释变量，包括财政补贴（fin）、行政性市场进入壁垒（xz）、金融抑制（jr）、劳动力流动管制（ld）、城乡二元对比系数（cx）、二产占比（ec）、人均受教育程度（sjy）、技术进步（zl）、市场化水平（scs）、对外开放度（dy）、信息交流水平（xj）。

表 5-9 的第 1—6 列展示了阶段 1 劳动力错配的自我调节过程。可以看出，阶段 1（第 1—3 列）劳动力错配的时间记忆较短，第 N 年的劳动力错配与第 $N-1$ 年和第 $N-2$ 年的劳动力错配相关性较高，与第 $N-3$ 年及以上的劳动力错配并不显著相关。且第 $N-1$ 年的劳动力错配显著提升第 N 年的劳动力错配程度，表明临近两年劳动力错配具有显著的正相关关系，显示了劳动力错配的惯性特点；而第 $N-2$ 年的劳动力错配却显著降低第 N 年的劳动力错配程度，表明隔年之间的劳动力错配具有显著的负相关关系，说明劳动力错配具有自我调节机制。阶段 2（第 4—6 列）劳动力错配的时间记忆较长，且第 $N-1$ 年的劳动力错配显著提升第 N 年的劳动力错配程度，意味着劳动力错配依然具有惯性特点；而第 $N-2$ 年及以上的劳动力错配却显著降低第 N 年的劳动力错配程度，则表明劳动力错配具有自我调节过程。综合来看，劳动力错配的自我调节时滞为两年及以上。

表 5-9 的第 7—12 列展示了阶段 1 资本错配的自我调节过程。可以看出，阶段 1（第 7—9 列）资本错配的时间记忆较短，第 N 年的资本错配与第 $N-1$ 年和第 $N-2$ 年的资本错配相关性较高，与第 $N-3$ 年及以上的资本错配并不显著相关。且第 $N-1$ 年的资本错配显著提升第 N 年的资本错配程度，表明临近两年资本错配具有显著的正相关关系，显示了资本错配的惯性特点；而第 $N-2$ 年的资本错

表5-9 劳动力、资本错配的自我调节

	(1)	(2)	(3)	(4)	(5)	(6)	(7)	(8)	(9)	(10)	(11)	(12)
l_lm	0.894*** (15.85)	1.062*** (11.53)	0.950*** (9.15)	0.743*** (19.98)	0.901*** (15.16)	0.825*** (12.63)	0.142*** (2.89)	0.368*** (4.46)	0.235** (2.56)	0.388*** (3.70)	0.525*** (3.54)	0.394*** (3.40)
l_lm2		−0.244** (−2.30)	−0.118 (−0.65)		−0.168*** (−3.36)	−0.011 (−0.14)		−0.276*** (−3.37)	−0.015 (−0.11)		−0.200 (−1.31)	
l_lm3			−0.030 (−0.21)			−0.111*** (−2.65)			−0.121 (−1.27)			−0.015 (−0.13)
ld	0.429*** (4.13)	0.390** (2.21)	0.434** (2.32)	0.447*** (5.39)	0.386*** (4.64)	0.421*** (5.06)	0.589*** (4.59)	0.602*** (5.02)	0.609*** (4.99)	0.613*** (4.57)	0.604*** (4.51)	0.611*** (4.54)
cx	0.183 (1.71)	0.201 (1.59)	0.377 (1.63)	0.291 (1.37)	0.307 (1.47)	0.336 (1.63)	1.137*** (3.38)	1.135*** (3.33)	1.201*** (3.32)	1.115*** (3.32)	1.121*** (3.34)	1.116*** (3.31)
fin	−0.011 (−0.33)	0.004 (0.11)	0.017 (0.45)	0.093 (0.63)	0.071 (0.71)	0.105 (0.10)	0.316 (0.38)	0.244 (0.42)	0.315 (0.83)	0.264 (0.96)	0.323 (0.87)	0.333 (0.95)
jr	−0.047 (−0.53)	−0.064 (−0.72)	−0.144 (−1.38)	−0.032 (−0.19)	−0.056 (−1.21)	−0.033 (−1.19)	−0.097 (−0.67)	−0.134 (−0.95)	−0.291* (−1.88)	−0.098 (−0.88)	−0.118 (−1.10)	−0.109* (−1.91)
ec	−0.661*** (−2.77)	−0.563** (−2.35)	−0.429 (−1.53)	0.221 (1.12)	0.256 (1.33)	0.232 (1.22)	−0.598** (−2.47)	−0.539** (−2.26)	−0.303* (−1.93)	0.376 (1.02)	0.339 (1.19)	−0.268* (−1.92)
sjy	−0.059*** (−4.07)	−0.057*** (−4.00)	−0.058*** (−3.64)	−0.001 (−0.09)	0.000 (0.00)	0.002 (0.17)	−0.082*** (−3.59)	−0.096*** (−4.26)	−0.081*** (−3.46)	0.037 (1.61)	0.039* (1.69)	0.037 (1.61)

续表

	(1)	(2)	(3)	(4)	(5)	(6)	(7)	(8)	(9)	(10)	(11)	(12)
zl	0.013	0.001	−0.039	0.006	0.009	0.011	0.085***	0.071***	0.004	0.067***	0.073***	0.067***
	(0.75)	(0.06)	(−1.65)	(0.35)	(0.59)	(0.72)	(3.18)	(2.70)	(0.13)	(2.63)	(2.83)	(2.60)
scs	−0.003	0.002	0.007	−0.061***	−0.051***	−0.053***	−0.053***	−0.051***	−0.043***	−0.039**	−0.040**	−0.039**
	(−0.29)	(0.19)	(0.65)	(−5.51)	(−4.46)	(−4.73)	(−3.68)	(−3.69)	(−3.01)	(−2.20)	(−2.23)	(−2.19)
dy	0.179***	0.158***	0.291***	−0.152***	−0.145***	−0.154***	0.174*	0.177*	0.389***	−0.194**	−0.187**	−0.192**
	(2.97)	(2.63)	(4.08)	(−2.92)	(−2.85)	(−3.05)	(1.83)	(1.90)	(3.73)	(−2.32)	(−2.24)	(−2.28)
xj	−0.389**	−0.254	−0.651***	0.067*	0.071*	0.067*	−0.046	−0.060	−0.860***	0.154**	0.166***	0.156**
	(−2.19)	(−1.37)	(−2.87)	(1.76)	(1.90)	(1.81)	(−0.16)	(−0.22)	(−2.75)	(2.54)	(2.71)	(2.51)
省份	Y	Y	Y	Y	Y	Y	Y	Y	Y	Y	Y	Y
_cons	0.776***	0.766***	0.832***	0.487***	0.360**	0.373**	1.140***	1.332***	1.443***	−0.851***	−0.892***	−0.859***
	(5.74)	(5.72)	(4.92)	(3.18)	(2.33)	(2.45)	(6.59)	(7.47)	(7.01)	(−3.87)	(−4.02)	(−3.76)
N	300	300	300	240	240	240	300	300	300	240	240	240
R^2	0.780	0.785	0.791	0.867	0.873	0.877	0.418	0.449	0.540	0.657	0.660	0.657
F	78.97	73.13	58.27	167.13	158.26	148.25	20.81	20.55	22.34	49.16	44.55	44.06

注：第1—6列为劳动力错配的回归结果，其中第1—3列的样本时间范围是1997—2006年，第4—6列的样本时间范围是2007—2014年。第7—12列为资本错配的回归结果，其中第7—9列的样本时间范围是1997—2006年，第10—12列的样本时间范围为2007—2014年。

资料来源：笔者计算整理。

配却显著降低第 N 年的资本错配程度，表明隔年之间的资本错配具有显著的负相关关系，说明资本错配具有自我调节机制。阶段 2（第 10—12 列）资本错配的时间记忆仅有 1 年，且第 $N-1$ 年的资本错配显著提升第 N 年的资本错配程度。综合来看，资本错配的自我调节时滞少于两年。

第四节 本章小结

本章从制度因素、经济结构、要素自身、技术进步和经济环境五个方面构建影响要素错配的指标体系。首先，从理论上详细讨论了五维度影响要素错配的经验规律，并提出相关假说。其次，利用中国省际面板数据从实证上给予证明，并从替代变量、二元层面的要素错配等方面考察了回归结果的稳健性。最后，本章研究了开放经济对要素错配程度的双重影响以及劳动力、资本错配的自我调节过程。

研究发现：其一，政府干预、户籍制度、二元经济结构等制度性因素显著提高了劳动力、资本错配程度；市场化水平、对外开放度和信息交流显著降低了劳动力、资本错配程度；但金融危机后，结构性因素的凸显导致产业结构、教育水平、技术进步的非均衡发展，提高了劳动力、资本的错配程度。其二，外商直接投资和二产占比对劳动力、资本错配的作用存在相互加强的关系，而外商直接投资和三产占比对劳动力、资本错配的作用存在相互削弱的关系。综合来看，外商直接投资不利于劳动力、资本的合理配置。其三，两阶段劳动力、资本错配均具有自我调节过程和惯性特点，且劳动力错配的自我调节时滞为两年及以上，而资本错配的自我调节时滞少于两年。以资本错配为例，资本错配情况下，有些行业投资过度、产出过剩，新增投资的边际产出或回报率降低；而有些行业却因为投资不足，相关产品匮乏，行业具有较高的回报率。总体表现出资本的投资回报率与资本的边际成本不一致。但是，资本的逐利行为必然使得资本由过度投资的行业退出，逐步流向投资不足的行业（即使这种流动的速度缓慢），表现出资本错配的自我调节特性。但资本市场的摩擦、行政性市场进入壁垒以及资本的沉没成本，使得资本错配表现出短期的惯性特点。

第六章

要素错配对收入分配格局的影响

以索罗为代表的新古典学者认为经济体之间的收入差距主要归因于投资资本的不同（Solow，1956；Marris，1982；Baumol，1986），根据新古典模型的经济增长路径，当不发达经济体加强资本的积累，最终不同经济体会实现人均收入趋同的趋势。但这一结论受到经验的挑战，一些学者对此提出质疑（De Long，1988；Summers，Heston，1988；Barro et al.，1991）。后来，Romer 和 Lucas 借鉴 Dixit – Stiglitz 垄断竞争模型，基于规模报酬递增的假设，将全要素生产率内生化，构建了内生增长模型（Romer，1986；Lucas，1988）。基于内生增长模型，制度和技术创新引起的全要素生产率的提高才是经济增长的源泉。但内生增长模型隐含着规模放大效应：国家间制度和技术的差异会导致经济增长率和人均产出的持续性差异，这也意味着国家间收入差距会越来越大。这一结论同样与实际情况不完全相符，20 世纪 80 年代国家间收入差距处于稳定趋势（Backus et al.，1992；Jones，1995）。后来，一些学者在经验研究中控制住人力资本，发现国家间人均收入有收敛现象，进而提出了"条件收敛"的概念（Barro et al.，1991；Mankiw et al.，1992），从而支持新古典学派的主张。Young 对东南亚增长奇迹的研究发现，要素积累是这些经济体快速增长的主要推动力量，而全要素生产率的贡献极低（Young，1995）。

核算方法和面板数据的更新，使得学术界可以对这一问题做更多更加严谨可靠的工作。然而经过长时间的研究，许多学者发现要素积累只能解释小部分的收入差距问题，全要素生产率对经济增长具有较大的贡献（Knight et al., 1993；Klenow, Rodriguez – Clare, 1997；Hsieh, 2002）。

近年来，一些学者开始注意到要素配置的合理性对全要素生产率的影响。其中，Caselli 直接将总生产率分解为部门生产率和部门间的要素配置效率，并认为劳动力、资本的不合理配置会大大降低部门间的要素配置效率，进而影响到整体要素生产率和经济增长（Caselli, 2005）。如此，部分学者开始从要素配置的角度寻找国家间收入差距的证据（Banerjee, Duflo, 2005；Hsieh, Klenow, 2009；Restuccia, Rogerson, 2008；Restuccia et al., 2013；Bartelsman et al., 2013）。他们较多将全要素生产率作为经济增长的代理变量，主要研究的是要素错配对全要素生产率的影响，而抛开了要素错配对收入差距的影响。

本章将分别从理论与实证方面研究要素错配对收入分配格局的影响，将要素错配的研究扩展到分配格局领域，搭建二者联系的桥梁。具体来说，将重点分析要素错配对全国，东部、中部、西部地区的省份间、产业间、农业内部与非农业内部收入差距的影响，给出要素错配对收入差距的作用机制，并从各省份，东部、中部、西部地区等层次探寻要素错配对要素报酬份额波动的影响。

第一节　要素错配与收入分配格局的影响机制分析

一　要素配置与收入分配格局的供求分析

要素配置和收入分配的关系可以通过供给与需求的关系建立起来。要素配置是从生产的角度研究社会供给的。要素配置的多寡、合理性直接影响到社会供给的水平和供给的结构。如果要素配置不合理，不仅导致社会总供给的损失，还会造成有些产品供应过少、有些产品供给过剩的问题，使经济的供给侧紊乱。所以，要素配置是影响社会供给的重要因素之一。收入分配是从消费的角度研究社会需求的。国民收入的水平、收入分配的合理性直接影响社会需求的总量和需求的结构。如果收入水平过低，或者收入分配差距过大，两极分化严重，则不仅使得大量需求得不到满足，表现出社会总需求疲软现象，还会进一步恶化社会治安环境，引起社会动乱的发生。所以，收入分配是影响社会需求的重要因素之一。那么供给端的要素配置如何影响需求端的收入分配呢？接下来首先要分析供给与需求之间的关系。

说供给与需求是一对欢喜冤家，一点都不为过，两者既相互依赖，又相互分离。经济学家围绕供给与需求，谁先谁后或者谁决定谁的问题，争论不休。从古典学派说起，英国经济学家亚当·斯密认为，社会分工的结果就是我们不必要生产维持自身生活的所有产品，而只需要生产小部分或者极少部分的产品，其他产品由社会上其他成员生产。如此，社会上出现形形色色的行业和琳琅满目的产品，劳动者需要在市场上交换，换取需要的产品。表面上看，劳动者是用货币作为补偿，换取需要的产品，实质上这是以货币为媒介的商品交换，或者是以货币为媒介的劳动交换。劳动者必须先通过劳动生产产品，到市场上卖出，取得货币，然后才能购买其他必需的产品。如此，货币购买商品，或者商品购买商品，或者劳动购买劳动的说法就能够被理解了。也就是说，自己的劳动或通过劳动生产的产品才是购买的手段，货币虽然在商品流动中非常重要，但货币只是一种媒介，它的作用仅此而已。国际贸易也是一样，取得国外产品之前，必须卖出本国劳动生产的产品，本国的劳动或者产品才是真正的购买手段。如此，可以看出亚当·斯密重视劳动和生产的本质，劳动供给才能满足消费需求，自身生产才能满足自身需求的观念。

后来，法国经济学家萨伊继承了亚当·斯密的思路，并进一步发展了供给与需求的关系。他认为市场上供给与需求均衡的状态并不常见，不均衡即供过于求或者供不应求的现象才是常态。但是解决供不应求比较容易，而解决供过于求较为困难。在解决上述问题中，萨伊最终将供需矛盾的落脚点放在供给上，认为需要从生产领域解决供求矛盾，并发展出为众人所知的供给创造需求的萨伊定律。他认为劳动者生产出的有价值、有效用的产品，能在市场上真正地变成商品，无非是别人拥有一定的购买手段，这种购买手段同样是由劳动、土地、资本生产出的产品。萨伊将货币比喻成公共汽车，它只是运送产品的工具，当产品出现滞销时，并不是公共汽车出现了问题，货币只是转移价值的手段，真正的原因是别人手中缺少购买手段。所以有生产过剩的一方，一定有生产不足的一方，由此产生生产创造需求的逻辑。大卫·李嘉图支持萨伊的观点，认为一个人的欲望驱使着他尽一切可能获取尽可能多的商品，满足他生活和生产的所有需求，而他必须先有充足的价值或商品作为交换，要获取这种价值或商品，手段只有一个，就是增加生产，除了生产以外，没有其他手段可以满足无限的欲望和需求。

但是，法国古典经济学家西斯蒙第却认为消费不足才是生产过剩的根源。他认为需求先于供给，生产供给量应与需求消费量相适应，当生产不以需求为依据、生产不由收入来调解时，就会产生为生产而生产的现象，造成生产量超过需求量，形成过剩。所以社会生产和国民消费要以一种均衡的比例不断发展，国家财富才会以健康的路径逐渐增加，社会才会繁荣安宁。但资本主义社会存在打破均衡机制的动力，生产往往超过需求，形成生产过剩。为此，国家应当出面干预收入分配，尽量减少富人压榨穷人的财富，增加本应属于穷人的劳动收入，这样有助于扩大市场需求。

英国经济学家凯恩斯是需求学派的集大成者。他认为生产过剩的根源在于消费性需求和生产性需求不足。消费需求不足是由消费者边际消费倾向逐渐递减造成的，即受预防性动机、谨慎性动机和投机性动机等多种主客观因素的影响。随着收入的等量增加，消费量并不会以同样的比例增加，而会逐渐递减。生产性需求会因为消费性需求的不足而逐渐降低。因为资本家生产产品就是为了卖出去，满足消费需求，进而收回成本和获得利润。但生产者在生产决策时，往往不知道未来的市场需求和市场利润，而只能以预期利润和预期市场需求为依据进行生产。现有市场的有效需求不足，供给大于需求时，生产者会缺乏投资信心，减少资本投资，这样大量的储蓄并不能转化为投资，而只能守候在银行或其他金融机构的账户里。所以消费倾向的降低不仅降低消费需求，还会降低资本投资需求，同时也提高了失业率，增加了劳动者失去工作机会的概率。在凯恩斯看来，自由放任的经济制度最终会造成供过于求的现象，严重时会形成经济危机，增加失业率。所以，国家必须出面干预经济活动，才能避免资本主义经济危机。由于消费者的边际消费倾向比较稳定，鼓励消费者消费从而拉动消费需求的做法不容易产生效果。而私人的资本投资往往受预期收益率的不确定性和资本回报率降低的因素影响，不容易大规模增加。所以需要国家拉动投资需求，由国家出面增加社会资本投资，在投资乘数的作用下，能快速增加社会资本需求，推动充分就业，继而增加生活品的消费需求，形成良性循环。

马克思从辩证角度看待供给与需求、生产与消费的关系，认为供给与需求是相互影响的。供给过程需要劳动力、土地和资本的投入，涉及各种要素的组合配置问题，随着分工深度和广度的扩散，要素组合方式和要素配置效率均有显著的变化趋势。同时产品是劳动、土地和资本协作生产的，所以各部分的所有者均有享受财富价值的愿望，也就涉及各种要素的分配问题。虽然劳动是价值创造的唯一源泉，产品的价值量的衡量，是由包含在产品中的劳动力决定的，但是如果要素所有者得不到相应回报，那么他们不会参与产品的生产，也就不会提供生产过程必需的要素。所以，中国目前仍然是以按劳分配为主体，多种分配方式并存的分配制度。在供给的过程中，各种要素的不同组合形式也造成工资、土地利润、资本利润的不同分配结果，劳动密集型产业、资本密集型产业和技术密集型产业的各要素组合形式明显不同，资本与劳动的议价能力有显著差异，财富分配的结果也会有很大不同。如此，分工的深化引起了要素配置方式的改变，必然导致收入分配格局的改变。

二 要素错配与收入差距扩大的理论机制分析

需要说明的是，接下来对要素错配与收入差距理论机制的分析是中国经济转型过程中一段时期或局部存在的一些特征，随着中国要素市场化改革的推进，这些问题或已得到缓解以及消除。在机制分析的过程中，加入了中国最新的要素市场化改革进展及取得的成效。

自由资本主义时期，政府充当"守夜人"的职责，对经济的干预程度较小，市场这只"看不见的手"对资源的配置起到主要的调节作用。其理论前提是信息完全（不存在信息不对称），货币工资可以迅速调整，这样劳动力市场将长时间处于充分就业或市场出清的状态，这是古典经济学派的重要理论假设。在这样的假设下，任何政府的政策都将对经济增长失去作用，而只会导致更严重的通货膨胀或高利率状态。进入垄断资本主义时期，资本主义的矛盾（生产无限性与消费有限性）不断恶化，最终导致20世纪30年代的大萧条。以凯恩斯为代表的政府干预主义形成，其理论前提是有效需求不足，货币出现刚性或粘性状态，非自愿失业是常态。在这种假设下，个人和企业短期消费的不足可以由政府来弥补，其通过政府购买、转移支付等扩大社会的短期消费，以促进经济增长；政府在收入分配领域采取一系列的福利政策，以缓解劳资矛盾和收入差距的扩大。

中国的情况与此相反，计划经济时期，资源配置完全由计划完成，市场在经济决策中的作用微乎其微。在后来社会主义市场经济的建设过程中，政府逐步将资源配置中的权力让位于市场。但在政府把权力让位于市场的过程中，最初政府和市场的定位不明确，容易造成政府"明放暗管"以及"设租""寻租"的情况（杨灿明等，

2014)。政府掌握着重要的生产要素和稀缺资源，同时拥有重要的行政审批权力，这种审批权容易演变成部分企业的垄断权，对企业的正常经营活动造成影响。

首先，这种垄断权可能违反市场公平竞争的规则，仅靠行政手段或优惠政策（市场准入限制、进出口配额、外贸专营等）获得的垄断专营或经济特许权，阻碍了其他企业自由进入该行业，不利于生产要素在产业、行业以及部门之间的流动。其次，这种垄断权可能对部分企业造成一种"善意"的保护，即使其创新能力不足，生产效率低下，仍会有优惠政策的扶持，比如廉价的银行信贷、大量的政府补贴或税收减免以及土地供应等，这势必对其他企业的投资产生挤兑效应，会降低资源配置效率。最后，竞争机制的缺失使得这些企业并没有退出市场的风险，企业很容易成为自主经营能力差、盈利能力弱，并且持续亏损，甚至资不抵债的僵尸企业。在自由竞争的市场，此类企业会被市场淘汰，资源流向经营效率高的企业。但现实情况是此类企业可能会得到地方政府的持续性补贴或银行的信贷补贴，从而实现持续性经营，这会降低整体经济的资源配置效率。正是这种资源错配的累积效应，使得社会财富以垄断租金的形式向这些企业转移，扩大了经济体的收入差距，进而会拉大各行业职工的收入差距。

经济转型初期，地方政府职能转变滞后，政府干预经济的"越位"和"错位"情况时常出现，造成市场扭曲，进而滋生出经济租金，寻租活动也不可避免。虽然体制转型过程中，行政性资源配置大幅度减少，但仍较为普遍。这不仅预示着可能会出现资源配置扭曲，还可能造成社会财富和收入分配不公。比如裙带关系等可能会使优胜劣汰机制演变成逆向淘汰机制，会抑制公平竞争在劳动力资源配置中的作用，不利于劳动力的合理配置。这种逆向淘汰机制还可能进一步使收入差距代际传递。在转型期体制不完善的情况下，体制性约束机制不健全，使得少数掌握资源配置权力的人有了寻租的机会。寻租活动不仅消耗大量的社会资源，降低资源效率，还会引起收入分配差距的扩大以及起点公平的破坏。

近年来，中国在解决上述问题上取得了较大的成效。2020年的中央经济工作会议进一步强调要深入实施国企改革三年行动，优化民营经济发展环境，健全现代企业制度，完善公司治理，激发各类市场主体活力。放宽市场准入，促进公平竞争，保护知识产权，建设统一大市场，营造市场化、法治化、国际化营商环境。健全金融机构治理，促进资本市场健康发展，提高上市公司质量，打击各种逃废债行为。反垄断、反不正当竞争是完善社会主义市场经济体制、推动高质量发展的内在要求。国家支持平台企业创新发展、增强国际竞争力，支持公有制经济和非公有制经济共同发展、依法规范发展，健全数字规则。完善平台企业垄断认定、数据收集使用管理、消费者权益保护等方面的法律规范。加强规制，提升监管能力，坚决反对垄断和不正当竞争行为。金融创新必须在审慎监管的前提下进行。

中央对于地方政府有两种主要的激励机制。一方面是以财政包干和分税制为主体的财政分权制度，给地方政府发展本地经济带来经济上的激励；另一方面，以经济增长为重要依据的考核机制给地方政府带来激励。两种激励均引导地方政府将主要精力放在地方经济发展上，一方面可以通过税收带来地方财政收入的增加，另一方面可以给地方主政官员带来自身的发展机会。所以，地方政府追求地区经济增长速度和自身发展，而中央追求全局社会福利最大化，两者的目标约束函数不完全一致。由于地方政府手中掌握着大量的稀缺资源和行政裁量权，拥有引导地区内部资源配置的权力，可以有效影响地区内部企业的生产经营活动，其过多干预可能引起生产要素的配置扭曲，进而对社会的收入差距产生影响。

总体来说，地方政府往往追求短期的经济增长与就业稳定，这种行为会对经济的长期增长造成伤害（龚强等，2011；陈艳艳、罗党论，2012；陆铭，2017）。彭冲和陆铭从新城建设的热潮中发现，新任地方主政官员在考核激励和财政分权的背景下，往往将新城建设作为拉动投资和经济实现短期增长的抓手（彭冲、陆铭，2019）。短期内新城建设可能会带来投资增加、实现经济增长，但脱离实际需求的新城建设不仅导致地方政府负债激增，为城市的长期增长埋下隐患，还会导致大量的重复建设，损害城市发展的质量，拉低整体经济的资源配置效率。经济增长目标硬约束以及个人发展激励会导致地方政府加大投资以实现经济短期快速增长，而拉动投资的一个必要环节就是融资。除了通过出让土地使用权进行融资或者以地方政府控制的土地为地方政府投融资平台公司提供抵押外，最重要的融资渠道便是银行体系，地方政府的过度干预会影响信贷规模和金融体系的稳定（纪志宏等，2014）。

企业的产能过剩问题很可能是地方政府施加干预的结果，地方政府会通过税收、银行放贷和政府补贴等关键资源的配置推动企业产能扩张（徐业坤、马光远，2019）。那么，与地方政府关系更为密切的企业将优先获取相应的资源，即使这类企业并非资质好、有发展前景或者政府扶持的新兴产业中有成长潜力的骨干企业，这就促使僵尸企业的形成。僵尸企业本身的"造血"能力不足，只能依靠外部资源的输入才能维持运营，这将扭曲正常的市场竞争秩序，影响整个经济的资源配置状况，加剧整个经济体系的系统性风险。一般来说，僵尸企业更多分布于落后产能的行业中，如果僵尸企业不能得到有效治理，正常的市场出清功能受阻，产能过剩问题就不能得到根本解决（Caballero et al.，2008）。地方政府补贴、银行信贷等流入僵尸企业，会导致生产效率高的企业得不到充足的资源供应和市场空间，会增加整个经济的资源错配程度，降低经济的整体效率（聂辉华等，2016；谭语嫣等，2017）。

要素配置的扭曲常常伴随着收入差距的扩大。地方政府片面追求短期经济增长速度的过程中，往往会以各种优惠政策为条件吸引企业对当地的投资，而忽略了对劳动力权益的保护。企业一般以利润最大化为目标，成本最小化是实现目标的途径之一。所以对于企业来说，会压低劳动力工资。而发展初期，中国的劳动力议价能力比较弱，工会组织建设还不健全，不能有效表达劳动力的诉求、维护劳动者的权益，在处理劳资矛盾、劳资纠纷中的作用有限。地方政府往往片面追求短期的经济增长，其主要的手段就是利用低工资、廉价土地、低利率的银行信贷以及各种政府补贴作为条件，不断扩大招商引资的规模。这种重投资的发展方式本身就是资源错配的表现，其结果会导致"利资损劳"，进一步扩大劳资差距，使得首次要素分配中劳动收入占比下降，并处于较低水平，扭曲了初次分配的结果。

2021年发布的《建设高标准市场体系行动方案》，针对上述问题提出了一系列举措。加快转变政府职能方面。纵深推进"放管服"改革，完善职责明确、依法行政的政府治理体系。全面实行政府权责清单制度，探索以投资项目承诺制为核心的极简审批。推行"首席服务官"制度，深入开展营商环境评价和以评促改，持续优化市场化、法治化、国际化营商环境。完善要素市场化配置方面。开展高标准市场体系建设行动，全面实施市场准入负面清单制度，健全公平竞争审查机制，提高要素配置效率。全面落实"全国一张清单"管理模式。严禁各地区各部门自行发布具有市场准入性质的负面清单。健全市场准入负面清单动态调整机制。建立覆盖省、市、县三级的市场准入隐性壁垒台账，畅通市场主体对隐性壁垒的意见反馈渠道和处理回应机制。制定市场准入效能评估标准并开展综合评估。

"公有制为主体，多种所有制共同发展"是中国的基本经济制度，与此基本经济制度相适应的分配制度是"按劳分配为主体，多种分配方式并存"。在全面深化改革的过程中，我们也逐渐认识到市场在资源配置中的决定性作用。由于市场本身也会有缺陷，它并不能天然降低收入差距，那么政府在其中应该扮演什么角色呢？为了取得"效率"，一次分配主要靠市场调节；为了减缓收入差距的扩大，二次分配主要靠政府调节。这是我们目前的主要思路。但是如果政府在一次分配中的干预过多，则不仅会导致资源配置的扭曲，还会加剧收入差距。

石油、能源、电信、电力、烟草和金融保险等行业的进入条件限制比较高，民营企业进入较为困难，资源并不能在这些行业自由流动，所以这些行业均有一定的垄断租金。并且由于企业和地方政府之间的"亲密"关系，这些企业比较容易获得地方政府的偏向性优惠政策，压缩民营企业的投融资规模，对民营经济的生存环境造成挤压。比如，部分企业可以以较低的利率从银行获得信贷资源。要维持这些企业的低息信贷，就要压低储蓄利率并提高民营企业的贷款利率，而这样就会拉低整体经济的资源配置效率。这种低利率并不是由于信贷资本供过于求，而是地方政府对微观经济的要素价格进行了干预，造成要素价格的"双轨制"，导致要素市场扭曲。竞争机制的缺失和要素的错配给这些企业带来高额的垄断利润，这些行业或企业的职工也因此获得高昂的工资与隐性收入，加剧了行业间或居民间的收入差距。

近年来，中国不断完善分配制度。坚持按劳分配为主体、多种分配方式并存，提高劳动报酬在初次分配中的比重，健全工资合理增长机制，提高低收入群体的收入，扩大中等收入群体。完善按要素分配政策制度，健全各类生产要素由市场决定报酬的机制，探索通过土地、资本等要素使用权、收益权增加中低收入群体的要素收入。多渠道增加城乡居民的财产性收入。完善再分配机制，合理调节过高收入，取缔非法收入。发挥第三次分配的作用，发展慈善事业，改善收入和财富的分配格局。

三 要素错配与收入差距扩大的分类机制表现

在市场完善的条件下，要素在不同地区、行业、部门间是自由流动的。基于要素趋利的特性，在价格机制和竞争机制的调节下，"用脚投票"的机制将会有效促进各地区的经济协同、降低地区间的收入差距，从而避免"马太效应"的恶化。但在中国经济改革的初期，存在的一些制度性因素提高了要素的流动成本，使得要素并不能自由流动，加剧了地区间和部门间的收入差距。

首先，关于劳动力要素错配与收入差距。城乡劳动力的流动受阻提升了城乡居民间的收入差距。重工业优先发展不平衡的背景下，户籍制度有效减轻了城市工业发展的负担，也有效促进了农业对工业的补贴。在后来的经济改革背景下，由于财政分权和基本公共服务地方化的影响，地方政府为了减轻自身的财政开支压力，也为了压低本地区劳动力成本以吸引更多的企业投入和招商引资，户籍制度并没有真正放开。户籍制度在法律上限制农村劳动力在城市的永久居住权，使得他们的迁移只能是短暂的，他们的迁移预期只能是暂时性的。由于得不到城市户口，在城市的农村劳动力无法同等享受城市户籍人口的基本公共服务，得不到与城镇居民相同的就业机会和社会地位，也无法获得与城镇户籍人口同等的工资报酬，且大部分农村劳动力承担了城市发展过程中的底层工作。近几年虽然户籍制度有所松动，城市户籍制度开放了"准入政策"，但是各城市的户籍准入门槛依然较高（部分城市有购房或学历要求），农村劳动力达到的可能性较低。由于没有城市户籍，农村劳动力也很难得到信贷资源的支持，农村劳动力自主创业的条件受限。如此，城乡一体化的劳动力市场还不够畅通，城乡之间的劳动力市场存在分割现象，限制了农村劳动力的自由流动，不利于城乡劳动力要素的优化配置。城乡之间的劳动力错配阻碍了农村劳动力收入的提高，从而加剧了城乡之间的收入差距。

和户籍制度类似，地区之间也存在着劳动力市场分割，非本地户口的劳动力在就业工资、保障措施和公共服务方面均受不同程度的歧视。中国不同地区之间的经济发展水平差异大，各地区的工资收入也不同，地区之间的劳动力市场分割加剧了地区之间的收入差距。受行业的市场准入条件的影响，部分行业获得特有保护，阻碍了其他企业的自由进入，实际上这些行业获得了部分的垄断租金，较高的垄断租金预示着这些行业的劳动力具有较高的工资收入和隐性收入。由于行业间的要素并不能自由流动，无法形成竞争性的劳动力要素市场，劳动力市场价格信号扭曲带来劳动力要素配置效率的降低，这种行业间的要素错配加剧了行业间的收入差距。

针对上述问题，2020年印发的《关于构建更加完善的要素市场化配置体制机制的意见》在"引导劳动力要素合理畅通有序流动"方面指出：一是深化户籍制度改革。推动超大、特大城市调整完善积分落户政策，探索推动在长三角、珠三角等城市群率先实现户籍准入年限同城化累计互认。放开放宽除个别超大城市外的城市落户限制，试行以经常居住地登记户口制度。建立城镇教育、就业创业、医疗卫生等基本公共服务与常住人口挂钩机制，推动公共资源按常住人口规模配置。二是畅通劳动力和人才社会性流动渠道。健全统一规范的人力资源市场体系，加快建立协调衔接的劳动力、人才流动政策体系和交流合作机制。营造公平就业环境，依法纠正身份、性别等就业歧视现象，保障城乡劳动者享有平等就业权利。进一步畅通企业、社会组织人员进入党政机关、国有企事业单位渠道。优化国有企事业单位面向社会选人用人机制，深入推行国有企业分级分类公开招聘。加强就业援助，实施优先扶持和重点帮助。完善人事档案管理服务，加快提升人事档案信息化水平。

其次，关于资本要素错配与收入差距。资本要素配置的扭曲表现在多方面，其中一个方面是银行信贷的价格扭曲和流向扭曲。中国企业或个人的融资渠道主要集中于间接融资——银行信贷，而竞争机制和价格机制在资本要素配置中失灵导致银行信贷决策能力受限，企业与银行之间的自由信贷契约遭到破坏，导致资本要素的价格和流向均出现扭曲。相对于中小民营企业来说，大中型企业或与地方政府关系更密切的企业更容易以较低的利率取得贷款，而急需融资的中小民营企业时常面临融资难的困境，且融资成本较高，融资条款较多。这种以服务于大中型企业资金需求为主的信贷市场与市场主体多元化不匹配，容易引发较高的系统风险。借贷市场的偏向性政策导致部分企业过度投资，降低了资本的投资效率，而部分效率高的企业却得不到足够的投资资本。

资本要素配置扭曲的另一个方面表现在市场进入壁垒或市场准

入条件。完全竞争市场的条件之一是资源自由流动或企业可以自由退出与进入。一旦这一条件被打破，竞争机制将受到限制，规则导致的垄断阻碍了资本在行业间的自由流动，影响资本的配置效率。被市场壁垒保护的行业容易出现产品创新不足、运营效率不高、服务水平较低，根本原因是市场壁垒导致竞争的缺失。部分非竞争性行业涉及国家安全问题，需要顾及。顾及的同时需要考虑企业的经营导向，这部分企业的目标函数不能再是简单的利润最大化或成本最小化，其目标函数还应该包含其他要素。这部分企业不能简单地模仿其他企业，建立现代企业管理制度，因为后者是市场经济竞争机制的产物；但是部分非竞争性行业属于市场调节的范畴，就需要有条件地稳步放开，以促进行业间资本流动，缩减行业间的收入差距。

2020年印发的《关于构建更加完善的要素市场化配置体制机制的意见》在"推进资本要素市场化配置"方面指出：增加有效金融服务供给。健全多层次资本市场体系。构建多层次、广覆盖、有差异、大中小合理分工的银行机构体系，优化金融资源配置，放宽金融服务业市场准入，推动信用信息深度开发利用，增加对小微企业和民营企业的金融服务供给。建立县域银行业金融机构服务"三农"的激励约束机制。推进绿色金融创新。完善金融机构市场化、法治化退出机制。

再次，关于土地要素错配与收入差距。农村土地流转的情况。农村土地的产权不明晰导致土地使用权流转不完全。农村土地属于集体产权，集体产权的代理人一般拥有集体土地的处分权，单个农户并没有转移家庭土地使用权的权力和自由，无形中增加了农户土地流转的交易成本。且土地承包经营权具有人身依附特点，土地的受让方只能是从事农业生产经营的农户，不能是企业法人或组织。按照《中华人民共和国农村土地承包法》的规定，承包期内如果承包方迁入城市成为非农户籍，则承包方应退回承包权。且承包方必须具有稳定的非农职业收入才能将全部或部分承包经营权转让。缺乏市场机制调节的农村土地并没有实现自由流转，土地资源的配置效率不高。现实中部分农户尽管常年在城市打工，土地出现闲置抛荒状态，但也不愿意将土地转让给承包方。这背后是户籍制度的制约，农民工在城市并不能获得稳定职业，户口的限制使得农民工子女不能完全享受城市的教育资源，未来的不确定性导致农户仍然保留荒废的土地，以备可能的失业。部分农户即使继续耕种土地，但小面积的农业耕种本身收益较低。土地流转的非完全性降低了土地的配置效率，也降低了农户的收入，城乡之间的收入差距拉大。

　　土地使用属性的转变。由农村农用地转变成城市建设用地的过程中，部分地方政府对征收农民土地给予补偿的依据并非未来收益，而是农民过去的农业收益，土地的溢价部分被地方政府和开发商获取，农户并没有取得土地的增值收益，反而失去了土地的使用权等。不仅如此，地方政府一方面以较低的价格利用城市建设用地中的工业用地吸引部分企业入驻，获取地方经济的短期增长；另一方面又严格控制城市建设用地中的商业用地的供给量，这种土地供给的垄断性导致商业用地的价格高，进而引起商品房的房价和房租高。"两重天"的土地价格出现在同一地区并非市场竞争机制的结果，而是由土地配置方式决定的。地方政府对土地的这种配置方式拉低了土地的配置效率，比如出现大量的重复建设、过度的投资，也正是这种低效率的土地配置方式扩大了居民间的收入差距。

　　耕地用地指标和建设用地指标的空间流动问题。经济活动在地理空间上密度的差异导致土地在空间上的利用效率不同。中国东部地区的土地利用率相对较高，土地较为匮乏；而中西部地区的土地利用率相对较低，土地较为丰富。为了保障粮食安全，目前中国各地区都有明确的耕地红线指标。为了完成耕地面积指标，东部地区不得不挤压本来就相对匮乏的城市建设用地指标，而中西部地区的耕地面积出现超额完成的现象，这样就出现了土地在空间上的配置扭曲。如果建立耕地指标和建设用地指标的交易市场，东部地区可以购买中西部地区的耕地指标，用以扩展东部地区的建设用地指标，中西部地区可以出售部分超额的耕地指标获取收益。如此，既可以取得土地要素在空间上的优化配置，又可以促进中西部地区的资金转移，有利于缩小收入差距。

2020年印发的《关于构建更加完善的要素市场化配置体制机制的意见》在"推进土地要素市场化配置"方面指出：一是建立健全城乡统一的建设用地市场。加快修改完善土地管理法实施条例，完善相关配套制度，制定出台农村集体经营性建设用地入市指导意见。全面推开农村土地征收制度改革，扩大国有土地有偿使用范围。建立公平合理的集体经营性建设用地入市增值收益分配制度。建立公共利益征地的相关制度规定。二是鼓励盘活存量建设用地。充分运用市场机制盘活存量土地和低效用地，研究完善促进盘活存量建设用地的税费制度。以多种方式推进国有企业存量用地盘活利用。深化农村宅基地制度改革试点，深入推进建设用地整理，完善城乡建设用地增减挂钩政策，为乡村振兴和城乡融合发展提供土地要素保障。

地区间的要素配置同样也会影响地区的收入水平。下面以地区间的要素配置与收入差距为例，利用数量模型说明二者的关系。借鉴赵自芳的思路（赵自芳，2007），假定经济体有东部（E）和西部（W）两部分，且东部地区劳动力要素丰富，而资本要素稀缺；西部地区资本要素丰富，但劳动力要素稀缺。生产中只使用劳动力（L）和资本（K）两种要素，且劳动力的价格为w，资本的价格为r。如此，东部、中部地区的人均收入为：

$$PGDP = \frac{wL + rK}{L} = w + r\left(\frac{K}{L}\right) \tag{6-1}$$

可以看出，东部、西部人均收入的多少受三部分影响：劳动力价格、资本价格和人均资本。如果经济体中市场机制较为健全，劳动力、资本要素实现了自由流动，则价格机制对要素配置的作用显著，最终的结果是东部和西部的劳动力和资本价格一致，此时人均收入只受到人均资本的影响。由要素供求关系可知，与西部相比，东部劳动力价格低，资本价格高，所以东部的劳动力有向西部地区转移的趋势，而西部的资本有向东部转移的趋势。如此，两地区总收入为：

$$Y_e = w(L_e - \Delta L) + r(K_e + \Delta K) \tag{6-2}$$

$$Y_w = w(L_w + \Delta L) + r(K_w - \Delta K) \tag{6-3}$$

由（6-2）式和（6-3）式可得东部和西部地区的人均收入为：

$$\frac{Y_e}{L_e - \Delta L} = w + r\frac{K_e + \Delta K}{L_e - \Delta L} \tag{6-4}$$

$$\frac{Y_w}{L_w + \Delta L} = w + r\frac{K_w - \Delta K}{L_w + \Delta L} \tag{6-5}$$

由（6-4）式和（6-5）式可得东部和西部地区的人均收入之差为：

$$y_d = r\left(\frac{K_w - \Delta K}{L_w + \Delta L} - \frac{K_e + \Delta K}{L_e - \Delta L}\right) \tag{6-6}$$

由（6-6）式可以发现，在劳动力从东部转移到西部、资本从西部转移到东部的过程中，$\frac{K_w - \Delta K}{L_w + \Delta L}$ 不断减小，而 $\frac{K_e + \Delta K}{L_e - \Delta L}$ 不断增大，则东部和西部地区人均收入之差 y_d 不断减小。市场机制下，要素配置的不断改进（要素的自由流动）使得地区间收入差距不断缩小，而如果地区间分割等因素导致劳动力、资本等要素的自由流动受阻，则无法有效减小地区间的收入差距。要素自由流动受阻的表现形式即为要素在地区间、部门间、产业间、行业间以及微观层面的企业间的错配，使得劳动力、资本要素的价格存在差异，进而促进地区间、产业间、行业间等人均收入差距的加剧。

最后，借鉴石庆芳的思路（石庆芳，2014），利用数理模型说明要素错配与劳动报酬占比的关系。假定生产中只使用劳动力（L）和资本（K）两种要素，劳动力的价格为 w，资本的价格为 r；最终产品市场是完全竞争市场，产品价格为 1。且生产函数为柯布—道格拉

斯形式 $Y = AK^\alpha L^\beta$，则厂商的利润为：

$$\pi = AK^\alpha L^\beta - (wL + rK) \qquad (6-7)$$

则完全竞争厂商的最优生产决策为 $\frac{\partial \pi}{\partial L} = MPL - w = 0$；$\frac{\partial \pi}{\partial K} = MPK - r = 0$。

由边际成本等于边际产出的原则可得，竞争厂商的最优生产决策为 $MPL/w = 1$，$MPK/r = 1$。由于现实中存在阻碍要素合理配置的种种壁垒，厂商并不能以要素的边际产出等于边际成本为依据做生产决策，由此产生要素错配。简单起见，用 $MisL = MPL/w$ 表示劳动力错配，用 $MisK = MPK/r$ 表示资本错配。

由此可得劳动报酬占比为：

$$LS = \frac{wL}{wL + rK} = \frac{L \times MPL/MisL}{L \times MPL/MisL + K \times MPK/MisK}$$

$$= \frac{1}{1 + \frac{MisL \times MPK \times K}{MisK \times MPL \times L}} \qquad (6-8)$$

又由 $\frac{MPK \times K}{MPL \times L} = \frac{\alpha}{\beta}$，可得劳动报酬占比为：

$$LS = \frac{1}{1 + \frac{\alpha \times MisL}{\beta \times MisK}} \qquad (6-9)$$

由（6-9）式可知，劳动报酬占比受要素弹性、劳动力错配和资本错配的影响，劳动力错配和资本错配的变动均会引起劳动报酬占比的波动。

第二节　劳动力、资本错配影响收入差距的经验分析

目前关于经验研究的文献较多从全要素生产率或产出损失的角

度研究要素错配的经济影响。例如，姚战琪基于1985—2007年的产业面板数据，研究了总体经济和细分工业部门的全要素生产率和要素配置效率，发现无论是总体经济，还是细分的工业部门内部，要素配置效率对全要素生产率的贡献度均较低，其中劳动生产率的总配置效应甚至为负值，导致全要素生产率的降低，所以应从要素配置效率的角度考虑全要素生产率的提升空间，加大力度减轻劳动力、资本、技术等要素的错配程度（姚战琪，2009）。朱喜等基于2003—2007年全国农村固定观察点的相关数据，研究了个体农户间劳动力、资本要素配置的扭曲对农业全要素生产率的影响，发现在没有要素配置扭曲的状态下，农业全要素生产率可以提升20%左右（朱喜等，2011）。张天华和张少华发现偏向国有企业的政策会导致部分国有企业盲目地过度扩张，过量投入劳动力和资本等要素，形成一定程度的产能过剩问题，造成资源浪费。同时，一些国有企业凭借市场势力，影响了企业间的正常竞争秩序，使得大量生产率较高的民营企业由于信贷约束、地方保护等问题而被迫缩小市场份额、降低产出（张天华、张少华，2015）。

总体来看，较少学者从要素配置的角度研究地区间收入差距的原因，对要素错配影响收入分配差距机制的研究较为薄弱。本部分将首先构建要素错配影响收入差距的度量模型，然后从全国，东部、中部、西部地区层面，以及产业间层面分析要素错配对收入差距的影响，并给出要素错配影响收入差距的作用机制。

一 模型构建

借鉴柏培文和杨志才的推导（柏培文、杨志才，2016），$L_m = \frac{\beta_m \gamma_m}{\beta} \cdot 1/\rho\left(\frac{mpl_m}{mpl_n}\right) \cdot L_n$，其中，$mpl$ 为劳动力边际产出，$\gamma_i = Y_i/Y$，$\beta = \sum_i \beta_i \gamma_i$，$\rho\left(\frac{mpl_m}{mpl_n}\right) = \frac{\beta_n \gamma_n mpl_m}{\beta mpl_n}$。当 m、n 两行业的劳动边际生产力不相等时，意味着 m、n 行业之间存在劳动力配置扭曲，此时 m、n 行

业间的错配劳动量为：

$$\Delta L_{mn} = \frac{\beta_m \gamma_m}{\beta} \left(\frac{1}{\rho\left(\frac{mpl_m}{mpl_n}\right)} - 1 \right) L_n \qquad (6-10)$$

类似于劳动力的分解，m 行业的资本投入量可以表示为：

$$K_m = \frac{K_m}{K} K = \frac{\alpha_m \gamma_m / mpk_m}{\sum_i \alpha_i \gamma_i / mpk_i} K = \frac{\alpha_m \gamma_m}{\alpha} \cdot \frac{1}{\rho\left(\frac{mpl_m}{mpl_i}\right)} K \qquad (6-11)$$

其中，mpk 为行业资本的边际产出，且 $\alpha = \sum_i \alpha_i \gamma_i$，$\rho\left(\frac{mpk_m}{mpk_i}\right) = \sum_i \frac{\alpha_i \gamma_i mpk_m}{\alpha mpk_i}$。

当行业间不存在资本错配时，则行业之间资本的边际产出相等，即 $\rho\left(\frac{mpk_m}{mpk_i}\right) = \sum_i \frac{\alpha_i \gamma_i mpk_m}{\alpha mpk_i} = 1$。$m$ 行业的资本配置从 K_m 变为 $\hat{K}_m$，其中 $\hat{K}_m = \frac{\alpha_m \gamma_m}{\alpha} K$。此时，$m$ 行业的劳动力边际产出将变为：

$$mpl'_m = mpl_m \left(\frac{\hat{K}_m}{K_m} \right)^{\alpha_m} \qquad (6-12)$$

将式（6-12）带入式（6-10），可得 m、n 行业间的劳动力错配量：

$$\begin{aligned}
\Delta L'_{mn} &= \frac{\beta_m \gamma_m}{\beta} \left(\frac{1}{\rho\left(\frac{mpl'_m}{mpl'_n}\right)} - 1 \right) L_n \\
&= \frac{\beta_m \gamma_m}{\beta} \left(\frac{\beta mpl'_n}{\beta_n \gamma_n mpl'_m} - 1 \right) L_n \\
&= \frac{\beta_m \gamma_m}{\beta} \left(\frac{\beta mpl_n (\hat{K}_n/K_n)^{\alpha_n}}{\beta_n \gamma_n mpl_m (\hat{K}_m/K_m)^{\alpha_m}} - 1 \right) L_n \qquad (6-13)
\end{aligned}$$

进一步可得，m 行业实际劳动力配置量与最优配置量之间的差值为：

$$\Delta L'_m = \sum_{i=1, i \neq m}^{\varphi} \Delta L'_{mi}$$

$$= \sum_{i=1, i \neq m}^{\varphi} \frac{\beta_m \gamma_m}{\beta} \left(\frac{\beta mpl_i \ (\hat{K}_i/K_i)^{\alpha_i}}{\beta_i \gamma_i mpl_m \ (\hat{K}_m/K_m)^{\alpha_m}} - 1 \right) L_i \quad (6-14)$$

其中，φ 为总行业数，其余变量定义同前。

基于 m 行业要素错配量的计算，当劳动力无扭曲配置，m 行业的产出为：

$$\hat{Y}_m = Y_m \left(\frac{\hat{L}_m}{L_m} \right)^{\beta_m}$$

$$= Y_m \left[1 - \frac{\sum_{i=1, i \neq m}^{\varphi} \frac{\beta_m \gamma_m}{\beta} \left(\frac{\beta mpl_i \ (\hat{K}_i/K_i)^{\alpha_i}}{\beta_i \gamma_i mpl_m \ (\hat{K}_m/K_m)^{\alpha_m}} - 1 \right) L_i}{L_m} \right]^{\beta_m} \quad (6-15)$$

其中，$\hat{Y}_m$ 为 m 行业的最优产出，$\hat{L}_m$ 为 m 行业的最优劳动力配置量。同理，当资本无扭曲配置，m 行业的产出为：

$$\hat{Y}_m = Y_m \left(\frac{\hat{K}_m}{K_m} \right)^{\alpha_m}$$

$$= Y_m \left[1 - \frac{\sum_{i=1, i \neq m}^{\varphi} \frac{\alpha_m \gamma_m}{\alpha} \left(\frac{\alpha mpk_i \ (\hat{L}_i/L_i)^{\beta_i}}{\alpha_i \gamma_i mpk_m \ (\hat{L}_m/L_m)^{\beta_m}} - 1 \right) K_i}{K_m} \right]^{\alpha_m}$$

$$(6-16)$$

当劳动和资本均无扭曲配置，m 行业的产出为：

$$\hat{Y}_m = Y_m \left[1 - \frac{\sum_{i=1, i \neq m}^{\varphi} \frac{\beta_m \gamma_m}{\beta} \left(\frac{\beta mpl_i \ (\hat{K}_i/K_i)^{\alpha_i}}{\beta_i \gamma_i mpl_m \ (\hat{K}_m/K_m)^{\alpha_m}} - 1 \right) L_i}{L_m} \right]^{\beta_m}$$

$$\times \left[1 - \frac{\sum_{i=1, i \neq m}^{\varphi} \frac{\alpha_m \gamma_m}{\alpha} \left(\frac{\alpha mpk_i (\hat{L}_i/L_i)^{\beta_i}}{\alpha_i \gamma_i mpk_m (\hat{L}_m/L_m)^{\beta_m}} - 1 \right) K_i}{K_m} \right]^{\alpha_m} \quad (6-17)$$

接下来，用收入分布的方差作为收入差距的度量。仿照 Caselli 的做法（Caselli，2005），将最优化人均收入的方差与实际人均收入的方差进行比较：

$$S = \frac{\text{var}(\ln \hat{y}_m)}{\text{var}(\ln y_m)} \quad (6-18)$$

其中，$\text{var}(\ln \hat{y}_m) = \text{var}\left[\ln\left(\frac{\hat{Y}_m}{L_m - \Delta L'_m}\right)\right]$，$\text{var}(\ln y_m) = \text{var}\left[\ln\left(\frac{Y_m}{L_m}\right)\right]$。且 $\text{var}(\ln \hat{y}_m)$ 为无要素配置扭曲时最优人均产出的方差，$\text{var}(\ln y_m)$ 为实际人均收入的方差。比率 S 代表消除要素配置扭曲以后，收入差距还可以由其他影响因素解释的部分。则 $(1-S)$ 代表要素配置扭曲对收入差距的影响，比率 S 越小，要素错配对收入差距的解释度越大。

二　实证结果及分析

（一）要素错配对全国省份间收入差距的影响

表 6-1 列示了要素错配对全国省份间产业综合、一产、二产、三产收入差距的影响。劳动力错配的影响方面。1995 年产业综合的 S 值为 0.597，说明劳动力错配可以解释全国省份间收入差距的 40.3%，这与 1995 年低收入省份的劳动力错配程度相对较高、高收入省份的劳动力错配程度相对较低的形势一致，也侧面反映了低收入省份之所以收入较低，其主要原因之一就是劳动力错配程度较高。1995 年之后，S 值逐年增大，意味着劳动力错配对省份间收入差距的解释力度逐年降低，主要原因是相比于高收入省份，低收入省份的劳动力错配程度的降低速度更快。2012 年产业综合的 S 值首次超过 1，这与金融危机后低收入省份的劳动力错配程度相对较低、高收

入省份的劳动力错配程度相对较高的形势一致。此种情况下，劳动力错配成为省份间收入差距扩大的阻力，2014 年如果通过优化要素市场配置去除要素错配，则省份间的收入差距增大 2.3%。此外，2004 年之前二产、三产的 S 值处于 1 以上，一产处于 1 左右，说明劳动力错配成为省份间一产、二产、三产内部收入差距扩大的阻力。而 2004 年之后，三大产业的 S 值快速下降到 1 以下，且 2014 年一产、二产、三产的 S 值分别为 0.754、0.700、0.646，意味着劳动力错配再次成为省份间三大产业收入差距扩大的动力，且劳动力错配可以分别解释省份间一产、二产、三产内部收入差距的 24.6%、30.0%、35.4%。

表 6-1　　要素错配对全国省份间收入差距的影响

劳动力错配的影响	S 值									
	1995 年	1998 年	2000 年	2002 年	2004 年	2006 年	2008 年	2010 年	2012 年	2014 年
产业综合	0.597	0.703	0.763	0.775	0.929	0.978	0.989	0.994	1.012	1.023
一产	0.981	1.019	1.038	1.026	0.987	0.871	0.786	0.744	0.730	0.754
二产	1.053	1.119	1.185	1.152	1.116	0.846	0.645	0.672	0.653	0.700
三产	1.123	1.114	1.093	1.085	1.023	0.891	0.747	0.743	0.678	0.646
资本错配的影响	1995 年	1998 年	2000 年	2002 年	2004 年	2006 年	2008 年	2010 年	2012 年	2014 年
产业综合	0.924	0.938	0.958	0.974	0.992	0.939	0.866	0.771	0.729	0.748
一产	1.400	1.287	1.309	1.312	1.322	1.361	1.410	1.330	1.208	1.151
二产	1.097	1.174	1.227	1.231	1.416	1.388	1.383	1.363	1.321	1.265
三产	0.838	0.860	0.893	0.926	1.032	1.170	1.245	1.330	1.335	1.358

续表

劳动力、资本错配的叠加影响	S 值
	1995 年	1998 年	2000 年	2002 年	2004 年	2006 年	2008 年	2010 年	2012 年	2014 年
产业综合	0.558	0.686	0.767	0.790	0.949	0.946	0.884	0.814	0.798	0.806
一产	1.355	1.285	1.327	1.319	1.259	1.144	1.064	0.944	0.843	0.850
二产	1.154	1.300	1.433	1.407	1.586	1.224	0.969	0.965	0.912	0.914
三产	0.917	0.953	0.971	1.010	1.061	1.047	0.948	1.008	0.933	0.923

资料来源：笔者计算整理。

资本错配的影响方面。1995 年产业综合的 S 值为 0.924，意味着资本错配可以解释省份间收入差距的 7.6%，这与 1995 年低收入省份的资本错配程度相对较高、高收入省份的资本错配程度相对较低的形势一致。1995 年之后，产业综合的 S 值呈现先上升后下降的趋势，但 S 值一直保持在 1 以下，说明高、低收入省份的资本错配降低速度的大小经历了一次转换，但资本错配一直是省份间收入差距扩大的动力，这与 1995 年后高、低收入省份的资本错配程度的变化趋势及相对大小一致。2014 年产业综合的 S 值为 0.748，意味着资本错配可以解释省份间收入差距的 25.2%。此外，一产的 S 值呈波浪式下降趋势，二产的 S 值呈先上升后下降的趋势，但一产、二产的 S 值均位于 1 以上，说明资本错配一直是省份间一产、二产内部收入差距的阻力，其中 2014 年如果消除资本错配，则省份间一产、二产内部收入差距将分别扩大 15.1%、26.5%。三产的 S 值以 2004 年为界，之前低于 1，之后位于 1 以上，说明三产高、低收入省份的资本错配的相对大小在 2004 年经历了一次转换，其中 1995 年资本错配可以解释省份间三产内部收入差距的 16.2%，而 2014 年无资本错配情况下省份间三产内部收入差距将扩大 35.8%。

劳动力、资本错配的叠加影响方面。1995 年产业综合的 S 值为

0.558，意味着劳动力、资本错配的叠加效应可以解释省份间收入差距的44.2%，意味着低收入省份之所以收入较低，其主要原因之一就是要素错配叠加程度较高。1995年之后，产业综合的S值呈现逐年增长的趋势，但一直处于1以下，说明要素错配叠加效应一直是省份间收入差距扩大的动力，这与高、低收入省份要素错配叠加程度的下降速度及相对大小一致。2014年产业综合的S值为0.806，意味着劳动力、资本错配的叠加效应可以解释省份间收入差距的19.4%。此外，一产的S值呈现逐年下降的趋势，二产、三产的S值呈现先上升后下降的倒"U"形结构，且2014年劳动力、资本叠加效应可以分别解释省份间一产、二产、三产内部收入差距的15.0%、8.6%、7.7%。

(二) 要素错配对东部、中部、西部地区内部收入差距的影响

表6-2列示了要素错配对东部地区产业综合、一产、二产、三产收入差距的影响。劳动力错配的影响方面。1995年产业综合的S值为0.629，意味着劳动力错配可以解释东部地区省份间收入差距的37.1%。1995年之后产业综合的S值逐年增加，且在2006年达到1以上，说明劳动力错配对东部省份间收入差距的解释力度逐年降低，主要原因是相比于高收入省份，低收入省份的劳动力错配程度的降低速度更快，且2006年东部地区高、低收入省份的劳动力错配程度的相对大小经历了一次转换，劳动力错配由东部地区省份间收入差距扩大的动力变换为阻力。2014年无劳动力错配情况下，东部省份间收入差距将扩大9.8%。此外，一产、二产的S值呈现先上升后下降的倒"U"形结构，且1995年的S值大于1，2014年的S值小于1，说明东部地区一产、二产高、低收入省份的劳动力错配程度相对大小经历了一次转换，降低速度的相对大小经历了一次转换，2014年劳动力错配程度可以分别解释东部地区一产、二产省份间收入差距的34.7%、38.4%。三产的S值由1995年的1.224逐年降低到2014年的0.713，意味着东部地区三产高、低收入省份的劳动力错配程度相对大小经历了一次

表 6-2　　　　　　　要素错配对东部地区收入差距的影响

劳动力错配的影响	S值								
	1995年	1998年	2000年	2002年	2004年	2006年	2008年	2010年	2012年	2014年
产业综合	0.629	0.742	0.817	0.828	0.983	1.018	1.003	1.045	1.063	1.098
一产	1.038	1.090	1.134	1.095	1.084	0.838	0.703	0.632	0.605	0.653
二产	1.063	1.133	1.208	1.108	1.014	0.671	0.525	0.561	0.538	0.616
三产	1.224	1.175	1.142	1.197	1.181	1.011	0.821	0.831	0.749	0.713
资本错配的影响	1995年	1998年	2000年	2002年	2004年	2006年	2008年	2010年	2012年	2014年
产业综合	0.920	0.953	0.946	0.935	0.977	0.941	0.869	0.653	0.639	0.668
一产	1.444	1.234	1.368	1.548	1.631	1.615	1.677	1.476	1.561	1.402
二产	1.036	1.055	1.128	1.169	1.626	1.748	1.725	1.681	1.595	1.444
三产	1.191	1.044	1.038	1.066	0.877	0.896	1.033	1.332	1.384	1.292
劳动力、资本错配的叠加影响	1995年	1998年	2000年	2002年	2004年	2006年	2008年	2010年	2012年	2014年
产业综合	0.628	0.747	0.813	0.819	1.018	1.003	0.891	0.715	0.719	0.729
一产	1.379	1.257	1.417	1.560	1.555	1.306	1.151	0.918	0.996	0.974
二产	1.103	1.196	1.351	1.290	1.717	1.367	1.079	1.027	0.940	0.945
三产	1.451	1.228	1.177	1.261	1.071	0.942	0.879	1.137	1.075	1.000

资料来源：笔者计算整理。

转换，劳动力错配由东部地区省份间收入差距扩大的阻力变换为动力，且2014年劳动力错配可以解释东部地区三产省份间收入差距的28.7%。

资本错配的影响方面。1995年产业综合的S值为0.920，意味着资本错配可以解释东部地区省份间收入差距的8.0%。2004年之前，产业综合的 S 值有增长趋势，说明资本错配对东部省份间收入差距的解释力度逐年降低，主要原因是相比于高收入省份，低收入省份的资本错配程度的降低速度更快；2004 年之后，产业综合的 S 值有下降趋势，意味着相比于低收入省份，高收入省份的资本错配程度的降低速度更快。2004 年的 S 值仍然位于 1 以下，说明相比于高收入省份，东部地区低收入省份的资本错配程度一直较高。2014 年资本错配程度可以解释东部地区省份间收入差距的 33.2%。此外，一产的 S 值呈波浪式变动，且 S 值一直位于 1 以上，表明东部地区一产高、低收入省份间资本错配程度降低速度的相对大小经历了 2 次转换；二产的 S 值呈先上升后下降的倒"U"形结构，且 S 值一直位于 1 以上，意味着东部地区二产高、低收入省份间资本错配程度降低速度的相对大小经历了 1 次转换；三产的 S 值呈先下降后上升的"U"形结构，且 1995 年和 2014 年的 S 值大于 1，2004 年的 S 值小于 1，表明高、低收入省份的资本错配程度相对大小经历了 2 次转换，降低速度的相对大小经历了 1 次转换。

劳动力、资本错配的叠加影响方面。1995 年产业综合的 S 值为 0.628，意味着劳动力、资本错配叠加影响可以解释东部地区省份间收入差距的 37.2%。1995 年之后，产业综合的 S 值呈现先上升后下降的倒"U"形结构，且转换界点 2004 年产业综合的 S 值大于 1，2014 年产业综合的 S 值小于 1，表明东部地区高、低收入省份的要素错配叠加程度的相对大小经历了 2 次转换，降低速度的相对大小经历了 1 次转换，这与东部地区各省份要素错配程度的变化趋势一致。2014 年产业综合的 S 值为 0.729，表明要素错配叠加影响可以解释东部地区省份间收入差距的 27.1%。此外，一产、二产的 S 值呈现先上升后下降的倒"U"形结构。其中 2008 年之前一产高收入省份有更高的要素错配叠加程度，要素错配叠加成为一产省份间收入差距的阻力，2008 年之后则与之相反；2004 年之前二产高收入省份要素错配叠加程度的降低速度更慢，2004 年之后则与之相反。

表 6-3 列示了要素错配对中部地区产业综合、一产、二产、三产收入差距的影响。劳动力错配的影响方面。产业综合的 S 值由 1995 年的 0.721 逐年增加到 2014 年的 1.276，意味着 1995 年劳动力错配可以解释中部地区省份间收入差距的 27.9%，而 2014 年无劳动力错配情况下，中部地区省份间收入差距将增大 27.6%。一产的 S 值有逐年下降的趋势，且 2014 年劳动力错配可以解释中部地区省份一产收入差距的 25.1%；二产、三产的 S 值均呈现以 2008 年为界点的先下降后上升的"U"形结构，且 2014 年劳动力错配可以解释中部地区省份二产收入差距的 34.1%；而无劳动力错配情况下，2014 年中部省份三产收入差距将增大 40.7%。

表 6-3　　　　要素错配对中部地区收入差距的影响

劳动力错配的影响	S 值									
	1995 年	1998 年	2000 年	2002 年	2004 年	2006 年	2008 年	2010 年	2012 年	2014 年
产业综合	0.721	1.165	1.170	1.167	1.149	1.126	1.081	1.179	1.177	1.276
一产	0.902	0.898	0.923	0.907	0.857	0.819	0.671	0.674	0.716	0.749
二产	1.031	0.995	0.972	0.950	0.692	0.524	0.390	0.436	0.546	0.659
三产	1.353	1.399	1.132	1.147	1.157	1.141	1.160	1.126	1.263	1.407
资本错配的影响	1995 年	1998 年	2000 年	2002 年	2004 年	2006 年	2008 年	2010 年	2012 年	2014 年
产业综合	0.858	1.011	1.068	1.053	1.025	0.840	0.691	0.558	0.665	0.737
一产	1.635	1.836	1.745	1.624	1.513	1.613	1.759	1.984	1.429	1.322
二产	1.171	1.264	1.277	1.204	1.259	1.163	1.238	1.249	1.195	1.130
三产	0.274	0.748	1.037	0.909	1.858	2.036	1.823	1.882	1.982	2.004

续表

劳动力、资本错配的叠加影响	S值									
	1995年	1998年	2000年	2002年	2004年	2006年	2008年	2010年	2012年	2014年
产业综合	0.594	1.142	1.244	1.218	1.199	0.937	0.783	0.711	0.885	0.896
一产	1.466	1.646	1.591	1.460	1.188	1.098	1.104	1.126	0.906	0.921
二产	1.210	1.254	1.236	1.145	0.896	0.646	0.534	0.602	0.687	0.759
三产	0.495	1.076	1.110	1.073	2.015	2.046	1.743	1.773	1.821	1.976

资料来源：笔者计算整理。

资本错配的影响方面。产业综合的 S 值呈现先上升后下降的倒"U"形结构，且端点（1995 年、2014 年）的 S 值均小于 1，而转换界点（1998 年）的 S 值大于 1，意味着中部地区高、低收入省份的资本错配程度的相对大小经历了 2 次转换，且 2014 年资本错配可以解释中部地区省份间收入差距的 26.3%。一产、二产的 S 值波动幅度不大，且均大于 1，而三产的 S 值增长速度巨快，2014 年无资本错配情况下，中部地区省份间一产、二产、三产收入差距将分别扩大 32.2%、13.0%、100.4%。

劳动力、资本错配叠加影响方面。产业综合的 S 值呈现先上升，后下降，再上升的趋势，且 2014 年要素错配可以解释中部地区省份间收入差距的 10.4%。一产的 S 值呈先上升后下降的倒"U"形结构，且 2014 年要素错配叠加可以解释中部地区省份间一产收入差距的 7.9%。二产的 S 值以 2008 年为界点，呈现先下降后上升的"U"形结构，且 2014 年要素错配叠加可以解释中部地区省份间二产收入差距的 24.1%。三产的 S 值呈波浪式上升趋势，且无要素错配情况下，中部省份三产收入差距将扩大 97.6%。

总体来看，中部地区省份间产业综合、一产、二产、三产收入差距的变化与中部地区省份间的劳动力、资本错配程度的相对大小与变化趋势一致。

表 6-4 列示了要素错配对西部地区省份间产业综合、一产、二产、三产收入差距的影响。劳动力错配的影响方面。产业综合的 S 值有逐年上升的趋势，意味着西部地区低收入省份的劳动力错配程度下降得更快。此外，一产的 S 值变动幅度不大，二产、三产的 S 值有逐年下降的趋势，且三大产业的 S 值均小于 1，意味着西部地区一产、二产、三产的低收入省份有更高的劳动力错配程度。2014 年劳动力错配可以分别解释西部地区省份间一产、二产、三产收入差距的 6.3%、33.2%、36.4%。

表 6-4　　　　要素错配对西部地区收入差距的影响

劳动力错配的影响	S 值									
	1995 年	1998 年	2000 年	2002 年	2004 年	2006 年	2008 年	2010 年	2012 年	2014 年
产业综合	0.646	0.812	0.986	0.960	0.998	1.045	1.024	1.023	1.052	1.038
一产	0.891	0.946	0.963	0.970	0.935	0.965	0.958	0.941	0.964	0.937
二产	0.966	0.969	0.943	0.909	0.736	0.625	0.533	0.633	0.631	0.668
三产	0.983	0.954	0.975	0.963	0.958	0.927	0.758	0.865	0.796	0.636
资本错配的影响	1995 年	1998 年	2000 年	2002 年	2004 年	2006 年	2008 年	2010 年	2012 年	2014 年
产业综合	1.226	1.086	1.050	1.022	0.993	0.913	0.788	0.739	0.677	0.743
一产	1.731	1.433	1.392	1.261	1.238	1.131	1.054	0.802	0.686	0.821
二产	0.990	1.094	1.095	1.106	1.122	1.177	1.091	1.037	1.020	1.038
三产	1.386	1.376	1.271	1.151	1.309	1.427	1.519	1.560	1.630	1.807

续表

劳动力、资本错配的叠加影响	S值									
	1995年	1998年	2000年	2002年	2004年	2006年	2008年	2010年	2012年	2014年
产业综合	0.724	0.847	1.008	0.990	0.994	0.963	0.806	0.748	0.683	0.710
一产	1.508	1.361	1.333	1.209	1.114	0.979	0.849	0.661	0.578	0.691
二产	0.966	1.047	1.025	1.004	0.815	0.737	0.578	0.644	0.632	0.665
三产	1.265	1.264	1.225	1.120	1.275	1.308	1.179	1.291	1.279	1.238

资料来源：笔者计算整理。

资本错配的影响方面。产业综合的S值有逐年下降的趋势，2014年的S值为0.743，表明资本错配可以解释西部地区省份间收入差距的25.7%。此外，一产的S值有逐年下降的趋势，二产的S值呈现先上升后下降的倒"U"形结构，三产的S值呈现先下降后上升的"U"形结构。且2014年资本错配可以解释西部地区省份一产收入差距的17.9%；无资本错配情况下，西部地区省份二产、三产的收入差距将分别扩大3.8%、80.7%。

劳动力、资本错配的叠加影响方面。产业综合的S值呈现先上升后下降的倒"U"形结构，且除2000年外一直小于1，意味着西部地区低收入省份有更高的要素错配程度，其中2014年要素错配叠加可以解释西部地区省份间收入差距的29.0%。此外，一产的S值有逐年下降的趋势，二产的S值呈现先上升后下降的倒"U"形结构，三产的S值呈现先下降后上升再下降的倒"N"形结构。且2014年要素错配可以分别解释西部地区省份一产、二产收入差距的30.9%、33.5%；无要素错配情况下，西部地区省份三产收入差距将扩大23.8%。

总体来看，西部地区省份产业综合、一产、二产、三产收入差距的变化与西部省份的劳动力、资本错配程度的相对大小及变化趋势一致。

（三）要素错配对产业间收入差距的影响

将各省份的第一产业、第二产业和第三产业部门人均收入看作一个总体划分的三个组群，则根据组间方差的计算公式可得产业间方差：

$$\sigma_B = \sum_{i=1}^{n} f_i (\overline{x_i} - \overline{x})^2 / \sum_{i=1}^{n} f_i \tag{6-19}$$

其中，$\overline{x_i}$ 为第一产业、第二产业和第三产业部门组内的各省人均收入的平均值，$\overline{x}$ 为总体各省份人均收入的平均值，f_i 为各组群的频数。

将产业间方差带入式（6-18），可得要素错配对产业间收入差距的影响：

$$S' = \frac{\sigma_B^*}{\sigma_B} = \frac{\sum_{i=1}^{n} f_i (\overline{x_i}^* - \overline{x}^*)^2 / \sum_{i=1}^{n} f_i}{\sum_{i=1}^{n} f_i (\overline{x_i} - \overline{x})^2 / \sum_{i=1}^{n} f_i} \tag{6-20}$$

其中，$\overline{x_i}^*$ 和 $\overline{x}^*$ 分别为无要素错配状态下的组内各省份、总体各省份人均收入的平均值。

表 6-5 列示了要素错配对产业间收入差距的影响。劳动力错配的影响方面。全国、东部、中部、西部层面的 S 值有逐年增长的趋势，金融危机后跳跃式上升；且四个层面的 S 值以 2008 年为界，之前小于 1，之后位于 1 以上，意味着金融危机前劳动力错配成为产业间收入差距扩大的动力。1995 年劳动力错配可以分别解释全国、东部、中部、西部产业间收入差距的 30.6%、31.5%、30.4%、30.3%，这与金融危机前一产要素错配程度较高，二、三产业要素错配程度较低的形势一致。而金融危机后二、三产业的资本、劳动力错配程度飙升，第一产业因现代农业的推广实现资本、劳动力错配程度的下降，二者叠加使得 S 值快速增长，且远大于 1。

表6-5　　　　　　　　要素错配对产业间收入差距的影响

劳动力错配的影响	S值									
	1995年	1998年	2000年	2002年	2004年	2006年	2008年	2010年	2012年	2014年
全国	0.694	0.740	0.687	0.671	0.612	0.954	1.247	2.233	3.710	4.874
东部	0.685	0.750	0.706	0.691	0.675	1.192	1.655	3.696	4.638	6.980
中部	0.696	0.724	0.656	0.634	0.553	0.893	1.230	2.604	3.865	5.488
西部	0.697	0.737	0.656	0.639	0.480	0.667	0.825	1.139	2.200	2.602
资本错配的影响	1995年	1998年	2000年	2002年	2004年	2006年	2008年	2010年	2012年	2014年
全国	0.588	0.738	0.734	0.690	0.506	0.265	0.211	0.373	1.319	2.260
东部	0.488	0.687	0.677	0.621	0.390	0.100	0.136	1.276	2.750	4.090
中部	0.580	0.695	0.714	0.658	0.451	0.261	0.317	1.030	1.771	3.858
西部	0.650	0.795	0.774	0.748	0.636	0.498	0.544	0.531	0.766	1.123
劳动力、资本错配的叠加影响	1995年	1998年	2000年	2002年	2004年	2006年	2008年	2010年	2012年	2014年
全国	0.425	0.624	0.570	0.506	0.546	0.468	0.353	0.555	1.092	2.592
东部	0.325	0.586	0.535	0.508	0.466	0.427	0.308	1.509	2.871	4.978
中部	0.413	0.565	0.522	0.487	0.442	0.423	0.307	0.966	1.215	3.169
西部	0.520	0.674	0.575	0.528	0.537	0.453	0.324	0.095	0.648	1.440

资料来源：笔者计算整理。

资本错配的影响方面。全国、东部、中部、西部层面的S值以2008年为界，之前呈现先上升后下降的倒"U"形结构，且S值小于1；之后有快速上升趋势，且S值大于1。这与一、二、三产业的资本错配程度的相对大小及其变化趋势一致。其中2008年资本错配可以分别解释全国、东部、中部、西部产业间收入差距的78.9%、86.4%、68.3%、45.6%；而金融危机后无资本错配情况下，三大产业的收入差距将大幅度提高。

劳动力、资本错配的叠加影响与资本错配的影响类似，S 值以 2008 年为界，之前呈现先上升后下降的倒"U"形结构，且 S 值小于 1；之后有快速上升趋势，且 S 值大于 1。这与一、二、三产业的劳动力、资本错配程度的相对大小及其变化趋势一致。

（四）要素错配对省份间人均产出排名的影响

从表 6-6 可以看出，要素错配对各省份的人均产出排名有不同程度的影响。以 2014 年为例，要素错配对人均产出排名影响较大的省份有东部地区的广东、海南；中部地区的山西、黑龙江、安徽、河南、湖北；西部地区的四川、贵州。其中，广东、海南的人均产出实际排名分别为第 8 位和第 14 位，但无要素错配状态下，两省的人均产出排名分别为第 12 位和第 10 位；山西、黑龙江、安徽、河南、湖北的人均产出实际排名分别为第 18、第 7、第 28、第 24、第 15 位，但无要素错配状态下，五省份的人均产出排名分别为第 22、第 11、第 23、第 30、第 7 位；四川、贵州的人均产出实际排名分别为第 27 位和第 30 位，但无要素错配状态下，两省的人均产出排名分别为第 24 位和第 27 位。各省份的人均产出排名的波动与其劳动力、资本的错配程度及其变动趋势一致。

（五）要素配置扭曲影响省份间收入差距的作用机制

当 S<1 时，$\text{var}(\ln y_i^*) < \text{var}(\ln y_i^0)$，即最优要素配置时省份间的收入差距小于实际要素扭曲配置时省份间的收入差距。之所以出现这种情况，是因为实际中高收入省份的要素错配程度小于低收入省份的要素错配程度；消除要素错配后，低收入省份的收入提升更多，则省份间收入差距减少。低收入省份之所以收入较低，其原因之一就是低收入省份的要素错配程度较高。如果相对于 t_1 年，t_2 年的 S 值增大，则 t_2 年 S 值与 1 的差距更小，代表 t_2 年高收入省份与低收入省份之间要素错配程度的差距更小，要素错配对省份间收入差距的解释力度也更低。反之，如果相对于 t_1 年，t_2 年的 S 值减小，

第六章　要素错配对收入分配格局的影响　217

表6-6　要素错配对省份间人均产出排名的影响

	实际人均产出										无要素错配人均产出									
	1995年	1998年	2000年	2002年	2004年	2006年	2008年	2010年	2012年	2014年	1995年	1998年	2000年	2002年	2004年	2006年	2008年	2010年	2012年	2014年
北京	2	2	2	2	3	2	2	3	3	3	2	2	2	3	2	2	3	4	4	5
天津	3	3	3	3	2	3	2	2	2	2	4	3	3	2	3	3	2	2	3	2
河北	14	14	16	16	15	14	14	14	14	16	18	19	18	18	16	16	16	16	16	16
山西	18	17	17	17	17	17	16	15	17	18	24	20	19	17	17	17	17	17	18	22
内蒙古	15	15	14	14	14	13	12	13	11	11	17	16	14	14	14	14	14	13	14	13
辽宁	5	5	4	4	5	4	4	5	5	5	9	5	4	4	7	6	5	6	6	6
吉林	13	13	11	11	11	10	9	9	9	9	14	14	11	11	10	10	11	11	9	9
黑龙江	9	10	10	10	9	8	8	8	7	7	10	7	7	8	8	8	10	14	13	11
上海	1	1	1	1	1	1	1	1	1	1	1	1	1	1	1	1	1	1	1	1
江苏	6	6	6	6	6	5	6	6	6	6	5	9	8	7	5	4	4	3	2	3
浙江	8	7	8	7	8	9	11	10	13	13	7	8	9	9	9	9	12	10	10	14
安徽	26	29	29	28	27	28	28	27	28	28	28	29	29	29	29	28	25	19	23	23
福建	7	8	9	9	10	11	13	11	10	10	6	10	10	10	11	11	9	8	8	8
江西	25	21	21	21	21	22	23	22	22	22	27	24	24	23	22	19	20	20	20	20
山东	12	12	13	13	12	12	10	12	12	12	11	11	12	13	12	12	13	12	15	15
河南	21	23	26	25	24	24	24	24	24	24	22	24	27	26	25	27	27	27	29	30

续表

	实际人均产出											无要素错配人均产出								
	1995年	1998年	2000年	2002年	2004年	2006年	2008年	2010年	2012年	2014年	1995年	1998年	2000年	2002年	2004年	2006年	2008年	2010年	2012年	2014年
湖北	16	16	15	15	16	16	15	16	15	15	23	18	17	15	15	13	8	7	7	7
湖南	23	22	22	22	22	23	21	21	21	21	25	25	23	24	23	20	18	18	17	19
广东	4	4	5	5	4	7	7	7	8	8	3	4	6	5	4	7	7	9	11	12
广西	22	25	28	27	28	26	26	26	26	25	20	23	26	25	26	25	26	26	26	28
海南	11	11	12	12	13	15	17	18	16	14	13	12	13	12	13	15	15	15	12	10
重庆	20	19	19	19	18	21	22	23	23	23	19	17	20	20	18	18	19	24	25	25
四川	29	27	25	24	25	25	25	25	25	27	30	28	28	28	27	24	24	25	24	24
贵州	30	30	30	30	30	30	30	30	30	30	29	30	30	30	30	30	30	30	30	27
云南	27	24	24	26	26	27	27	29	27	26	12	13	15	16	20	26	28	29	27	26
陕西	24	26	23	23	23	20	20	20	20	20	21	22	22	22	24	22	23	22	21	21
甘肃	28	28	27	29	29	29	29	28	29	29	26	26	25	27	28	29	29	28	28	29
青海	17	18	18	18	19	18	19	19	19	19	15	15	16	19	19	21	22	23	22	17
宁夏	19	20	20	20	20	19	18	17	18	17	16	21	21	21	21	23	21	21	19	18
新疆	10	9	7	8	7	6	5	4	4	4	8	6	5	6	6	5	6	5	5	4

注:人均产出=实际总产出/劳动力人数。

资料来源:笔者计算整理。

则 t_2 年 S 值与 1 的差距更大，代表 t_2 年高收入省份与低收入省份之间要素错配程度的差距更大，要素错配对省份间收入差距的解释力度也更高。

当 S > 1 时，$var(lny_i^*) > var(lny_i^0)$，即最优要素配置时省份间的收入差距大于实际要素扭曲配置时省份间的收入差距。之所以出现这种情况，是因为实际中高收入省份的要素错配程度大于低收入省份的要素错配程度；消除要素错配后，高收入省份的收入提升更多，则省份间收入差距拉大。如果相对于 t_1 年，t_2 年的 S 值增大，则 t_2 年 S 值与 1 的差距更大，代表 t_2 年高收入省份与低收入省份之间要素错配程度的差距更大，要素错配对省份间收入差距的解释力度也更高。反之，如果相对于 t_1 年，t_2 年的 S 值减小，则 t_2 年 S 值与 1 的差距更小，代表 t_2 年高收入省份与低收入省份之间要素错配程度的差距更小，要素错配对省份间收入差距的解释力度也更低。

综上，S 值与 1 的绝对距离 |S-1| 等价于省份间要素错配的差异程度，代表了要素错配对地区间收入差距的影响力度。省份间要素错配的差异程度越大（即 |S-1| 越大），则要素错配对地区间收入差距的影响力度越大。基于以上分析，表 6-7 分四种情形总结了要素错配影响收入差距的作用机制。

表 6-7　　　　　　　　要素错配对收入差距的作用机制

	S 值	S 线斜率	高收入省份与低收入省份的要素错配程度的相对大小比较	高收入省份与低收入省份的要素错配程度的绝对差距	要素配置扭曲对省份间收入差距的解释力度
情形 1	<1	>0	小于	减小	减小
情形 2	>1	>0	大于	增大	增大
情形 3	>1	<0	大于	减小	减小
情形 4	<1	<0	小于	增大	增大

资料来源：笔者归纳整理。

第三节 劳动力、资本错配影响要素报酬份额的经验分析

本书将收入分配格局分为居民收入状况和要素收入状况两部分，接下来将进一步探究劳动力、资本错配对要素收入差距的影响。首先构建无要素错配情况下的劳动报酬占比的度量模型，然后具体分省份层面和全国、东部、中部、西部地区层面分析无劳动力、资本错配下的劳动报酬占比。

一 模型构建

此部分研究要素错配对总产出在要素之间分配关系的影响。由 $Y_{i1} = A_{i1}K_{i1}^{\alpha_{i1}}L_{i1}^{\beta_{i1}}$，可得 i 省份第一产业劳动力边际产出 $MPL_{i1} = \beta_{i1}A_{i1}K_{i1}^{\alpha_{i1}}L_{i1}^{\beta_{i1}} = \dfrac{\beta_{i1}Y_{i1}}{L_{i1}}$，同理可得第二、第三产业劳动力边际产出分别为 $MPL_{i2} = \beta_{i2}Y_{i2}/L_{i2}$，$MPL_{i3} = \beta_{i3}Y_{i3}/L_{i3}$。则三大产业劳动报酬总量为 $\Delta = L_{i1} \times MPL_{i1} + L_{i2} \times MPL_{i2} + L_{i3} \times MPL_{i3} = \beta_{i1}Y_{i1} + \beta_{i2}Y_{i2} + \beta_{i3}Y_{i3}$。

如此，三大产业劳动要素报酬占比为：

$$LS_i = \frac{\Delta}{Y_i} = \frac{\beta_{i1}Y_{i1} + \beta_{i2}Y_{i2} + \beta_{i3}Y_{i3}}{Y_i} \qquad (6-21)$$

将三大产业无资本、劳动力错配的最优产出 Y_i^* 代入上式，可测算出无要素配置扭曲状态下的劳动报酬占比 LS_i^*。

二 实证结果及分析

表6-8列示了无要素错配状态下的劳动份额占比。可以看出无要素错配状态下，各省份的劳动份额占比呈现以2006年为拐点的"U"形结构，2006年之前较多省份的劳动报酬占比有下降的趋势，

但2006年之后大部分省份的劳动报酬占比又拐头向上,这与实际中存在要素错配状态下的劳动报酬占比的趋势相仿。其中,1995年无要素错配下各省份的劳动份额占比为75%左右,2006年无要素错配下各省份的劳动份额占比下降到49%左右,2014年无要素错配下各省份的劳动份额占比又上升到63%左右。与实际劳动份额占比相比,要素错配并没有改变劳动份额占比的变动趋势及"U"形结构,但明显降低了各省份的劳动份额占比。具体来看,2006年之前以天津、上海、山西为代表的劳动报酬占比出现明显的下降趋势,说明这一时段相比于劳动,资本较为稀缺,资本有要求高回报的需求。2006年之后,东部地区以江苏、浙江、福建为代表,中部地区以安徽、江西、湖北、湖南为代表,西部地区以贵州、四川为代表的劳动报酬占比均出现较大程度的上升趋势。说明这一时段呈现出投资过剩、劳动力成本上升的趋势。

表6-8　　　　　无要素错配状态下的劳动份额占比　　　　（单位:%）

	1995年	1998年	2000年	2002年	2004年	2006年	2008年	2010年	2012年	2014年
北京	73.8	68.8	63.8	59.0	53.4	49.0	46.9	48.9	50.4	53.9
天津	76.4	72.3	66.4	60.6	53.5	37.3	33.9	34.7	37.9	46.6
河北	77.0	74.4	69.2	62.8	60.2	48.1	49.1	51.7	58.0	66.4
山西	75.4	72.7	66.6	61.4	55.7	41.4	38.5	46.5	51.7	59.2
内蒙古	74.8	74.3	70.1	63.7	62.6	51.5	51.2	50.9	57.2	63.3
辽宁	76.2	74.1	69.2	62.8	56.9	42.9	42.0	45.4	51.5	59.6
吉林	75.2	73.2	67.8	62.7	59.8	46.7	48.4	49.0	55.7	63.1
黑龙江	78.3	76.6	70.7	63.2	55.8	43.9	42.7	45.9	55.0	64.6
上海	76.1	72.3	66.6	60.9	52.6	37.7	34.5	39.6	46.1	55.9
江苏	77.6	74.6	69.4	63.1	61.8	53.6	55.5	53.7	60.1	66.2
浙江	77.9	75.0	68.6	61.7	57.0	46.9	46.4	49.4	56.0	64.8

续表

	1995 年	1998 年	2000 年	2002 年	2004 年	2006 年	2008 年	2010 年	2012 年	2014 年
安徽	75.2	73.3	68.5	63.0	65.5	58.2	60.9	59.0	64.9	71.3
福建	76.4	74.1	68.2	62.2	60.5	52.2	54.3	53.3	59.7	66.8
江西	74.3	72.7	69.0	63.2	64.7	55.7	56.9	53.1	56.9	62.2
山东	77.0	73.5	67.8	61.7	58.7	47.6	49.6	50.4	55.0	61.7
河南	77.3	74.4	68.7	62.7	59.9	49.0	49.9	51.2	56.4	61.7
湖北	74.6	73.4	68.8	63.0	66.0	57.2	60.9	58.0	64.8	71.1
湖南	75.3	73.4	67.5	62.3	62.8	55.3	58.7	56.2	62.3	67.8
广东	77.5	73.3	67.7	61.4	56.4	45.4	45.0	45.8	50.9	58.5
广西	77.0	74.5	69.6	62.7	63.5	56.0	56.9	54.6	60.2	66.2
海南	72.8	71.6	68.3	63.0	64.7	54.5	54.7	54.0	60.2	66.8
重庆	77.7	75.6	69.7	63.1	62.2	51.5	52.9	52.3	57.0	61.2
四川	77.3	75.0	69.7	63.3	64.4	57.2	59.3	56.5	63.8	70.4
贵州	78.1	74.6	69.1	63.2	61.9	53.1	54.6	54.4	62.7	73.8
云南	78.5	76.4	69.9	63.4	57.4	48.4	48.9	50.4	59.1	67.9
陕西	74.5	70.5	65.9	61.0	57.7	45.6	47.7	50.5	57.8	65.6
甘肃	77.9	75.7	69.5	63.6	60.7	50.4	50.0	52.3	58.6	66.7
青海	74.8	70.7	66.4	61.1	58.4	45.2	47.9	48.3	55.3	63.2
宁夏	76.3	72.2	67.2	60.9	56.2	42.7	40.1	40.4	43.3	49.8
新疆	74.5	72.9	68.7	62.4	58.2	45.7	43.3	50.8	56.6	65.7

资料来源：笔者计算整理。

表6-9列示了无要素错配状态下，东部、中部、西部地区以及全国整体劳动报酬占比的变化趋势。可以看出无要素错配状态下，全国和东部、中部、西部地区的劳动报酬占比的变动趋势基本一致，呈现以2006年为转换界点的先快速下降后缓慢上升的"U"形结构。与实际劳动报酬占比相比，要素错配仅改变了劳动报酬占比量的大小，并没有改变劳动份额占比的变动趋势及"U"形结构。

表6-9　　　　　无要素错配状态下分地区的劳动报酬占比　　　（单位:%）

	1995年	1998年	2000年	2002年	2004年	2006年	2008年	2010年	2012年	2014年
全国	76.2	73.5	68.3	62.3	59.6	49.0	49.4	50.2	56.2	63.4
东部	76.3	73.1	67.7	61.7	57.8	46.8	46.6	47.9	53.2	60.6
中部	75.7	73.7	68.5	62.7	61.3	50.9	52.1	52.4	58.5	65.1
西部	76.5	73.8	68.7	62.6	60.3	49.7	50.3	51.0	57.4	64.9

资料来源：笔者计算整理。

第四节　本章小结

本章从理论上论述了要素错配与收入分配格局的影响机制，并基于全国、东部地区、中部地区、西部地区四个层次，研究了要素错配对产业综合、一产、二产、三产收入差距的影响，以及要素错配对产业间收入差距及要素份额变动的影响。

研究发现：要素错配对收入差距的解释力度以金融危机为界，呈先下降后上升的"U"形趋势，这与各省份的劳动力、资本错配程度的变化趋势及其相对大小一致。其中，2014年劳动力、资本错配的叠加效应可以分别解释全国、东部、中部、西部省份间收入差距的19.4%、27.1%、10.4%、29.0%；2008年要素错配可以解释产业间收入差距的64.7%，金融危机后由于第二、第三产业的劳动力、资本错配程度的快速上升，要素错配成为产业间收入差距的阻力。此外，本章发现无要素错配状态下，各省份的劳动份额占比呈现以2006年为转换界点的先下降后上升的"U"形结构。与实际劳动报酬份额相比，要素错配并没有改变劳动报酬份额的变动趋势及"U"形结构，但明显降低了各省份的劳动报酬份额。

第七章

要素错配、收入分配差距对产出增长的影响

前文已经详细研究了要素错配对收入分配差距的影响，下面进一步探讨要素错配、收入分配差距对产出增长的影响。在研究要素错配、收入分配差距与经济增长的传导机制时，本章提出两条路径：要素错配通过配置效率对产出增长的影响和要素错配通过收入分配差距对产出增长的影响（见图7-1）。基于此，本章将从三部分展开：（1）要素错配通过配置效率对产出增长的直接影响。其一，从资本配置不变、劳动力最优配置，劳动力配置不变、资本最优配置和劳动力、资本皆最优三个方面研究要素错配对总量产出的直接影响。其二，从全国层面和东部、中部、西部地区层面研究劳动力、资本错配对人均产出的直接影响。（2）要素错配通过收入分配差距对产出增长的影响。采用反事实方法，比较实际扭曲状态和无要素错配状态下收入差距对产出增长的影响，进而得出要素错配通过收入差距对经济增长的作用大小。并从人力资本投资、物质资本投资和消费三方面研究要素错配和收入差距对经济增长的作用机制。（3）以上两条路径近似叠加的影响。

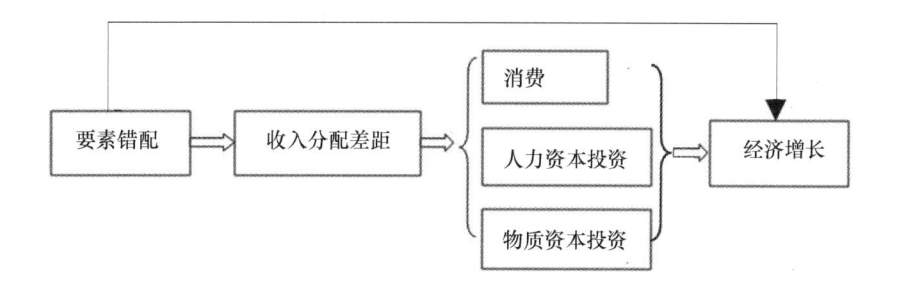

图 7-1 要素错配、收入差距对经济增长的作用路径

第一节 要素错配通过配置效率对产出增长的影响

以索罗为代表的新古典学派认为一国的产出水平主要受到人均资本等要素禀赋的影响，而现代主流学派则较多从全要素生产率的角度解释国家间收入差距的形成原因。其实从大量实证类的文献中可以看出，要素禀赋和全要素生产率都对一个国家或者一个地区的产出水平有影响，只是影响的相对大小不同而已，这也是较多学者争论的焦点。本书在 Caselli 的基础上（Caselli，2005），认为全要素生产率包括部门间的要素配置效率和部门内部生产率两个部分，如此，一个国家或者一个地区的产出水平主要受到三个方面的影响：部门间要素配置效率、部门内部生产率和要素禀赋。简单起见，仅考虑农业和非农业两个部门，则总产出受到农业和非农业部门间的要素配置效率、农业和非农业内部生产率和人均资本等要素禀赋的影响，即 $y_i = f(l_{Ai} | k_i, A_{Ai}, A_{Ii})$。其中，$l_{Ai}$、$k_i$、$A_{Ai}$、$A_{Ii}$ 分别为农业部门劳动力、人均资本、农业部门生产率、非农业部门生产率。

如图 7-2 所示，现有生产条件约束下，地区 i 所能达到的产出水平为 y_i^0，部门间要素配置效率提高时，即劳动力无错配状态下（$l_{Ai}^0 \to l_{Ai}^1$），可以达到的最优产出水平为 y_i^1；紧随其后，农业部门和非农业部门内部效率提高时($A_{Ai} \to A_{Ai*}$, $A_{Ii} \to A_{Ii*}$),可以达到的最优产出水平为y_i^2;在此基础上,地区i的人均资本(即要素禀赋)提高时($k_i \to k_{i*}$),可以达到的最优产出水平为y_i^3。如此则有如下公式:

$$(y_i^3 - y_i^0) = \overbrace{(y_i^3 - y_i^2)}^{\text{Factor Endowments}} + \overbrace{\underbrace{(y_i^2 - y_i^1)}_{\text{Sector TFP}} + \underbrace{(y_i^1 - y_i^0)}_{\text{Factor Allocation Efficiency}}}^{\text{Aggregate TFP}} \qquad (7-1)$$

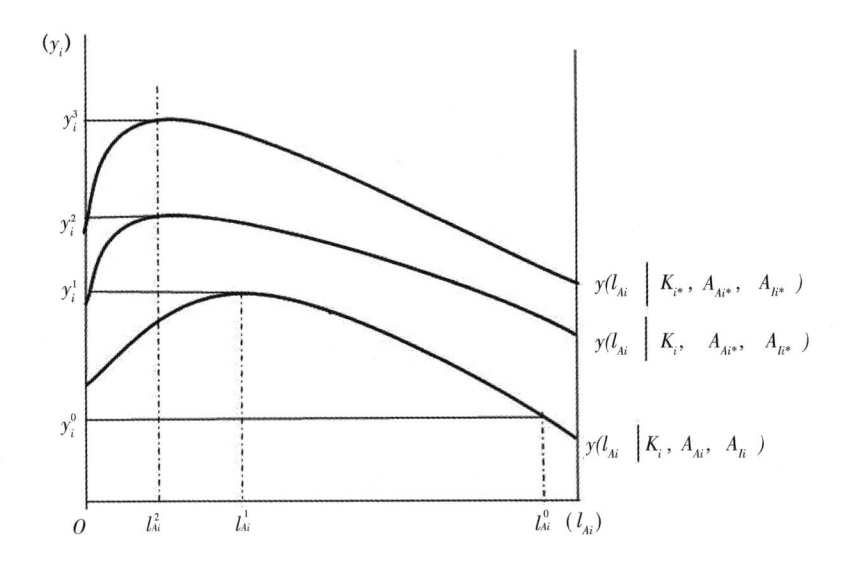

图7-2 产出水平的决定因素

本书主要关注的是部门间要素配置效率对产出水平的影响,即($y_i^1 - y_i^0$)的大小。因为行政性市场进入壁垒、财政补贴、金融抑制、户籍制度等体制性因素,中国的部门间劳动力、资本等要素的自由流动受阻,要素配置效率受到严重影响,产出水平也受到一定程度的损失。那么损失的程度如何呢?反过来说,要素不合理配置对产出增长的影响程度多大呢?下面分析要素错配通过配置效率对产出增长的直接影响,即从资本配置不变、劳动力最优配置,劳动力配置不变、资本最优配置,劳动力、资本皆最优三个方面研究要素错配对总量产出和人均产出的直接影响。由公式(6-14)可知,m 行业实际劳动力配置量与最优配置量之间的差值为:

$$\Delta L'_m = \sum_{i=1,i\neq m}^{\varphi} \Delta L'_{mi}$$

$$= \sum_{i=1,i\neq m}^{\varphi} \frac{\beta_m \gamma_m}{\beta} \left(\frac{\beta mpl_i (\hat{K}_i/K_i)^{\alpha_i}}{\beta_i \gamma_i mpl_m (\hat{K}_m/K_m)^{\alpha_m}} - 1 \right) L_i \quad (7-2)$$

其中,φ 为总行业数,其余变量定义同前。

当劳动力无扭曲配置时,m 行业的产出为:

$$\hat{Y}_m = Y_m \left(\frac{\hat{L}_m}{L_m} \right)^{\beta_m}$$

$$= Y_m \left[1 - \frac{\sum_{i=1,i\neq m}^{\varphi} \frac{\beta_m \gamma_m}{\beta} \left(\frac{\beta mpl_i (\hat{K}_i/K_i)^{\alpha_i}}{\beta_i \gamma_i mpl_m (\hat{K}_m/K_m)^{\alpha_m}} - 1 \right) L_i}{L_m} \right]^{\beta_m} \quad (7-3)$$

当资本无扭曲配置时,m 行业的产出为:

$$\hat{Y}_m = Y_m \left(\frac{\hat{K}_m}{K_m} \right)^{\alpha_m}$$

$$= Y_m \left[1 - \frac{\sum_{i=1,i\neq m}^{\varphi} \frac{\alpha_m \gamma_m}{\alpha} \left(\frac{\alpha mpk_i (\hat{L}_i/L_i)^{\beta_i}}{\alpha_i \gamma_i mpk_m (\hat{L}_m/L_m)^{\beta_m}} - 1 \right) K_i}{K_m} \right]^{\alpha_m} \quad (7-4)$$

当劳动力和资本均为无扭曲配置时,m 行业的产出为:

$$\hat{Y}_m = Y_m \left[1 - \frac{\sum_{i=1,i\neq m}^{\varphi} \frac{\beta_m \gamma_m}{\beta} \left(\frac{\beta mpl_i (\hat{K}_i/K_i)^{\alpha_i}}{\beta_i \gamma_i mpl_m (\hat{K}_m/K_m)^{\alpha_m}} - 1 \right) L_i}{L_m} \right]^{\beta_m}$$

$$\times \left[1 - \frac{\sum_{i=1, i \neq m}^{\varphi} \frac{\alpha_m \gamma_m}{\alpha} \left(\frac{\alpha mpk_i \ (\hat{L}_i/L_i)^{\beta_i}}{\alpha_i \gamma_i mpk_m \ (\hat{L}_m/L_m)^{\beta_m}} - 1 \right) K_i}{K_m} \right]^{\alpha_m} \quad (7-5)$$

如此，可以计算出各省份三大产业无要素错配下的产出总量，加总可得各省份无要素错配的总产出。

一　要素重置下总量产出的增长

本部分将按照劳动力、资本均最优配置，资本配置不变、劳动力最优配置，劳动力配置不变、资本最优配置三种情况分析要素重置下总量产出的增长。

首先是劳动力、资本均最优配置的情况。表7-1列示了劳动力、资本均最优配置下各省份的产出增长结果。可以看出，各省份劳动力、资本均最优配置下的产出增长比例要明显高于仅劳动力最优配置或者仅资本最优配置下的产出增长比例（见表7-2、表7-3）。这与要素错配程度的扭曲状况一致。在东部地区，天津的产出增长比例一直处于较低水平，这与天津的劳动力、资本错配程度有关。江苏、浙江、福建、海南的产出增长比例前期水平不低，且呈现出以2006年为拐点先缓慢下降后快速上升的"U"形趋势，2012年四省份的产出增长水平分别为57.0%、37.3%、49.5%、49.3%。其余省份的产出增长比例基本上呈现以2006年为拐点的先下降后上升的"U"形趋势。在中部地区，黑龙江的产出增长比例2006年之前呈现先上升后下降的趋势，2006年之后变化趋势并不显著。其余省份的产出增长比例基本上呈现出以2006年为拐点先下降后上升的"U"形趋势。其中1995年河南、湖南的产出增长比例最大，分别达到58.1%、53.9%，但二者在金融危机后的产出增长比例上升速度于安徽、湖北两省较慢。2012年安徽、湖北的产出增长比例分别达到51.0%、55.3%。在西部地区，各省份的产出增长比例基本上呈现以2006年为拐点的先下降后上升的"U"形趋势。其中 1995 年云南、贵州的产出增长较为明显，分别达到 67.5%、62.0%。2014 年贵州的产出增长最为显著，达到 64.2%。

整体上看，各省份的产出增长比例与劳动力、资本的扭曲程度和原有产出水平密切相关，原有产出水平越低，劳动力和资本错配的叠加程度越大，劳动力、资本重置下的产出增长比例就越大。东部、中部、西部地区相比较，金融危机前无要素错配下西部地区的产出增长比例要高于东部和中部地区，这与西部地区扭曲程度较高和原来产出水平较低有关，金融危机后三者的差距并不显著。

表 7-1　　　　　劳动力、资本均最优配置下的产出增长　　　　（单位:%）

东部地区	1995年	1998年	2000年	2002年	2004年	2006年	2008年	2010年	2012年	2014年
北京	5.6	4.3	3.7	3.3	12.1	14.6	18.9	22.7	19.8	19.2
天津	10.1	12.1	9.4	8.7	3.5	2.7	2.2	3.6	4.1	6.3
河北	35.5	23.9	19.7	16.9	5.1	5.7	10.8	23.5	24.9	25.1
辽宁	21.1	24.4	26.9	26.9	6.5	7.3	8.5	17.7	18.6	20.4
上海	9.2	10.9	8.6	7.0	8.5	11.6	12.8	16.7	19.0	20.2
江苏	31.1	25.0	21.2	18.0	15.7	30.9	41.5	47.5	57.0	57.7
浙江	31.8	28.7	17.0	10.1	4.3	11.9	19.3	34.7	37.3	35.6
福建	32.9	27.9	14.7	11.9	5.5	16.2	31.2	44.4	49.5	43.7
山东	45.1	37.8	29.7	23.4	7.0	10.2	15.3	28.8	28.1	28.8
广东	31.3	25.9	22.2	20.2	8.0	12.6	16.9	24.0	21.4	19.6
海南	26.4	21.2	17.7	23.1	11.9	16.3	22.2	44.2	49.3	47.1

续表

中部地区	1995年	1998年	2000年	2002年	2004年	2006年	2008年	2010年	2012年	2014年
山西	32.5	32.6	27.4	26.6	8.4	7.1	5.8	16.1	15.0	14.2
吉林	38.7	31.8	30.6	26.5	14.5	12.6	13.7	26.4	28.7	28.0
黑龙江	21.8	49.9	49.3	36.5	17.3	13.7	11.0	12.8	16.3	21.8
安徽	45.7	33.4	24.1	18.5	9.1	23.3	44.3	44.4	51.0	58.2
江西	45.3	30.8	22.3	16.6	8.6	19.0	31.1	44.8	45.7	43.7
河南	58.1	43.1	39.5	30.2	8.4	8.6	12.1	20.8	20.3	20.0
湖北	37.2	25.0	23.1	19.2	16.1	29.1	40.7	48.9	55.3	57.7
湖南	53.9	35.4	27.4	21.1	10.2	20.3	37.3	52.9	51.3	39.9
西部地区	1995年	1998年	2000年	2002年	2004年	2006年	2008年	2010年	2012年	2014年
广西	61.4	54.5	44.0	37.4	16.5	21.1	26.5	38.3	35.3	27.9
重庆	65.6	54.5	41.1	29.2	17.9	21.4	32.0	34.6	31.2	28.4
四川	59.4	44.2	29.1	22.9	11.9	24.8	39.1	49.8	58.0	50.5
贵州	62.0	54.9	45.7	39.1	12.4	16.7	25.6	47.0	52.2	64.2
云南	67.5	62.4	51.2	50.1	32.4	20.3	19.9	30.0	34.1	32.9
陕西	63.2	56.4	50.0	37.8	8.7	9.0	15.6	25.5	25.8	21.7
甘肃	64.1	52.7	42.5	43.4	18.4	18.9	20.1	33.1	34.3	33.6
青海	59.4	58.4	51.6	36.6	7.8	7.2	9.3	16.5	21.1	26.2
宁夏	60.3	47.7	37.7	30.7	8.3	4.3	3.0	10.4	13.0	14.5
新疆	38.1	42.4	47.0	40.1	15.1	17.1	13.6	25.0	27.0	33.1
内蒙古	37.8	29.4	26.4	27.7	12.3	16.3	17.2	28.5	30.8	31.4

注：表中结果为劳动力、资本均最优配置下各省份的产出增长比例。

资料来源：笔者计算整理。

其次是资本配置不变、劳动力最优配置的情况。表7-2列示了资本配置不变、劳动力最优配置下各省份的产出增长结果。在东部地区，北京、天津、上海的产出增长比例维持在较低水平，这与北京、天津、上海原来的产出水平较大有关；但2008年之后北京、上海的产出增长比例迅速增大,这与两地劳动力配置扭曲跳跃式上升的趋势一致。辽宁的产出增长比例前期水平不低,且金融危机前呈现倒"U"形趋势,2008 年之后又迅速上升。河北、江苏、浙江、福建、山东、广州、海南的产出增长比例前期水平较高,且基本上呈现以 2008 年为拐点先下降后上升的"U"形趋势。其中江苏、上海、辽宁和浙江在 2008 年以后增长比例较为显著。2014 年北京、辽宁、上海、江苏的产出增长比例分别达到 14.4%、14.7%、14.4%、12.1%。在中部地区,黑龙江的产出增长比例金融危机前呈现先上升后下降的倒"U"形趋势,金融危机后有上升的趋势。其余省份的产出增长比例基本上呈现以金融危机为拐点的先下降后上升的"U"形趋势,但两阶段相比较,金融危机前的产出增长比例较大。2014 年山西、吉林、黑龙江、安徽的产出增长比例分别达到 10.7%、15.6%、12.9%、10.3%。在西部地区,各省份前期的产出增长比例较大,其中 1995 年劳动力重置下,广西、贵州、云南、甘肃的产出增长比例分别达到 61.6%、63.7%、68.8%、63.3%。1995 年之后各省份的产出增长比例呈下降趋势,金融危机后又有缓慢上升的趋势。

整体上看,各省份的产出增长比例与劳动力的扭曲度和原有产出水平有关,原有产出水平越低,劳动力错配程度越大,劳动力重置下的产出增长比例就越大。

表 7 - 2　　**资本配置不变、劳动力最优配置下的产出增长**　　(单位:%)

东部地区	1995 年	1998 年	2000 年	2002 年	2004 年	2006 年	2008 年	2010 年	2012 年	2014 年
北京	4.2	4.2	3.6	1.9	0.7	2.0	2.0	5.9	9.1	14.4
天津	8.4	11.2	9.1	8.8	2.6	1.6	0.8	2.2	3.0	4.8
河北	34.6	25.0	20.9	17.2	2.5	1.2	0.8	2.4	3.9	6.9
辽宁	14.4	24.2	26.3	25.0	5.3	4.4	3.0	7.4	9.8	14.7
上海	6.7	10.6	8.8	7.1	2.2	3.1	1.8	6.1	9.5	14.4
江苏	26.9	23.4	19.8	15.5	1.2	1.7	3.6	4.5	8.8	12.1

续表

东部地区	1995年	1998年	2000年	2002年	2004年	2006年	2008年	2010年	2012年	2014年
浙江	32.5	30.3	18.1	10.4	0.9	1.0	1.8	3.3	6.0	9.8
福建	32.5	29.5	15.5	12.4	1.2	1.1	2.6	2.8	5.8	9.1
山东	44.1	35.9	27.6	20.6	4.1	1.7	1.4	2.8	3.9	6.1
广东	30.4	26.8	22.2	19.0	4.3	1.2	0.4	2.0	3.5	6.0
海南	22.6	20.4	15.5	19.7	3.7	2.7	1.5	3.9	6.3	8.5
中部地区	1995年	1998年	2000年	2002年	2004年	2006年	2008年	2010年	2012年	2014年
山西	28.4	31.4	26.9	27.5	8.8	5.4	4.4	7.7	9.0	10.7
吉林	18.3	19.7	22.5	23.0	5.3	4.6	3.0	6.9	9.6	15.6
黑龙江	22.0	52.1	48.5	35.8	12.0	7.8	4.5	9.1	9.6	12.9
安徽	35.8	30.9	23.8	18.7	1.6	1.5	2.5	4.1	7.0	10.3
江西	27.5	25.4	22.1	16.4	1.5	1.9	2.2	2.8	4.7	6.9
河南	58.4	41.5	40.4	32.1	7.5	3.1	1.0	2.9	3.9	4.6
湖北	21.8	17.8	20.0	17.3	3.0	4.2	6.6	9.0	14.9	20.6
湖南	41.1	32.4	25.9	20.3	4.5	1.8	1.6	3.2	5.7	8.6
西部地区	1995年	1998年	2000年	2002年	2004年	2006年	2008年	2010年	2012年	2014年
广西	61.6	58.0	48.6	40.9	9.6	2.7	0.6	2.3	3.3	5.1
重庆	65.6	55.9	40.2	26.4	3.6	1.9	2.0	4.0	5.9	7.6
四川	60.6	47.3	31.5	23.9	3.4	3.1	3.3	4.8	7.7	10.8
贵州	63.7	66.8	48.5	43.1	11.5	7.7	5.1	10.3	13.3	23.6
云南	68.8	66.5	51.0	47.7	27.1	11.9	5.7	11.4	10.7	15.5
陕西	57.4	47.3	38.0	33.7	9.3	5.5	2.4	4.1	6.2	9.0
甘肃	63.3	55.1	45.0	44.8	13.1	9.6	6.4	12.5	14.2	19.8
青海	49.5	48.2	47.0	35.3	6.5	3.9	2.2	4.8	7.5	10.2
宁夏	58.3	47.8	39.5	32.1	8.7	3.3	1.3	2.8	3.3	5.0
新疆	30.1	39.7	48.9	42.2	14.8	13.9	9.8	15.5	19.9	26.2
内蒙古	20.8	26.6	24.9	26.5	6.3	3.9	2.4	6.1	8.5	11.1

注：表中结果为资本配置不变、劳动力最优配置下各省份的产出增长比例。

资料来源：笔者计算整理。

最后是劳动力配置不变、资本最优配置的情况。表 7-3 列示了劳动力配置不变、资本最优配置下各省份的产出增长结果。在东部地区，各省份的产出增长比例基本上呈现以 2004 年为拐点先缓慢下降后快速上升的"U"形趋势，2010 年之后又表现出下降趋势，但近年来的产出增长比例仍然要明显大于前期水平。其中 2014 年江苏、福建、山东、海南的产出增长比例分别达到 32.5%、21.3%、19.8%、30.3%。在中部地区，2002 年之前各省份的产出增长比例呈下降趋势，其中吉林的产出水平最高。2002 年之后，安徽、江西、湖北、湖南的产出增长比例迅速增大，2010 年四省份的产出增长比例分别达到 57.5%、35.9%、40.9%、45.1%。与东部地区类似，2010 年之后中部地区各省份的产出增长比例也表现出下降趋势，但 2014 年的产出增长比例仍然较大。在西部地区，1995 年重庆、陕西、内蒙古的产出增长比例较大，分别达到 21.2%、24.8%、30.8%，三地的产出增长比例呈先下降后上升的趋势，但上升趋势不明显，2014 年的产出增长比例与 1995 年差别不大。广西、四川、贵州前期的产出增长比例不大，但 2002 年之后有显著上升的趋势，2010 年三地的产出增长比例分别达到 36.3%、38.8%、36.9%。其余省份的产出增长比例基本上呈现先下降后上升的"U"形趋势。

整体上看，各省份的产出增长比例与资本的扭曲度和原来的产出水平有关，原有产出水平越低，资本错配程度越大，资本重置下的产出增长比例就越大。同时与金融危机前的产出增长相比，金融危机后资本重置下各省份的产出增长比例明显较高。

表 7-3　　**劳动力配置不变、资本最优配置下的产出增长**　　（单位:%）

东部地区	1995 年	1998 年	2000 年	2002 年	2004 年	2006 年	2008 年	2010 年	2012 年	2014 年
北京	3.0	1.2	0.9	1.9	9.7	9.2	12.7	9.8	4.8	1.1
天津	3.5	3.2	1.9	1.2	1.4	1.2	1.6	2.7	2.6	4.0
河北	6.7	2.8	1.6	2.2	4.1	4.8	8.8	19.5	17.7	15.1

续表

东部地区	1995年	1998年	2000年	2002年	2004年	2006年	2008年	2010年	2012年	2014年
辽宁	16.2	5.8	4.1	3.8	3.7	4.3	5.5	11.5	9.6	8.5
上海	3.7	1.8	0.3	0.2	4.6	5.9	8.3	6.2	4.6	2.3
江苏	14.7	8.7	7.9	8.9	16.9	24.6	32.2	44.9	41.8	32.5
浙江	3.7	1.8	1.3	1.8	4.5	8.8	12.2	22.2	19.0	13.7
福建	7.0	2.9	2.0	1.2	5.7	12.7	21.0	32.4	29.7	21.3
山东	6.2	6.6	6.1	6.3	5.8	10.0	12.5	24.4	21.2	19.8
广东	7.6	3.4	3.0	4.3	6.6	12.4	15.2	20.6	14.8	11.1
海南	11.6	6.2	7.3	8.2	10.8	13.2	18.6	36.1	36.0	30.3
中部地区	1995年	1998年	2000年	2002年	2004年	2006年	2008年	2010年	2012年	2014年
山西	5.8	4.3	2.9	1.7	1.9	4.8	3.3	10.5	8.3	6.7
吉林	32.8	22.3	18.4	13.5	14.2	11.9	11.6	22.4	20.8	16.5
黑龙江	3.2	0.8	0.1	0.1	2.6	3.3	4.7	4.3	7.2	9.3
安徽	15.6	9.0	5.8	4.9	9.6	19.9	33.5	57.5	48.3	33.7
江西	25.2	12.6	7.7	5.9	8.8	15.0	22.8	35.9	33.4	30.4
河南	20.8	9.5	5.7	3.1	4.2	7.5	11.2	18.5	16.6	16.2
湖北	23.9	15.2	11.5	9.1	14.8	21.4	30.3	40.9	36.3	28.2
湖南	20.8	11.1	8.0	6.9	9.8	19.0	31.4	45.1	38.0	25.9
西部地区	1995年	1998年	2000年	2002年	2004年	2006年	2008年	2010年	2012年	2014年
广西	10.8	6.4	4.5	4.5	11.6	19.5	24.7	36.3	30.3	21.5
重庆	21.2	7.7	6.8	6.3	16.4	18.4	24.6	24.8	17.7	14.0
四川	6.6	3.6	2.8	3.5	10.8	20.0	28.9	38.8	39.1	28.8
贵州	5.5	5.3	4.1	2.5	3.8	10.6	19.7	36.9	44.0	47.9
云南	7.0	1.5	0.2	0.2	3.3	8.0	14.2	20.3	25.4	19.1
陕西	24.8	22.3	17.3	9.4	1.6	4.5	12.7	21.4	18.0	11.4

续表

西部地区	1995年	1998年	2000年	2002年	2004年	2006年	2008年	2010年	2012年	2014年
甘肃	10.5	8.6	8.1	9.2	9.3	10.8	13.8	23.0	23.1	17.9
青海	11.7	13.0	10.3	6.9	4.1	6.0	7.4	12.7	13.6	15.7
宁夏	10.7	6.1	3.6	2.4	1.3	2.6	2.9	10.6	13.1	13.9
新疆	13.4	9.0	5.2	3.2	0.4	1.5	2.6	11.1	10.9	13.6
内蒙古	30.8	11.4	9.1	7.3	11.2	15.8	15.7	24.6	23.1	21.6

注：表中结果为劳动力配置不变、资本最优配置下各省份的产出增长比例。

资料来源：笔者计算整理。

二 要素重置下人均产出的增长

本部分将分别分析要素重置下全国、东部地区、中部地区、西部地区人均产出的增长情况。

全国层面人均产出的增长情况。表7-4的A部分列示了要素重置下全国层面的人均产出增长情况。劳动力、资本重置的叠加影响方面，产业综合的人均产出增长比例均大于0，说明无要素错配下产业综合的人均产出要高于扭曲状态下产业综合的人均产出。且产业综合的人均产出增长比例呈现以2006年为拐点的先下降后上升的"U"形趋势。其中2014年劳动力、资本重置情况下产业综合的人均产出增长比例达到26.8%。相比于产业综合，第一产业的人均产出增长比例更大，且呈现出以2000年和2010年为双拐点的"N"形趋势，其中2010年无劳动力、资本错配情况下第一产业的人均产出增长比例达到62.8%，这与第一产业的劳动力减少和总产出增加有关。第二产业的人均产出增长比例小于0，意味着与扭曲状态相比，无要素错配下第二产业的人均产出降低，且2014年无劳动力、资本错配下第二产业的人均产出降低10.6%，说明第二产业的劳动力人数增加的影响要高于总产出增加的影响。第三产业的人均产出增长比例呈现以2006年为拐点先下降后上升的"U"形趋势，且1995年和 2014 年第三产业的人均产出增长比例分别为 8.8%、34.4%，而 2006 年无要素错配下第三产业的人均产出降低 8.6%，这与第三产业劳动力比重变动和总产出比重变动有关。

整体看来，要素重置下全国层面的人均产出增长情况与要素重置下全国层面的劳动力比重变动和资本比重变动有关。如表 7 - 4 的 B 部分所示，现实中第一产业的劳动力过剩，而资本稀缺；第二产业的劳动力稀缺，而资本过剩；第三产业的劳动力在 2008 年之前稀缺，而 2008 年之后又过剩，资本则在 2004 年之前稀缺，而 2004 年之后又过剩。且各产业的劳动力与资本的过剩程度与稀缺程度随着时间的变化而变化。二者的共同作用导致了要素重置下全国层面的人均产出增长结果。

表 7 - 4　要素重置下全国层面的人均产出增长比例和要素比重变动　（单位:%）

A: 要素重置下人均产出增长比例									
劳动力、资本重置的叠加影响	1995 年	1998 年	2000 年	2002 年	2004 年	2006 年	2008 年	2010 年	2012 年	2014 年
产业综合	34.9	29.4	24.2	20.6	9.9	13.5	20.0	28.4	29.4	26.8
一产	55.2	31.7	32.8	35.9	50.4	60.1	61.0	62.8	61.6	61.5
二产	-11.4	-13.4	-19.5	-16.8	-16.4	-16.8	-2.2	-13.2	-14.4	-10.6
三产	8.8	10.5	3.9	-1.6	-7.2	-8.6	-7.6	10.4	26.9	34.4
劳动力重置的影响	1995 年	1998 年	2000 年	2002 年	2004 年	2006 年	2008 年	2010 年	2012 年	2014 年
产业综合	31.5	28.6	23.9	20.0	4.7	1.8	1.3	2.6	4.2	6.2
一产	17.8	10.6	11.4	12.0	10.4	8.1	5.3	3.2	2.9	2.5
二产	-8.8	-14.7	-16.9	-16.2	-17.3	-14.8	-6.4	-15.2	-10.5	-7.4
三产	-7.4	-3.6	-4.8	-5.4	-0.6	4.8	10.1	24.8	35.7	35.1
资本重置的影响	1995 年	1998 年	2000 年	2002 年	2004 年	2006 年	2008 年	2010 年	2012 年	2014 年
产业综合	11.0	6.2	4.8	4.4	7.3	12.5	16.9	24.1	21.6	17.2
一产	36.9	20.6	21.2	23.9	39.1	40.6	49.7	58.7	58.4	44.2
二产	-7.3	-8.5	-7.1	-5.3	0.2	2.9	4.1	-4.3	-5.3	-3.7
三产	15.7	13.8	8.4	3.7	-6.5	-13.4	-17.8	-14.5	-8.9	-0.9

续表

B：要素重置下劳动力、资本比重变动										
要素重置下劳动力比重变动	1995年	1998年	2000年	2002年	2004年	2006年	2008年	2010年	2012年	2014年
一产	-30.3	-27.3	-26.9	-25.1	-16.3	-9.6	-7.3	-5.2	-3.9	-2.6
二产	26.0	25.9	24.4	21.8	15.0	8.7	7.9	8.5	7.8	8.5
三产	4.4	1.4	2.4	3.3	1.3	0.9	-0.6	-3.3	-3.9	-5.9
要素重置下资本比重变动	1995年	1998年	2000年	2002年	2004年	2006年	2008年	2010年	2012年	2014年
一产	18.0	8.8	7.0	7.8	8.0	9.3	11.1	14.7	15.3	15.2
二产	-38.1	-24.4	-14.4	-10.2	-1.4	0.2	0.6	-5.1	-9.0	-14.3
三产	20.2	15.6	7.4	2.4	-6.6	-9.6	-11.8	-9.6	-6.3	-0.9

注：表中B部分结果为要素最优配置情况下的劳动力比重、资本比重与扭曲状态下劳动力比重、资本比重的差值。下同。

资料来源：笔者计算整理。

要素重置下东部地区、中部地区、西部地区层面的人均产出增长情况。在具体的阐述中，为避免重复，重点关注劳动力、资本重置的叠加对产出增长比例的影响，劳动力重置和资本重置下产出的增长比例的相对大小和变动趋势不再阐述。

表7-5的A部分列示了要素重置下东部地区人均产出增长情况。劳动力、资本重置的叠加影响方面，产业综合的人均产出增长比例均大于0，且呈现以2006年为拐点先下降后上升的"U"形趋势。其中2014年无要素错配下东部地区人均产出增长24.6%。与产业综合相比，第一产业的人均产出增长比例更高，且呈现以1998年和2010年为双拐点的倒"N"形趋势，其中2010年无要素错配下第一产业的人均产出增长59.7%，这与第一产业劳动力和资本的比重变动密切相关。第二产业的人均产出基本上是降低的，其中2014年无要素错配下第二产业的人均产出下降10.3%，这与无要素错配下第二产业劳动力

增加和资本降低有关。第三产业的人均产出增长比例呈现以2008年为拐点先下降后上升的趋势，且1995年和2014年的人均产出增长比例分别为4.4%、28.6%，而拐点处显示无要素错配下第三产业人均产出下降10.8%，这与第三产业劳动力和资本比重的变动规律有关。

整体来看，要素重置下东部地区的人均产出增长情况与要素重置下东部地区劳动力比重的变动和资本比重的变动有关。如表7-5的B部分所示，现实中东部地区第一产业的劳动力过剩，但过剩程度逐年下降，第一产业的资本稀缺，且稀缺程度呈现以2004年为拐点的先下降后上升的"U"形趋势；第二产业的劳动力稀缺，且稀缺程度总体上呈现下降趋势，第二产业的资本在初期和近年来过剩，但在中间年份又出现稀缺现象；第三产业的劳动力在2008年之前稀缺，而2008年之后又过剩，资本则在2004年之前稀缺，而2004年之后又过剩。东部地区的人均产出增长结果与各产业的劳动力和资本的过剩程度与稀缺程度的波动密切相关。

表7-5　　要素重置下东部地区的人均产出增长比例和要素变动　　（单位:%）

A: 要素重置下人均产出增长比例									
劳动力、资本重置的叠加影响	1995年	1998年	2000年	2002年	2004年	2006年	2008年	2010年	2012年	2014年
产业综合	25.8	22.3	18.1	15.4	7.9	12.0	18.2	26.2	27.0	24.6
一产	61.8	36.6	38.6	42.1	45.5	47.7	51.9	59.7	53.6	50.5
二产	-11.3	-17.5	-20.5	-17.2	-12.4	-3.2	9.5	-8.0	-9.7	-10.3
三产	4.4	7.2	1.5	-2.3	-9.1	-9.8	-10.8	7.1	21.0	28.6
劳动力重置的影响	1995年	1998年	2000年	2002年	2004年	2006年	2008年	2010年	2012年	2014年
产业综合	24.3	22.2	17.8	14.4	2.7	0.7	0.8	1.6	3.2	5.2
一产	19.6	12.5	13.6	13.9	10.5	5.7	4.4	3.2	3.3	2.6
二产	-5.1	-10.6	-15.7	-14.1	-15.5	-8.3	2.6	-7.4	-5.0	-4.1
三产	-3.6	-1.3	-2.5	-3.9	-1.5	2.3	4.7	18.7	27.8	28.9

续表

A：要素重置下人均产出增长比例

资本重置的影响	1995年	1998年	2000年	2002年	2004年	2006年	2008年	2010年	2012年	2014年
产业综合	7.8	4.3	3.5	4.0	7.0	11.7	15.3	21.8	18.9	14.8
一产	41.7	24.1	25.3	28.7	44.3	67.8	76.2	96.9	84.3	69.0
二产	-6.1	-6.8	-4.7	-3.0	3.4	5.1	6.6	-1.1	-5.5	-10.2
三产	8.1	8.4	3.8	1.4	-7.6	-12.0	-15.4	-11.6	-6.9	-0.2

B：要素重置下劳动力、资本比重变动

要素重置下劳动力比重变动	1995年	1998年	2000年	2002年	2004年	2006年	2008年	2010年	2012年	2014年
一产	-26.1	-24.7	-23.8	-21.7	-12.1	-7.5	-5.2	-3.9	-2.8	-2.1
二产	23.8	24.4	22.5	19.1	9.9	5.7	3.8	5.4	5.3	6.8
三产	2.3	0.3	1.3	2.6	2.2	1.8	1.4	-1.5	-2.5	-4.7
要素重置下资本比重变动	1995年	1998年	2000年	2002年	2004年	2006年	2008年	2010年	2012年	2014年
一产	14.7	7.2	5.8	6.4	6.2	7.2	8.4	11.3	11.6	11.7
二产	-28.9	-18.3	-9.4	-6.7	1.4	1.6	2.0	-3.6	-6.9	-11.9
三产	14.3	11.1	3.6	0.3	-7.6	-8.8	-10.5	-7.7	-4.7	0.2

资料来源：笔者计算整理。

表7-6的A部分列示了要素重置下中部地区的人均产出增长情况。劳动力、资本重置的叠加影响方面，产业综合和第一产业的人均产出增长比例均大于0，且与产业综合相比，第一产业的增长幅度更大。其中产业综合人均产出的增长比例呈现先下降后上升的"U"形趋势，第一产业则呈现先下降后上升再下降的倒"N"形趋势，2014年无要素错配下产业综合和第一产业的人均产出分别增加29.5%、57.0%。第二产业和第三产业的人均产出增长比例的变动趋势正好相反，且第二产业的增长比例小于0，而第三产业的增长比

例多数年份大于 0。2014 年无要素错配下第二产业人均产出降低 20.7%，而第三产业人均产出增加 40.8%。

整体来看，要素重置下中部地区的人均产出增长情况与要素重置下中部地区劳动力比重的变动和资本比重的变动有关。如表 7-6 的 B 部分所示，现实中中部地区第一产业的劳动力过剩，但过剩程度逐年下降，第一产业的资本稀缺，且稀缺程度呈现以 2000 年为拐点的先下降后上升的"U"形趋势；第二产业的劳动力稀缺，且稀缺程度总体上呈现下降趋势，第二产业的资本过剩，过剩程度先下降后上升；第三产业的劳动力在 2006 年之前稀缺，而 2006 年之后又出现过剩现象，资本则在 2004 年之前稀缺，而 2004 年之后又过剩。中部地区的人均产出增长结果与各产业的劳动力和资本的过剩程度与稀缺程度的波动密切相关。

表 7-6　　要素重置下中部地区的人均产出增长比例和要素比重变动　　（单位:%）

A：要素重置下人均产出增长比例										
劳动力、资本重置的叠加影响	1995 年	1998 年	2000 年	2002 年	2004 年	2006 年	2008 年	2010 年	2012 年	2014 年
产业综合	37.5	31.0	27.5	22.2	10.9	14.6	22.6	32.7	33.0	29.5
一产	51.2	31.9	33.1	34.9	47.4	65.1	69.2	86.1	72.1	57.0
二产	-15.8	-23.7	-32.0	-30.2	-34.7	-24.6	-9.2	-18.7	-20.2	-20.7
三产	26.0	22.3	12.1	3.4	-2.6	-8.2	-6.8	13.3	33.2	40.8
劳动力重置的影响	1995 年	1998 年	2000 年	2002 年	2004 年	2006 年	2008 年	2010 年	2012 年	2014 年
产业综合	29.8	28.5	26.5	22.0	5.5	2.4	1.7	3.1	4.8	6.8
一产	15.9	10.9	12.7	12.8	10.3	7.5	7.7	5.8	4.1	2.3
二产	-5.8	-11.8	-20.1	-20.0	-27.6	-22.4	-7.4	-14.4	-10.2	-6.9
三产	-4.8	-1.4	-4.8	-5.2	-1.1	5.0	12.7	29.3	41.4	38.1
资本重置的影响	1995 年	1998 年	2000 年	2002 年	2004 年	2006 年	2008 年	2010 年	2012 年	2014 年
产业综合	16.8	9.7	6.9	5.2	7.7	13.2	18.9	27.7	24.7	19.6

续表

A：要素重置下人均产出增长比例									
一产	34.7	19.9	19.5	21.4	35.7	56.1	66.7	85.2	74.7	59.9
二产	-9.7	-12.0	-12.1	-10.4	-7.6	-2.6	-2.2	-11.8	-13.2	-12.0
三产	30.3	23.5	16.7	8.6	-1.5	-13.3	-19.6	-16.2	-8.5	-2.4

B：要素重置下劳动力、资本比重变动

要素重置下劳动力比重变动	1995年	1998年	2000年	2002年	2004年	2006年	2008年	2010年	2012年	2014年
一产	-28.1	-25.1	-27.1	-25.3	-13.6	-7.3	-5.8	-3.5	-2.2	-1.9
二产	24.7	24.7	24.3	21.9	13.2	9.5	7.4	8.1	7.4	7.5
三产	3.4	0.4	2.8	3.4	0.4	-2.2	-1.6	-4.6	-5.2	-5.6
要素重置下资本比重变动	1995年	1998年	2000年	2002年	2004年	2006年	2008年	2010年	2012年	2014年
一产	23.8	11.9	8.9	10.1	10.4	12.1	14.5	18.6	19.0	18.4
二产	-56.9	-38.1	-25.9	-19.8	-8.5	-3.4	-2.7	-9.0	-13.5	-19.8
三产	33.1	26.1	17.0	9.7	-2.0	-8.7	-11.8	-9.6	-5.5	1.4

资料来源：笔者计算整理。

表7-7的A部分列示了要素重置下西部地区人均产出增长情况。劳动力、资本重置的叠加影响方面，产业综合和第一产业的人均产出增长比例均大于0，且产业综合的增长比例呈先下降后上升的趋势，第一产业的增长比例呈倒"N"形趋势，2014年无要素错配下产业综合和第一产业的人均产出分别增长29.2%、59.1%。第二产业的人均产出增长比例小于0，且2014年无要素错配下第二产业人均产出下降27.9%。第三产业的人均产出增长比例呈"U"形趋势，且拐点处（2006年）为负值，2014年无要素错配下第三产业的人均产出将增长33.9%。

整体来看，要素重置下西部地区的人均产出增长情况与要素重置下西部地区劳动力比重的变动和资本比重的变动有关。如表 7-7 的 B 部分所示,现实中西部地区第一产业的劳动力过剩,但过剩程度逐年下降,第一产业的资本稀缺,且稀缺程度呈现以 2000 年为拐点的先下降后上升的"U"形趋势;第二产业的劳动力稀缺,且稀缺程度总体上呈现下降趋势,第二产业的资本过剩,过剩程度先下降后上升(其中 2006—2008 年第二产业的资本稀缺);第三产业的劳动力在 2004 年之前稀缺,而 2004 年之后又出现过剩现象,资本则在 2004 年之前稀缺,而 2004 年之后又过剩。西部地区的人均产出增长结果与各产业的劳动力和资本的过剩程度与稀缺程度的波动密切相关。

表 7-7　　　要素重置下西部地区的人均产出增长比例
　　　　　　和要素比重变动　　　　　　　　（单位:%）

A: 要素重置下人均产出增长比例									
劳动力、资本重置的叠加影响	1995 年	1998 年	2000 年	2002 年	2004 年	2006 年	2008 年	2010 年	2012 年	2014 年
产业综合	55.8	46.6	37.4	33.1	14.7	16.6	21.3	28.9	30.7	29.2
一产	53.6	28.6	29.3	32.2	46.4	63.3	65.7	83.4	72.5	59.1
二产	-12.9	-23.8	-33.8	-31.5	-43.0	-35.0	-19.5	-35.5	-32.1	-27.9
三产	11.6	12.2	7.2	-0.4	-8.8	-11.0	-9.0	6.0	25.0	33.9
劳动力重置的影响	1995 年	1998 年	2000 年	2002 年	2004 年	2006 年	2008 年	2010 年	2012 年	2014 年
产业综合	52.7	46.3	37.5	33.2	9.6	4.5	2.3	4.6	5.9	8.4
一产	21.0	12.5	12.6	13.1	11.0	8.7	2.3	3.9	1.7	1.5
二产	-4.4	-14.2	-24.9	-25.0	-42.0	-38.2	-23.4	-30.8	-21.1	-13.6
三产	-8.5	-6.0	-5.1	-5.4	0.8	7.8	15.0	29.0	41.6	41.1
资本重置的影响	1995 年	1998 年	2000 年	2002 年	2004 年	2006 年	2008 年	2010 年	2012 年	2014 年
产业综合	12.6	7.3	5.6	4.6	7.7	13.7	18.6	25.6	24.7	20.5
一产	30.8	15.5	16.1	18.5	34.5	53.4	62.2	78.8	73.6	62.0
二产	-8.7	-10.0	-9.4	-6.9	-1.3	2.9	3.7	-4.8	-11.1	-14.8
三产	19.2	17.8	12.2	5.1	-9.5	-18.9	-24.1	-23.0	-16.7	-7.5

续表

B：要素重置下劳动力、资本比重变动

要素重置下劳动力比重变动	1995年	1998年	2000年	2002年	2004年	2006年	2008年	2010年	2012年	2014年
一产	-37.8	-33.2	-30.7	-29.4	-16.7	-10.1	-8.9	-6.2	-3.7	-2.4
二产	30.0	29.0	27.2	25.2	16.9	13.3	14.8	14.6	13.0	12.2
三产	7.9	4.2	3.5	4.2	-0.3	-3.2	-5.9	-8.4	-9.3	-9.8
要素重置下资本比重变动	1995年	1998年	2000年	2002年	2004年	2006年	2008年	2010年	2012年	2014年
一产	19.8	9.7	8.0	9.4	10.6	12.6	14.9	18.9	19.8	19.6
二产	-41.1	-26.3	-16.0	-10.4	-2.0	0.2	0.6	-4.4	-8.6	-13.4
三产	21.3	16.6	8.0	1.0	-8.7	-12.8	-15.5	-14.5	-11.2	-6.2

资料来源：笔者计算整理。

第二节 要素错配通过收入分配差距对产出增长的影响

本部分用反事实方法，比较实际扭曲状态和无要素错配状态下收入差距对产出增长的影响，进而得出要素错配通过收入差距对经济增长的作用大小。即要素错配通过收入差距对产出增长的影响等于实际扭曲状态下收入差距对产出增长的影响与无要素错配状态下收入差距对产出增长的影响的差。所以，本部分主要包括三方面：第一，计算无要素错配下的收入差距（用基尼系数和泰尔指数表示）；第二，估计两种状态下收入差距对产出增长的影响；第三，比较二者的影响大小，进而得出要素错配通过收入差距对产出增长的影响。同时，本部分进一步分析了收入差距对经济增长的作用机制，以及要素错配对收入差距与产出增长作用机制的影响。

一 研究设计与数据处理

(一) 无要素错配下的收入差距

根据各省份三大产业无要素错配下的产出总量,加总可得各省份无要素错配的总产出。接下来,用基尼系数和泰尔指数度量各省份之间的收入差距。借鉴 Thomas 等的非等分组基尼系数的公式 (Thomas et al., 2000),计算无要素错配下的基尼系数:

$$G = \mu^{-1} \sum_{i=2}^{N} \sum_{j=1}^{i-1} p^i |y^i - y^j| p^j \tag{7-6}$$

其中,G 表示省份间人均收入的基尼系数,μ 表示全国各省份总的人均收入,y^i 和 p^i 表示 i 省份的人均收入和人口占比。本书进一步将基尼系数分为效率型和福利型两种。其中效率型基尼系数是基于全体劳动力,从增长的角度探究人均劳动力产出的差异程度,目的是促进竞争性生产,效率型基尼系数公式中的 $y^i = Y^i/L^i$,$p^i = L^i/\sum_{j=1}^{N} L^j$,其中 L 表示劳动力人数。福利型基尼系数是基于常住人口,从分配的角度探究人均收入的差异程度,目的是促进公平性消费,福利型基尼系数公式中的 $y^i = Y^i/N^i$,$p^i = N^i/\sum_{j=1}^{N} N^j$,其中 N 表示常住人口。

进一步借鉴广义熵 (Generalized Entropy, GE) 指数,计算无要素错配下的泰尔指数:

$$T = \sum_{i} f_i \frac{y_i}{u} \ln \frac{y_i}{u} \tag{7-7}$$

其中,T 表示省份间人均收入的泰尔指数,μ 表示全国各省份总的人均收入,f_i 和 y_i 表示 i 省份的人口占比和人均收入。与基尼系数的处理方式相同,本书将泰尔指数分为效率型和福利型两种。

(二) 变量选取

借鉴钞小静和沈坤荣的做法 (钞小静、沈坤荣,2014),用人均实际 GDP 作为被解释变量——经济增长的代理指标。同时,用基尼系数作为核心变量——收入差距的代理指标。另外，参考前人的做法（钞小静、沈坤荣，2014；高帆、汪亚楠，2016；雷欣等，2017），选取物质资本投资水平、教育水平、政府财政支出规模、市场化水平、对外开放度、城市化水平、产业结构合理化作为控制变量。其中，物质资本投资水平用实际固定资产形成额占实际GDP的比重衡量，教育水平用人均受教育程度衡量，政府财政支出规模用政府一般预算支出占GDP的比重衡量，市场化水平用樊纲等编写的市场化指数衡量（樊纲等，2010），对外开放度用进出口总额占GDP的比重衡量，城市化水平用城镇人口占比衡量，产业结构合理化用产业结构偏离度衡量。另外，在研究收入差距对经济增长的作用机制中进一步选取人均消费作为中介变量，且人均消费用居民消费总额与常住人口数比重衡量。

（三）数据来源与变量处理

无要素错配下收入差距的测算部分。此部分需要用到的数据有各省份三大产业的生产总值、劳动力人数和物质资本存量。其中，生产总值和劳动力人数来源于CEIC中国经济数据库和《中国统计年鉴》，且需要用物价指数对生产总值进行平减，换算成以1995年为基期的实际GDP；因为劳动力统计口径变化较大，2010年以后各省份三大产业劳动力处理方式为：i省份第一产业劳动力人数 = i省份劳动力人数 × 全国第一产业劳动力人数／全国劳动力人数，第二、第三产业的处理方式与此类似。1995—2002年各省份三次产业的物质资本存量的数据来源于徐现祥等的研究（徐现祥等，2007），2003—2014年的物质资本存量在此基础上，根据各省份三次产业固定资产投资按照永续盘存法得到，在处理过程中仿照张军等的做法（张军等，2004），采用9.6%的物质资本折旧率，同时用固定资产投资物价指数对各产业的固定资产投资进行平减。另外借鉴杨志才和柏培文的研究（杨志才、柏培文，2017），本书按照新古典增长模型的设定方式通过回归得到各要素的弹性系数。

要素错配、收入差距对经济增长的实证部分。本部分构建全国30个省级行政区（不含中国香港、澳门、台湾和西藏地区）1995—2014

年的面板数据，实证分析收入差距与经济增长的倒"U"形关系，并进一步分析要素错配对收入差距与经济增长的倒"U"形趋势影响。数据主要来源于 CEIC 中国经济数据库、《中国统计年鉴》《中国劳动统计年鉴》以及各省份的统计年鉴。相关变量的处理：首先，各省份人均受教育程度借鉴陈钊的做法（陈钊，2004），用公式 $6Q1 + 9Q2 + 12Q3 + 15Q4 + 16Q5 + 19Q6$ 衡量，其中 Q1、Q2、Q3、Q4、Q5、Q6 分别表示每个省份劳动者中小学生、初中生、高中生、大专生、本科生、研究生及以上所占的比例。其次，1997—2009 年的市场化指数来源于樊纲等编写的《中国市场化指数》，2010—2014 年的市场化指数则采用插值计算原理在原有数据的基础上计算得到。再次，2005—2014 年的城镇人口比重数据来源于《中国统计年鉴》，由于 1995—2004 年的人口统计数据中城镇人口并没有考虑到常住人口，所以采用周一星和田帅的方法进行修正（周一星、田帅，2006）。然后，1995—2009 年各省份基尼系数来源于田卫民的研究（田卫民，2012），2010 年之后的基尼系数采用田卫民的方法测算得到。其中城镇和农村居民基尼系数 $G = 1 - 1/PW \times \sum_{i=1}^{n}(W_{i-1} + W_i) \times P_i$，其中 W 为总收入，W_i 为累计到第 i 组的收入，P 为总人口，然后利用"分组加权法"计算出总体居民收入基尼系数 $G = p_c^2 \dfrac{u_c}{u} G_c + p_r^2 \dfrac{u_r}{u} G_r + p_c p_r \dfrac{u_c - u_r}{u}$，其中下标 c 表示城镇地区，下标 r 表示农村地区，p、G、u 分别表示人口比重、基尼系数和人均收入。最后，产业结构偏离度借鉴钞小静和沈坤荣的计算方法（钞小静、沈坤荣，2014），$TL = \sum_{i=1}^{n}\left(\dfrac{Y_i}{Y}\right) \times \ln\left(\dfrac{Y_i}{L_i} / \dfrac{Y}{L}\right)$，其中 TL、Y、L 分别表示产业结构偏离度、产值和劳动力。

综上，表 7-8 列示了主要变量的定义及描述性统计结果。

表7-8 相关变量的定义及描述性统计

	样本量	平均值	标准差	最小值	最大值	定义
gdp	600	0.029	0.494	-1.094	1.375	人均实际GDP：ln（人均实际GDP）
$gini$	540	0.378	0.057	0.228	0.491	基尼系数
inv	600	1.428	1.222	0.241	7.558	物质资本投资水平：实际固定资产形成额/实际GDP
edu	600	8.386	1.385	5.010	13.439	教育水平：人均受教育年限
gov	600	0.166	0.083	0.049	0.612	政府财政支出规模：政府一般预算支出/GDP
$market$	540	6.499	2.498	1.290	14.453	市场化水平：市场化指数
$open$	600	0.306	0.388	0.032	2.051	对外开放度：进出口总额/GDP
$urban$	600	0.458	0.160	0.204	0.896	城市化水平：城镇人口占比
$indu$	600	0.245	0.127	0.015	0.675	产业结构合理化：产业结构偏离度
$consum$	600	0.724	0.631	0.112	4.291	人均消费：居民消费总额/常住人口数

资料来源：笔者计算整理。

（四）基准模型构建

为了初步检验收入差距与经济增长之间的线性或非线性关系，表7-9给出了各解释变量与经济增长的相关系数。可以看出 $gini$、$gini^2$ 与经济增长的相关系数均显著为负，说明收入差距与经济增长呈倒"U"形关系，且目前的收入差距过大，并不利于经济的增长。图7-3关于经济增长与 $gini^2$ 的散点图再次印证了收入差距与经济增长的倒"U"形关系。同时物质资本投资水平、教育水平、市场化水平、对外开放度、城市化水平与经济增长的相关系数均显著为正，政府财政支出规模和产业结构偏离度与经济增长的相关系数显著为负，意味着政府干预和产业结构不合理程度均不利于经济的增长。

表7-9 各因素与经济增长的相关系数

	$gini$	$gini^2$	inv	edu	gov	$market$	$open$	$urban$	$indu$
相关系数	-0.554***	-0.539***	0.145***	0.692***	-0.130***	0.523***	0.727***	0.891***	-0.633***

注：***、**、*分别表示相关系数在1%、5%、10%的水平上显著。

资料来源：笔者计算整理。

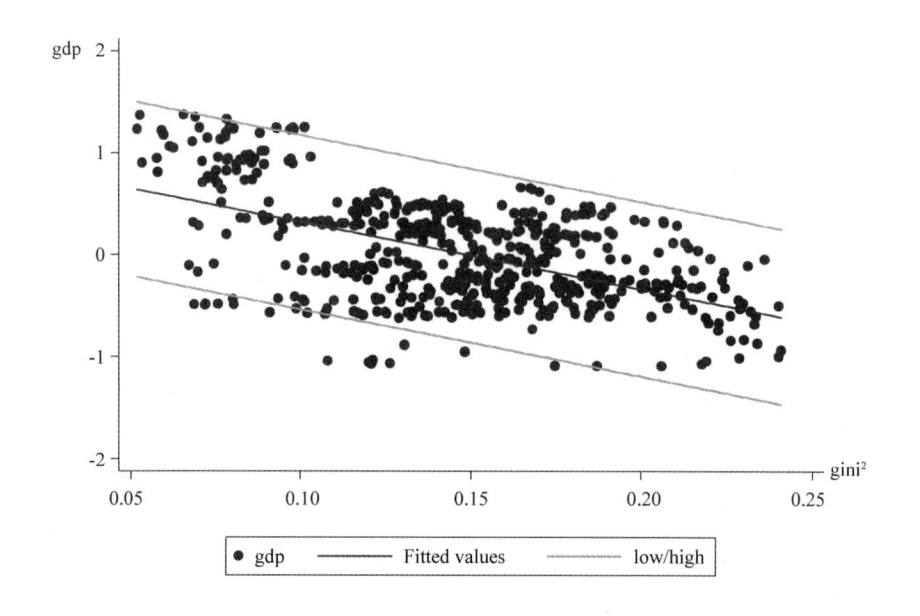

图 7-3 经济增长与 gini^2 的关系

基于相关系数的结果，发现收入差距和经济增长之间存在非线性的相关关系。为了验证收入差距影响经济增长的倒"U"形趋势，设定如下基准模型：

$$\ln(GDP_{it}) = \alpha + \beta_1 gini_{it-1} + \beta_2 gini^2_{it-1}$$
$$+ \beta_3 control_{it-1} + \lambda_i + \lambda_t + \varepsilon_i \qquad (7-8)$$

其中，GDP_{it} 表示 i 省份 t 年的人均实际 GDP，$gini_{it-1}$ 表示 i 省份 $t-1$ 年的基尼系数，$gini^2_{it-1}$ 表示基尼系数的平方项，$control_{it-1}$ 表示 i 省份 $t-1$ 年的所有控制变量，包括物质资本投资水平、教育水平、政府财政支出规模、市场化水平、对外开放度、城市化水平、产业结构合理化。λ_i、λ_t 分别表示省份效应和时间效应，ε_i 为残差项。

二 实证结果及分析

（一）无要素错配下的收入差距

表 7-10 的 A 部分给出了地区间人均收入的效率型基尼系数和效率型泰尔指数。可以看出，无劳动力、资本错配状态下，地

区间人均收入的基尼系数呈现以 2004 年为拐点，先上升后下降的倒"U"形趋势。2004 年地区间效率型基尼系数达到最大值 0.247，2014 年地区间效率型基尼系数达到最小值 0.179。图 7-4 的上图展示了实际状态和无要素错配状态下的效率型基尼系数。可以看出，与实际状态相比，无劳动力、资本错配状态下地区间效率型基尼系数更小，表示无要素错配状态下，地区间收入差距变小。

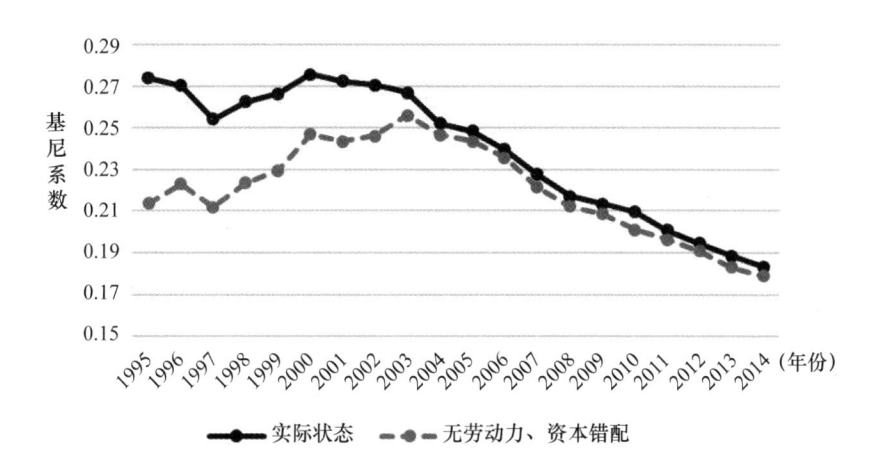

图 7-4 实际状态和无要素错配状态地区间人均收入差距的比较

类似的，无劳动力、资本错配状态下，地区间人均收入的泰尔指数也呈现以2004年为拐点的倒"U"形趋势。2004年地区间效率型泰尔指数达到最大值0.104，2014年地区间效率型泰尔指数达到最小值0.052。从图7-4的下图可以看出，与实际状态相比，无劳动力、资本错配状态下地区间效率型泰尔指数更小。

整体来看，实际状态和无要素错配状态下，近年来省份间人均收入均呈现收敛趋势，这可能由以下几个原因导致：首先，与21世纪以来，各省份的人口流动和人口迁移有关（段平忠，2011；田成诗、柴思露，2012）。人口分布的相对变化，发挥着区域间的自动调节作用，即人均收入相对发达的东南沿海省份的人口比重增加，而低收入省份的人口比重降低，导致地区间人均收入出现趋同现象。其次，与资本边际收益递减和技术、产业扩散有关（郭庆旺、贾俊雪，2006）。虽然发达省份能吸引到更多的投资资本，但资本具有收益递减的特性，再加上近年来的重复建设和过度投资，使得投资效益急剧下降；另外在地区间技术、产业扩散机制下，欠发达地区将不断引进发达地区的先进技术和优质产业，因而有更高的经济增长速度。最后，与市场化水平和区域政策有关（覃成林、张伟丽，2009）。近年来，中西部地区的市场化水平不断提高，且教育投入、对外开放度、城乡一体化建设不断得到重视，人力资本和物质资本投入均加强，促进了欠发达地区经济的发展。

需要特别说明的是，本书将引起地区间收入差距变动的因素分为要素错配和其他因素两个部分。实际状态下的收入差距在1996年和2001—2003年的两个时段都是下降的，这是要素错配和其他因素共同作用的结果。而无要素错配状态下的收入差距已经剥离了要素错配这一因素，仅剩下其他因素的影响，所以无要素错配下的收入差距在1996年和2001—2003年的两个时段是上升的，这仅是其他因素的影响造成的。实际状态下的收入差距与无要素错配状态下的收入差距的差值才是要素错配对收入差距的影响。可以看出，二者的差值一直为正，所以要素错配确实提高了收入差距，而矫正的过程有利于降低收入差距。

表7-10的B部分给出了地区间人均收入的福利型基尼系数和福利型泰尔指数。可以看出，无劳动力、资本错配状态下，地区间福利型基尼系数呈现先缓慢上升后快速下降的趋势，且2004年福利型基尼系数达到最大值0.227，2014年下降到最小值0.177。类似的，无劳动力、资本错配状态下，地区间福利型泰尔指数也呈现先缓慢上升后快速下降的趋势，且2004年福利型泰尔指数达到最大值0.090，2014年下降到最小值0.051。整体上看，与实际状态相比，无劳动力、资本错配状态下地区间福利型基尼系数和泰尔指数更小，表示无要素错配状态下，地区间收入差距变小。且二者均有缩小的趋势，其收敛逻辑与表7-10的A部分一致。

综合以上分析可以发现，与实际状态相比，无要素错配状态下地区间收入差距将变小，意味着现实中要素错配拉大了地区间收入差距。之所以如此，是因为现实中低收入省份的要素错配程度大于高收入省份的要素错配程度，要素错配对低收入省份经济增长的阻碍作用更大，低收入省份之所以收入较低，其原因之一就是低收入省份的要素错配程度较高。如果消除要素错配后，低收入省份的收入会提升更多，省份间收入差距将减少。另外，现实中中西部省份的劳动力相对丰富，但资本较为缺乏；而东部省份的资本较为丰富，但劳动力较为缺乏。劳动力从中西部省份流向东部省份，而资本从东部省份流向中西部省份将有利于降低省份间的人均收入差距，但户籍制度和地区间市场分割阻碍了劳动力和资本的流动，增大了省份间收入差距。

表7-10　　　　　地区间人均收入的基尼系数和泰尔指数

A：效率型基尼系数和泰尔指数

基尼系数

	1995年	1998年	2000年	2002年	2004年	2006年	2008年	2010年	2012年	2014年
实际状态	0.274	0.262	0.276	0.270	0.252	0.240	0.217	0.210	0.195	0.183
无劳动力、资本错配	0.214	0.224	0.247	0.246	0.247	0.236	0.212	0.201	0.191	0.179
无劳动力错配	0.223	0.227	0.245	0.243	0.244	0.237	0.216	0.210	0.197	0.188
无资本错配	0.262	0.255	0.271	0.269	0.252	0.235	0.206	0.191	0.174	0.164

泰尔指数

	1995年	1998年	2000年	2002年	2004年	2006年	2008年	2010年	2012年	2014年
实际状态	0.125	0.121	0.133	0.124	0.109	0.098	0.081	0.075	0.064	0.056
无劳动力、资本错配	0.074	0.085	0.103	0.100	0.104	0.095	0.075	0.066	0.059	0.052
无劳动力错配	0.080	0.087	0.102	0.098	0.102	0.096	0.080	0.076	0.066	0.059
无资本错配	0.113	0.112	0.127	0.121	0.108	0.093	0.071	0.060	0.049	0.044

B：福利型基尼系数和泰尔指数

基尼系数

	1995年	1998年	2000年	2002年	2004年	2006年	2008年	2010年	2012年	2014年
实际状态	0.265	0.263	0.253	0.251	0.241	0.230	0.217	0.203	0.190	0.187
无劳动力、资本错配	0.201	0.217	0.215	0.218	0.227	0.219	0.200	0.187	0.182	0.177
无劳动力错配	0.213	0.222	0.215	0.215	0.224	0.218	0.199	0.186	0.177	0.175
无资本错配	0.243	0.245	0.239	0.242	0.234	0.220	0.193	0.176	0.162	0.158

泰尔指数

	1995年	1998年	2000年	2002年	2004年	2006年	2008年	2010年	2012年	2014年
实际状态	0.117	0.116	0.108	0.106	0.098	0.088	0.074	0.063	0.055	0.053
无劳动力、资本错配	0.067	0.080	0.078	0.079	0.090	0.081	0.066	0.057	0.054	0.051
无劳动力错配	0.075	0.083	0.078	0.077	0.087	0.081	0.066	0.056	0.051	0.050
无资本错配	0.100	0.103	0.099	0.100	0.095	0.081	0.062	0.050	0.042	0.040

资料来源：笔者计算整理。

(二) 要素错配对收入差距与经济增长关系的影响

表 7-11 列示了收入差距对经济增长的回归结果。第 1 列重点考察了控制变量对经济增长的影响。其中教育水平（edu）、对外开放度（open）、城市化水平（urban）与经济增长的回归系数显著为正，政府财政支出规模（gov）、产业结构偏离度（indu）与经济增长的回归系数显著为负，另外物质资本投资水平（inv）与经济增长的回归系数在加入地区哑变量的第 3 列显著为正。这些结果与钞小静等的研究结果一致（钞小静、沈坤荣，2014；雷欣等，2017）。

第 2 列加入基尼系数的平方项（$gini^2$），其对经济增长的回归系数为 -1.100，且在 1% 的水平上显著，表明收入差距对经济增长具有先上升后下降的倒"U"形趋势影响。当收入差距在拐点以下，则收入差距促进经济增长；反之，则抑制经济增长。第 3 列加入地区哑变量后，基尼系数平方项（$gini^2$）的回归系数的绝对值有所降低，但仍然显著为负，与第 2 列的结论一致。

第 4 列同时加入基尼系数（gini）和基尼系数的平方项（$gini^2$）。基尼系数（gini）的回归系数在 1% 的水平上显著为正，基尼系数的平方项（$gini^2$）的回归系数在 1% 的水平上显著为负，再次印证了收入差距对经济增长的倒"U"形结构影响。第 5 列加入时间哑变量，第 6 列同时加入地区哑变量和时间哑变量，其结果与第 4 列一致，说明了回归结果的稳健性。

第 7 列仅加入基尼系数（gini），其回归系数为 -0.328，且在 5% 的水平上显著，说明现实中的收入差距已经跨越拐点处的基尼系数，收入差距成为经济增长的阻力。随着收入差距的扩大，经济增长受到抑制。

为了探究收入差距影响经济增长的地区差异性，设定如下模型：

$$\ln(GDP_{it}) = \alpha + \beta_1 gini_{it-1} + \beta_2 gini_{it-1}^2 + \beta_3 gini_{it-1}$$
$$\times regional + \beta_4 gini_{it-1}^2 \times regional$$
$$+ \beta_5 control_{it-1} + \varepsilon_i \qquad (7-9)$$

表 7-11　　　　　收入差距影响经济增长的检验结果

	(1)	(2)	(3)	(4)	(5)	(6)	(7)
$gini$				6.171***	7.088***	0.507	-0.328**
				(2.61)	(2.89)	(0.45)	(-2.07)
$gini^2$		-1.100***	-0.366*	-9.295***	-10.201***	-1.180**	
		(-3.00)	(-1.77)	(-2.94)	(-3.13)	(-2.80)	
inv	0.020	0.012	0.055***	0.007	0.016	0.047***	0.054***
	(1.19)	(0.69)	(5.90)	(0.41)	(0.65)	(4.34)	(5.82)
edu	0.037***	0.039***	-0.026**	0.037**	0.063***	-0.035**	-0.025**
	(2.65)	(2.67)	(-2.42)	(2.53)	(2.87)	(-2.53)	(-2.35)
gov	-0.821***	-0.456**	0.944***	-0.288	-0.103	0.885***	0.943***
	(-5.15)	(-2.42)	(7.75)	(-1.45)	(-0.38)	(6.59)	(7.81)
$market$	-0.040***	-0.037***	-0.030***	-0.043***	-0.031**	-0.052***	-0.030***
	(-5.26)	(-4.49)	(-6.06)	(-5.07)	(-2.15)	(-7.82)	(-6.01)
$open$	0.083*	0.081	-0.020	0.098*	0.072	-0.059	-0.017
	(1.66)	(1.53)	(-0.56)	(1.86)	(1.20)	(-1.55)	(-0.47)
$urban$	2.633***	2.531***	1.426***	2.628***	2.576***	1.108***	1.443***
	(18.45)	(16.25)	(8.14)	(16.51)	(15.06)	(6.36)	(8.25)
$indu$	-0.150*	-0.057	0.153**	-0.080	-0.028	0.182**	0.162**
	(-1.85)	(-0.44)	(2.04)	(-0.62)	(-0.21)	(2.23)	(2.16)
$\_cons$	-1.107***	-1.016***	-0.799***	-2.160***	-2.557***	-0.598**	-0.741***
	(-10.85)	(-8.99)	(-12.50)	(-4.77)	(-4.98)	(-2.55)	(-10.93)
地区哑变量	N	N	Y	N	N	Y	Y
时间哑变量	N	N	N	N	Y	Y	N
N	510	459	459	459	459	459	459
F	359.06	302.64	655.79	273.23	97.08	540.71	657.56
R^2	0.834	0.843	0.981	0.846	0.849	0.985	0.981

注：＊＊＊、＊＊、＊分别表示回归系数在1%、5%、10%的水平上显著，括号中的数值为t检验值。

资料来源：笔者计算整理。

其中，regional 表示东部、中部、西部地区的虚拟变量，且在回归中将东部作为对照组。其余变量的定义同前。

表 7-12 列示了收入差距影响经济增长的地区异质性检验结果。第 1 列仅加入基尼系数的平方项（$gini^2$），其结果显示基尼系数的平方项（$gini^2$）、西部地区哑变量与基尼系数平方项的交互项（$west \times gini^2$）、中部地区哑变量与基尼系数平方项的交互项（$mid \times gini^2$）的回归系数均在 1% 的水平上显著，表示收入差距对经济增长的影响具有显著的地区差异性，这是由东部、中部和西部地区不同的经济环境和经济特性决定的。在第 1 列的基础上将总样本分为 1995—2008 年和 2008—2014 年两组，然后按照分组样本回归得到第 2—3 列的结果，$west \times gini^2$ 与 $mid \times gini^2$ 的回归系数仍然在 1% 的水平上显著，其结果与第 1 列一致，印证了回归结果的稳健性。

第 4 列同时加入基尼系数（$gini$）和基尼系数的平方项（$gini^2$），其结果显示 $gini$、$west \times gini$、$mid \times gini$ 的回归系数均在 1% 水平上显著，且东部、西部、中部地区基尼系数（$gini$）的回归系数分别为 12.441、9.756、10.716。$gini^2$、$west \times gini^2$、$mid \times gini^2$ 的回归系数均通过显著性检验，且东部、西部、中部地区的基尼系数平方项（$gini^2$）的回归系数分别为 -17.717、-13.179、-15.533。再次验证了收入差距对经济增长的倒"U"形关系影响。当现实中收入差距低于拐点处的基尼系数，则收入差距有利于经济增长；当现实中收入差距超过拐点处的基尼系数时，则收入差距对经济增长起阻碍作用。同时可以看到，收入差距对经济增长的影响具有显著的地区差异性。

进一步稳健性检验，第 5 列使用组间估计方法，第 6—7 列在第 4 列的基础上将总样本分为 1995—2008 年和 2008—2014 年两组，然后按照分组样本回归，东部、中部和西部地区基尼系数的回归系数显著性均与第 4 列一致，印证了回归结果的稳健性。

表7-12　　　　收入差距影响经济增长的地区异质性检验结果

	(1)	(2)	(3)	(4)	(5)	(6)	(7)
$gini$				12.441***	188.306***	5.913**	48.817***
				(3.82)	(4.28)	(2.25)	(5.55)
$west \times gini$				-2.685***	-30.657***	-3.02*	-5.857***
				(3.60)	(-3.48)	(1.97)	(6.05)
$mid \times gini$				-1.725***	-16.546**	-1.925**	-2.731***
				(3.48)	(-2.56)	(2.37)	(5.77)
$gini^2$	-1.100***	-1.656***	-0.674	-17.717***	-275.407***	-8.635**	-67.919***
	(2.65)	(3.07)	(-0.82)	(-3.65)	(-4.18)	(-2.28)	(-5.41)
$west \times gini^2$	-0.340***	0.813**	-3.183***	4.538***	79.459***	5.39*	13.133***
	(-4.32)	(-2.06)	(-3.96)	(-3.88)	(3.39)	(-1.89)	(-6.66)
$mid \times gini^2$	-0.350***	0.580**	-3.172***	2.184***	43.792**	2.541*	5.245***
	(-3.82)	(-2.28)	(-3.68)	(-3.54)	(2.46)	(-1.92)	(-5.99)
inv	-0.009	0.110**	-0.083***	-0.006	-0.223*	0.112*	-0.090***
	(-0.56)	(2.28)	(-3.71)	(-0.36)	(-2.05)	(1.92)	(-4.80)
edu	0.078***	0.071***	0.086***	0.067***	-0.022	0.059***	0.083***
	(5.46)	(4.11)	(3.39)	(4.70)	(-0.17)	(3.27)	(3.95)
gov	0.128	-1.236***	0.668***	0.162	0.260	-1.712***	0.806***
	(0.69)	(-3.32)	(2.74)	(0.85)	(0.18)	(-4.21)	(3.90)
$market$	-0.054***	-0.075***	-0.027*	-0.057***	-0.206**	-0.078***	-0.053***
	(-7.03)	(-5.80)	(-1.83)	(-7.29)	(-2.46)	(-5.66)	(-4.48)
$open$	-0.119**	-0.029	-0.397***	-0.072	1.143**	0.027	-0.086
	(-2.26)	(-0.47)	(-3.78)	(-1.34)	(2.57)	(0.42)	(-1.01)

续表

	(1)	(2)	(3)	(4)	(5)	(6)	(7)
urban	2.436***	2.473***	2.523***	2.454***	2.437***	2.418***	2.790***
	(17.18)	(14.64)	(8.92)	(16.98)	(3.61)	(14.00)	(11.79)
_cons	0.059	0.055	0.650***	0.085	-31.096***	0.168	0.522***
	(0.50)	(0.38)	(2.90)	(0.71)	(-4.70)	(1.07)	(2.86)
N	459	297	162	459	486	270	189
F	306.73	244.36	90.28	244.01	309.72	188.12	110.50
R^2	0.873	0.895	0.857	0.877	0.964	0.905	0.891

注：west 表示西部地区，mid 表示中部地区。且中部地区基尼系数的回归系数为 $gini + mid \times gini$，西部地区基尼系数的回归系数为 $gini + west \times gini$。

资料来源：笔者计算整理。

由表7-11和表7-12可知，全国层面和东部、中部、西部地区层面收入差距与经济增长均有显著的倒"U"形关系，收入差距影响经济增长的基准模型可简化为：

$$\ln(GDP_{it}) = \beta_1 gini_{it-1} + \beta_2 gini_{it-1}^2 + \Delta \quad (7-10)$$

其中 $\Delta = \alpha + \beta_3 control_{it-1} + \varepsilon_{it}$。根据二次函数性质可知，$-\beta_1/2\beta_2$ 为倒"U"形曲线的拐点。表7-13给出了全国和东部、中部、西部收入差距与经济增长的二次函数与拐点处基尼系数的大小。可以看出，全国和中部、东部、西部地区的拐点处基尼系数依次增大。当收入差距处于拐点上方，则随着收入差距的增大，收入差距对经济增长的抑制作用逐渐增大；当收入差距处于拐点下方，则随着收入差距的增大，收入差距对经济增长的促进作用逐渐降低。而全国、东部、中部、西部历年的基尼系数均大于拐点处基尼系数，即全国和东部、中部、西部的收入差距抑制了经济的快速增长，这同收入差距（gini）与经济增长相关系数显著为负的结论一致。

根据公式 $\ln(GDP_{it}) = \beta_1 gini_{it-1} + \beta_2 gini_{it-1}^2 + \Delta$，对基尼系数求偏

导可得 $\frac{\partial GDP_{it}}{\partial gini_{it-1}} = GDP_{it}(\beta_1 + 2\beta_2 gini_{it-1})$，人均实际 GDP 对收入差距的弹性系数：

$$e_{t1} = \frac{\partial GDP_{it}}{\partial gini_{it-1}} \times \frac{gini_{it-1}}{GDP_{it}} = \beta_1 gini_{it-1} + 2\beta_2 gini_{it-1}^2 \qquad (7-11)$$

表 7 – 13　　全国和东部、中部、西部的二次函数与拐点

	β_1	β_2	二次函数	拐点（$gini$）
全国	6.171	-9.295	$\ln(GDP_{it}) = 6.171 gini_{it-1} - 9.275 gini_{it-1}^2 + \Delta$	0.333
东部	12.441	-17.717	$\ln(GDP_{it}) = 12.441 gini_{it-1} - 17.717 gini_{it-1}^2 + \Delta$	0.351
中部	10.716	-15.533	$\ln(GDP_{it}) = 10.716 gini_{it-1} - 15.533 gini_{it-1}^2 + \Delta$	0.345
西部	9.756	-13.179	$\ln(GDP_{it}) = 9.756 gini_{it-1} - 13.179 gini_{it-1}^2 + \Delta$	0.370

资料来源：笔者计算整理。

将实际状态和无要素错配状态下的基尼系数带入公式（7 – 11），即可求得实际状态和无要素错配状态下收入差距对经济增长的弹性系数。比较二者，即可得到要素错配对收入差距与经济增长关系的影响。

由于前文计算的仅是地区间无要素错配下的基尼系数，并不代表全国整体层面无要素错配下的基尼系数。所以，为了得到全国整体层面的基尼系数，假定对于地区间和全国整体层面，实际状态和无要素错配状态下的基尼系数的比重相同，即无要素错配状态下全国整体层面基尼系数 = 实际状态下全国整体层面基尼系数 × 无要素错配状态下地区间基尼系数/实际状态下地区间基尼系数。基于此，表 7 – 14 给出了无要素错配状态下，全国整体层面的基尼系数估算值。[①] 可以看出，实际状态和无要素错配状态下的基尼系数值均大于

---

① 仅报告全国整体层面实际状态和无要素错配状态下的基尼系数。

拐点处的基尼系数值（0.334）。

表7-14 全国整体层面的基尼系数

	1995年	1998年	2000年	2002年	2004年	2006年	2008年	2010年	2012年	2014年
实际状态	0.445	0.403	0.417	0.454	0.473	0.487	0.491	0.481	0.474	0.469
无劳动力、资本错配	0.347	0.343	0.374	0.413	0.463	0.479	0.480	0.461	0.458	0.449
无劳动力错配	0.362	0.348	0.371	0.407	0.458	0.482	0.489	0.481	0.481	0.481
无资本错配	0.426	0.391	0.410	0.451	0.474	0.479	0.465	0.439	0.424	0.420

资料来源：实际状态下的基尼系数来源于国家统计局，其余数据经笔者计算整理。

表7-15给出了全国层面实际状态和无要素错配状态下收入差距与人均实际GDP的弹性系数。由于实际状态和无要素错配状态下的基尼系数值均大于拐点处的基尼系数值，所以收入差距与人均实际GDP的弹性系数均为负。其中，无劳动力、资本错配下的弹性系数呈现以2008年为转折点，之前波浪式快速下降，之后缓慢上升的趋势。1998年的弹性系数值达到最大值-0.027，2009年的弹性系数值达到最小值-1.317。图7-5给出了实际状态和无要素错配状态下弹性系数的变化趋势和二者的差值变化。可以看出虽然二者的差值有逐年降低的趋势，但无要素错配状态下的弹性系数绝对值一直小于实际状态下的弹性系数绝对值，意味着要素错配扩大了收入差距，进而加大了收入差距对经济增长的阻碍作用。2014年二者的差值仍然达到0.221，表明由于要素错配的存在，收入差距对经济增长的水平阻碍效应提高22.1%。本书进一步给出了无劳动力错配和无资本错配两种情况下收入差距与人均实际GDP的弹性系数，其结果与无劳动力、资本错配的情况类似，在此不再具体说明。

表 7-15　全国整体层面收入差距与人均实际 GDP 的弹性系数

	1996 年	1998 年	2000 年	2002 年	2004 年	2006 年	2008 年	2010 年	2012 年	2014 年
实际状态	-0.935	-0.532	-0.480	-1.440	-1.309	-1.380	-1.368	-1.440	-1.286	-1.240
无劳动力、资本错配	-0.100	-0.027	-0.066	-0.869	-1.085	-1.270	-1.216	-1.204	-1.170	-1.019
无劳动力错配	-0.201	-0.084	-0.073	-0.816	-1.015	-1.264	-1.333	-1.440	-1.330	-1.330
无资本错配	-0.745	-0.408	-0.407	-1.384	-1.326	-1.329	-1.142	-1.122	-0.807	-0.667

资料来源：笔者计算整理。

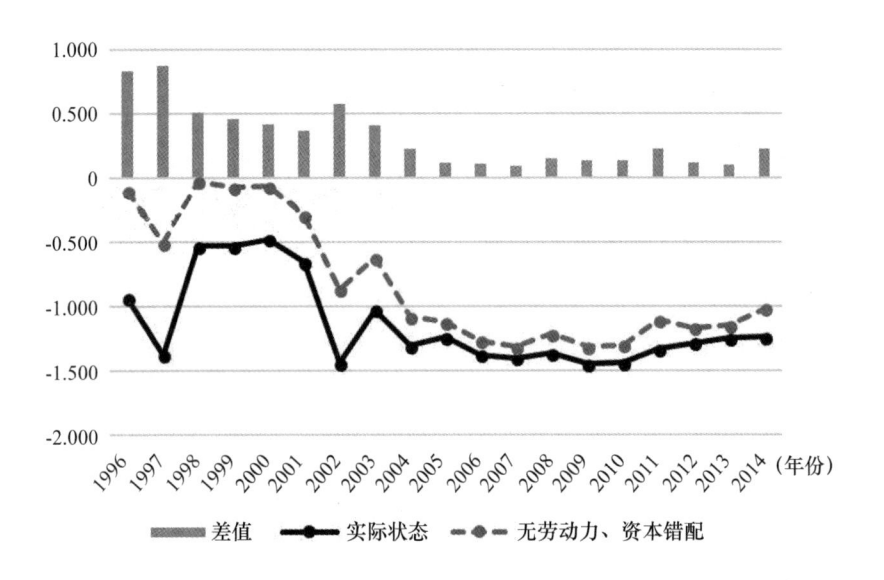

图 7-5　全国整体层面收入差距与人均实际 GDP 的弹性系数

资料来源：笔者计算整理。

三　作用机制的探讨

前文分析了要素错配通过收入差距对经济增长的影响，即要素错配的存在，使得收入差距不断扩大，进而加大了收入差距对经济增长的阻碍作用。2014 年由于要素错配的存在，收入差距对经济增长的水平阻碍效应提高22.1%。接下来，从人力资本投资、物质资本投资和消费三个方面分析收入差距对经济增长的作用机制，完善要素错配、收入差距、投资消费与经济增长的传导路径。

分析人力资本投资。人力资本投资在经济增长中起着举足轻重的作用，经济学界普遍认为人力资本对经济增长有边际报酬递增的影响。内生增长学派认为国家间人力资本的不同引起各国全要素生产率的差异，进而造成各个国家经济增长水平并不收敛，而呈现发散的特征。收入差距不突出的国家，上层社会为了保持已有的社会地位和较高的收入水平，有较高的人力资本投资的欲望；中低层社会为了获取一定的社会认可和较高的福利水平，也会加大对人力资本的投资，所以各个阶层都有较高的人力资本投资的动机。如此，整个社会也就实现了人均受教育程度的快速增长，有利于经济的快速发展。

目前来看，人力资本投资包括私人投资和公共投资两个部分。发达国家的教育投资占国内生产总值的比重较高，且公共投资部分比重较大，OECD国家的公共投资比重为5%左右，私人投资比重仅为1.2%左右。而发展中国家的教育投资比重较低，且私人投资是主要的组成部分。与发达国家相比，发展中国家的教育投资力度不够，有普遍不足的情况。以中国为例，2005年中国的教育投资比重不到4.5%，且私人投资占3%左右，增加了义务教育以外个人受教育的成本和负担，降低了底层社会提高受教育程度的积极性。所以，如果收入差距过大，中低收入者教育投资的未来收益的贴现率将会增大，中低层社会将会减少自身的受教育年限；而这一部分的人口比重也较大，所以整个社会的人力资本投资存量将受到很大影响（Galor，Zeira，1993）。

同时，收入差距过大会促使社会两极分化的形成。在代际传递的情况下，上层社会和中低层社会子女的教育投资风险、教育投资收益率会有很大的差别。上层社会为了维持已有的地位和优质资源，会通过各种手段和途径帮助子女获取高福利的工作，提高子女的教育回报率,降低子女教育投资的风险;而低层社会的子女并没有各种社会关系,只能依靠自己的努力,通过市场机制的选择获取工作,在需求方的劳动力市场情况下,只能被迫接受次优选择。同时教育资源的不平衡分布也降低了低层社会子女考取优质大学的概率。如果教育成本不断攀升,低层社会的教育投资势必有下降趋势,会影响低层社会为追求梦想而接受教育的积极性。

另外,收入差距过大也会影响父母的生育和教育决策。上层社会生育孩子的成本较高,所以会选择优生优育、少生重教;但低层社会生育孩子的成本较低,所以会选择多生少教,这样整个社会的人口增多,人力资本将下降,不利于经济的快速发展。在完美的资本市场中,低层社会可以通过借贷方式缓解教育投资的缺乏,进而减少收入差距对人力资本投资的影响;但现实中的资本市场是不完善的,低层社会在无抵押的情况下很难获取贷款,这样就加重了收入差距通过人力资本对经济增长的影响。

当然,完全的平均主义也不利于人力资本的增加。收入差距通过人力资本对经济增长起到的正向作用具有门槛效应,只有基尼系数超过一定门槛值时,收入差距才能起到激励作用,促进中低层社会增加人力资本的投资,进而促进经济的发展。由此可知,要素错配引起收入差距的扩大,势必会降低人力资本的投资,不利于经济的快速增长。

分析物质资本投资和消费。将二者结合起来分析,是因为物质资本投资和消费是紧密相连的。收入差距过大会加大整个社会的贫富分化程度,一般认为上层社会的边际消费倾向较低,新增收入中的消费比重有下降趋势;中层社会因社会保障制度的不完善,加上房价、医疗、养老、教育导致的高生活成本,而不敢消费;低层社会边际消费倾向高,但缺乏消费资本,并且资本市场的不完善使得低层社会不能自由借贷而实现消费。所以,整个国家的内部消费将会因为社会贫富差距的扩大而逐渐萎缩,消费对经济的拉动作用也会受到严重影响。国内市场不能完全消耗新增产品,只能依靠海外市场,将过剩产能出口到其他国家,这样就增加了一国经济的外贸依存度，加大了国家的经济风险，使得经济的增长不具有可持续性。特别是经济大国，出口产品总量较大，国内供给与需求的变化对产品的国际市场价格有显著的影响，容易产生国家间的贸易摩擦。

同时，收入差距过大导致社会的贫富分化，对产品的消费结构产生影响（Murphy et al.，1989）。上层社会对高档奢侈品的需求较多，而低层社会对普通生活必需品的消费需求较多，对工业加工品和耐用品的需求受到流动性限制。如此，国内消费市场对工业品的消费需求严重不足，影响到国内的工业化进程。发展中国家一般处于由第二产业主导向第三产业主导转变的关键阶段，国内的消费需求对产业升级起着非常重要的作用。收入差距过大引起的国内需求不足，将大大阻碍国内产业结构升级的进程，使得国内产业长期锁定在低端加工制造业，处于国际产业链条的低端，产业竞争力不强，不利于经济的快速稳定发展。

收入差距的扩大，从多方面限制了国内的消费，也阻碍了物质资本投资的增加。消费需求的不足使得大量资本进入储蓄，但这部分储蓄是否可以借助银行等金融机构放贷给企业，形成新的物质资本投资，为经济发展提供新的物质基础呢？其实不然，企业生产的目的是销售产品，获得利润；但生产者在生产决策时，往往不知道未来的市场需求和市场利润，而只能以预期利润和预期市场需求为依据进行生产。现有市场的有效需求不足，供给大于需求时，生产者会缺乏投资信心，减少资本投资，这样大量的储蓄并不能转化为投资，而只能保留在银行或其他金融机构的账户中。

整体来看，中国的收入差距较大，对物质资本的投资和国内消费起到阻碍作用。由此可知，要素错配引起收入差距的扩大，会降低物质资本的投资和消费，不利于经济的快速增长。

表7-16展示了收入差距对人力资本、物质资本和消费的实证回归结果。第1—3列为收入差距对人力资本的回归结果，其中第1列显示，收入差距的估计系数在5%的水平上显著为负，表明中国的收入差距较大，不利于人力资本的增加。作为稳健性检验，在第1

表 7-16　收入差距对人力资本、物质资本和消费的影响

	edu (1)	edu (2)	edu (3)	inv (4)	inv (5)	inv (6)	consum (7)	consum (8)	consum (9)
gini	-1.633**	-2.888***	-1.189**	-5.970***	-0.721**	-1.95**	-1.048***	-0.966***	-2.983***
	(-2.21)	(-4.00)	(-2.07)	(-6.43)	(-2.42)	(-2.19)	(-2.87)	(-3.39)	(-3.02)
省份哑变量	Y	Y	Y	Y	Y	Y	Y	Y	Y
年份哑变量	Y	Y	Y	N	N	N	Y	Y	Y
_cons	5.890***	7.570***	6.803***	-0.462**	-0.970***	-6.116***	-0.373**	0.206	-0.883*
	(16.43)	(18.37)	(8.02)	(-2.17)	(-4.79)	(-2.76)	(-2.11)	(1.27)	(-1.76)
N	486	297	189	486	297	189	486	297	189
F	306.61	287.79	151.13	99.47	45.02	48.68	298.30	128.64	424.01
R^2	0.972	0.980	0.975	0.879	0.850	0.912	0.972	0.956	0.991

注：1. 第 1—3 列为收入差距对人力资本的回归结果，第 1 列的时间段为 1995—2014 年，第 2 列的时间段为 1995—2007 年，第 3 列的时间段为 2008—2014 年。第 4—9 列与此类似。2. 表中只呈现了基尼系数和常数项的回归结果，其余控制变量的回归结果没有展示。

资料来源：笔者计算整理。

列的基础上将总样本分为 1995—2007 年和 2008—2014 年两组，然后按照分组样本回归得到第 2—3 列结果，其估计结果仍然显示收入差距的回归系数显著为负，再次印证了中国收入差距较大、阻碍人力资本提升的事实。第 4—9 列展示了收入差距对物质资本投资和人均消费的回归结果。第 4 列和第 9 列显示，收入差距对物质资本投资和人均消费的回归系数均在 1% 的水平上显著为负，表明中国的收入差距较大，对物质资本投资和人均消费的提升起阻碍作用。采用同样的分组方法进行稳健性检验，得到的结论与此一致。

由此可以看出，收入差距对人力资本投资、物质资本投资和人均消费均有显著的阻碍作用，不利于经济的增长。而要素错配又扩大了收入差距，进而加剧了这种阻碍效应，扩大了对经济增长的负面影响。

第三节 要素错配叠加影响的近似估计

要素错配可以通过降低配置效率和扩大收入差距来阻碍产出的有效增长。本章的第一节研究了要素错配通过配置效率对产出增长产生的影响，第二节研究了要素错配通过加剧收入差距对产出增长产生的影响，两条路径均显示，要素错配的存在造成严重的产出损失。在以上的研究基础上，要素错配对产出增长的综合作用如何呢？基于近似估计，笔者将要素错配影响产出增长的两条途径的叠加视为要素错配的综合作用。其中，要素错配通过收入差距对产出增长的影响大小的计算过程如下：

$$\ln(GDP_{cuopei}) = \beta_1 gini_{cuopei} - \beta_2 gini_{cuopei}^2 + \Delta \qquad (7-12)$$

$$\ln(GDP_{wucuopei}) = \beta_1 gini_{wucuopei} - \beta_2 gini_{wucuopei}^2 + \Delta \qquad (7-13)$$

两式相减得 $\ln(GDP_{wucuopei}/GDP_{cuopei})$，即为要素错配通过收入差距对产出增长的影响大小：

$$\ln\left(\frac{GDP_{wucuopei}}{GDP_{cuopei}}\right) = \beta_1(gini_{wucuopei} - gini_{cuopei})$$
$$-\beta_2(gini_{wucuopei}^2 - gini_{cuopei}^2) \quad (7-14)$$

表 7-17 列示了要素错配对全国层面产出增长的叠加影响。比较两条路径的影响大小，要素错配通过配置效率对产出增长的影响更大，2014 年路径 1 的影响大小为 33.3%；但要素错配通过收入差距对产出增长的影响仍然不容小觑，近年来路径 2 的影响有上升趋势，且 2014 年路径 2 的影响大小达到 4.7%。二者的叠加影响更加显著，2014 年无要素错配下，全国产出将在原来的基础上增加 38.0%。

表 7-17　　全国层面要素错配对产出增长的叠加影响　　（单位：%）

	1995 年	1998 年	2000 年	2002 年	2004 年	2006 年	2008 年	2010 年	2012 年	2014 年
路径 1	38.3	32.5	26.6	22.0	10.5	15.5	22.1	31.7	33.9	33.3
路径 2	11.4	4.4	5.0	7.6	2.5	2.2	3.1	5.1	3.9	4.7
综合作用	49.7	36.9	31.6	29.6	13.0	17.7	25.2	36.8	37.8	38.0

注：1. 路径 1 表示要素错配通过配置效率对产出增长的影响大小，路径 2 表示要素错配通过加剧收入差距对产出增长产生的影响大小，综合作用为二者的叠加。2. 表中的具体数值为产出增长比例。

资料来源：笔者计算整理。

第四节　本章小结

本章从三个部分展开：（1）要素错配通过配置效率对产出增长的影响。从资本配置不变、劳动力最优配置，劳动力配置不变、资本最优配置和劳动力、资本皆最优三个方面研究要素错配对总量产出的直接影响。从全国层面和东部、中部、西部地区层面研究劳动力、资本错配对人均产出的直接影响。（2）要素错配通过收入分配差距对产出增长的影响。采用反事实方法，比较实际扭曲状态和无要素错配状态下收入差距对产出增长的影响，进而得出要素错配通过收入差距对经济增长的作用大小。并从人力资本投资、物质资本投资和消费三方面研究要素错配和收入差距对经济增长的作用机制。（3）以上两条路径近似叠加的影响。

第一部分研究发现：要素重置下，各省份的总产出和人均产出增长比例与劳动力、资本错配程度和劳动力、资本比重的波动密切相关。原有产出水平越低，劳动力和资本错配的叠加程度越大，劳动力、资本重置下的产出增长比例越大。同时对东部、中部、西部地区进行比较，金融危机前无要素错配下西部地区的产出增长比例要高于东部和中部地区，金融危机后三者的差距并不显著。

第二部分研究发现：其一，与实际状态相比，无要素错配状态下，地区间收入差距变小，意味着要素错配加剧了地区间收入差距。其二，要素错配加剧了收入差距对经济增长的阻碍作用，2014年由于要素错配的存在，收入差距对经济增长的水平阻碍效应提高22.1%。其三，收入差距对人力资本投资、物质资本投资和人均消费均有显著的阻碍作用，不利于经济的增长。而要素错配又扩大了中国的收入差距，进而加剧了这种阻碍效应，扩大了对经济增长的负面影响。

比较两条路径的影响大小，要素错配通过配置效率对产出增长的影响更大；但要素错配通过收入差距对产出增长的影响仍然不容小觑，近年来此路径的影响有上升趋势，且2014年导致经济增长缺口达到4.7%。两条路径的叠加影响更加显著，2014年无要素错配下，全国产出将在原来的基础上增加38.0%。

第八章

结论、政策启示与进一步研究方向

第一节 研究结论

中国要素市场的市场化进程落后于产品市场的市场化进程，且地区间分割严重，资本、劳动力、土地等要素的自由流动受阻，进而导致要素配置的扭曲。现阶段，中国经济已从过去的高速增长转变为中高速增长，进入经济发展的新常态，单纯增加要素投入的经济模式已经不可持续，亟须通过优化供给侧的要素资源配置和结构调整来实现经济增长。那么探究和弄清要素错配影响经济增长的作用机制、寻找要素错配加剧的成因、提供政策减轻和消除要素错配的影响就成为亟须解决和完善的工作。

中国收入差距较大，尤其是区域之间、城乡居民之间、城镇居民内部的收入差距更大。国家尝试通过西部大开发、中部崛起、振兴东北老工业基地等战略，产业转移、税制改革、城乡一体化等各项措施，阻止地区间、城乡间、行业间收入差距的进一步扩大，但效果不明显。收入差距的不断扩大，不利于社会和谐和国民经济的稳定增长。为此，能否从要素配置的角度探究收入差距扩大的原因，寻找要素错配引起收入分配差距变动的理论和现实依据？系统考察要素错配是如何引致收入分配差距的波动，进而影响经济增长就具有重要的现实意义。

通过对相关文献的梳理，发现现有的研究主要存在以下需要完善的地方。研究方法方面，现有关于要素错配的测算模型较多将资本、劳动力分开，研究单一要素的错配程度及其对经济的影响，较难觉察到劳动力、资本要素的互补性及其匹配问题。因而提出更具有合理性的测算模型是一个亟须解决的理论问题。研究角度方面，要素配置扭曲在现实中的表现是多维的，不仅表现在城市内部的在位企业和潜在进入企业之间，还表现在不同空间区位上的城市之间，以及不同规模的城市之间。其中，市场机制决定了要素在企业进入退出中的分布规律，区位价值决定了要素在地理空间上的分布规律，集聚效应决定了要素在经济体规模上的分布规律。当要素分布违背市场、区位和集聚的原理时，就会出现配置扭曲的状态。因此需要进一步考察城市层面要素错配的表现格局。影响维度方面，现有文献较多从市场分割、行政垄断等制度性因素方面解释要素错配加剧的形成原因，较少对要素错配加剧的影响因素进行系统性分析；且没有从理论上进行深入阐述，所以需要从理论和实证两个方面考察和了解中国要素配置扭曲加剧的深层次原因，为矫正要素配置扭曲提供理论分析的基础。作用机制方面，现有文献较多研究要素错配对全要素生产率或者产出水平的直接影响，缺乏关于潜在原因和内在作用机制更深层次的探究。而收入差距的原因解释中，将视角聚焦在要素配置环节的很少，缺少对要素配置影响收入分配差距作用机制的深入探讨。所以需要从理论上深入研究要素错配、收入分配差距与经济增长之间的联动效应和传导机制，从要素配置的角度寻找影响收入差距、消费和投资需求波动的根源，进而为降低中国要素错配程度和收入差距提出更为合理有效的对策依据。

基于此，本书的研究重点回答了以下几个问题：（1）中国各省份产业间、城乡间以及城市层面要素错配的表现格局与演变趋势如何？（2）劳动力、资本要素错配加剧的深层原因是什么？仅受行政干预、行业垄断、所有制等体制性因素影响吗？（3）收入差距扩大的原因解释中，要素错配的分量有多重？要素错配引起收入分配格局变动，进而影响经济有效增长的理论和现实依据是什么？（4）政府矫正要素错配，进而缓解收入差距、促进经济有效增长的政策依据是什么？本书正是基于以上问题的研究逻辑，进行展开和扩展，并给予相应解答。

首先，中国省际要素错配的演变趋势与分析。此部分基于要素配置的动态性与路径选择性，将劳动力和资本放在同一框架下构建模型，核算了1995—2014年全国各省份产业间、非农业部门内部、农业与非农业部门之间劳动力和资本的错配程度，并借助差值分解方法将劳动力、资本的错配程度分解为要素回报差异的贡献和产业内部要素市场扭曲的贡献。同时基于二元经济的视角，构建了农业与非农业部门之间要素错配的测算模型，度量了1995—2014年中国各省份农业与非农业部门之间劳动力、资本要素的错配程度。另外，第3章巧妙地利用方言区的划分构建测度模型，研究了劳动力和资本要素错配的空间自相关性，并利用ADF检验方法验证了劳动力和资本要素错配的时间收敛性。

其次，中国城市层面要素错配的表现格局。第4章分别从企业进入退出机制、空间区位和规模投资三个角度探究了城市层面要素错配的动态格局、空间格局和规模格局。动态格局部分以僵尸企业为对象考察在位企业和潜在进入企业之间要素的不合理配置；空间格局部分考察城市空间区位（东部地区、中部地区、西部地区、离大城市距离、离大港口距离）与企业全要素生产率分布的互动机制，探讨城市间要素的空间错配的格局表现；规模格局部分考察城市规模（城市规模与城市等级）与企业全要素生产率分布的互动机制，探讨了城市间要素规模错配的格局表现。

再次，中国要素错配的影响因素分析。第5章从制度因素、经济结构、要素自身、技术进步和经济环境五个方面构建影响要素错配的指标体系，从理论上详细讨论了五维度影响要素错配的经验规律；进而提出相关假说，利用中国省际面板数据给予证明，并从替代变量、二元层面的要素错配等方面考察回归结果的稳健性。此外，本章还研究了开放经济的双重影响以及要素错配的自我调节过程。

然后，要素错配对收入分配格局的影响。第6章从供求分析、理论机制分析与分类机制表现等方面探寻了要素错配对收入分配差距的影响机理，重点分析了劳动力、资本要素错配对全国、东部、中部、西部地区间收入差距和产业间收入差距的影响，给出了要素错配影响收入差距的作用机制，并从各省份，东部、中部、西部地区等层次探寻了要素错配对要素报酬份额波动的影响。

最后，要素错配、收入分配差距对产出增长的影响。在研究要素错配、收入分配差距与经济增长的传导机制时，第7章提出两条路径。其一，要素错配通过配置效率对产出增长的影响。从资本配置不变、劳动力最优配置，劳动力配置不变、资本最优配置和劳动力、资本皆最优三个方面研究要素错配对总量产出的直接影响。从全国层面，东部、中部、西部地区层面研究劳动力、资本错配对人均产出的直接影响。其二，要素错配通过收入分配差距对产出增长的影响。采用反事实方法，比较实际扭曲状态和无要素错配状态下收入差距对产出增长的影响，进而得出要素错配通过收入差距对经济增长的作用大小；并从人力资本投资、物质资本投资和消费三方面研究了要素错配和收入差距对经济增长的作用机制。

通过以上理论分析和实证研究，主要有以下发现。

第一，中国省际要素错配的演变趋势与分析。2008年国际金融危机前，各省份的劳动力、资本错配程度整体上呈现下降或先上升后下降的趋势；金融危机后各省份的劳动力、资本错配程度有加速上升的趋势，但东部地区要素错配程度的上升速度更快，导致近年来东部省份的要素错配程度更高。另外，劳动力、资本错配程度均具有空间自相关性，且二者都有先收敛后发散的趋势。整体上看，各省份工资差异的贡献量前期较低，但增长趋势明显，这与中国城市与农村经济发展阶段是一致的。与工资差异的贡献量相比，产业内部劳动力市场的贡献量更加突出，说明导致劳动力扭曲的体制性因素依然较严重，所有制壁垒、户籍限制等现象依然存在，加剧了产业内部劳动力市场的扭曲。

第二，中国城市层面要素错配的变现格局。其一，从规模、等级和空间角度看，各城市均有不同程度的僵尸企业比例。与正常企业相比，僵尸企业的全要素生产率有显著的降低，且二者差距有逐步扩大的趋势，说明僵尸企业带来的效率损失比较严重，僵尸企业的存在已经成为城市全要素生产率提升的阻碍。如果僵尸企业退出市场，这部分资源投入到其他行业或企业，拥有正常企业的生产效率，则整个社会的全要素生产率会显著提高。基于 OP 分解方法的计算可知，中国工业企业的全要素生产率的提升动力主要来源于企业自身的技术进步，贡献份额为 64.8%，在位企业间资源配置的优化仅贡献 23.3%，企业进入退出效应贡献 11.9%。可以看出，在位企业间资源配置和企业进入退出效应的贡献力度较小，这与中国资源错配和僵尸企业的演变趋势一致，说明还存在着较高的资源优化空间。其二，虽然中部地区和西部地区的全要素生产率低于东部地区，但中部地区和西部地区的资源投入却高于东部地区；虽然随着离大城市距离、离大港口距离、城市规模和城市等级的增加，企业全要素生产率有下降的趋势，但是企业的资源投入却呈上升的趋势，即全要素生产率的分布格局与资源投入的分布格局不一致，表现出资源在空间上的错配格局。如此，城市层面的要素配置不仅存在僵尸企业效率损失导致的资源错配状况，还存在资源在空间和规模上的错配。这对中国大小城市的发展道路问题，以及东部、中部、西部城市的发展道路问题有一定的借鉴意义。

第三，中国要素错配的影响因素分析。其一，政府干预、户籍制度、二元经济结构等制度性因素提高了劳动力、资本的错配程度；市场化水平、对外开放度和信息交流显著降低了劳动力、资本的错配程度；金融危机后，结构性因素的凸显导致产业结构、教育水平、技术进步的非均衡发展，提高了劳动力、资本的错配程度。其二，外商直接投资和二产占比对劳动力、资本错配的作用有相互加强的作用，而外商直接投资和三产占比对劳动力、资本错配的作用存在相互削弱的关系。综合来看，外商直接投资不利于劳动力、资本的合理配置。其三，两阶段劳动力错配、资本错配均具有自我调节过程和惯性特点，且劳动力错配的自我调节时滞为两年及以上，而资本错配的自我调节时滞少于两年。以资本错配为例，在资本错配的情况下，有些行业投资过度、产出过剩，新增投资的边际产出或回报率降低；而有些行业却因为投资不足，相关产品匮乏，行业具有较高的回报率。总体表现为资本的投资回报率与资本的边际成本不一致。但是，资本的逐利行为必然使得资本由过度投资的行业退出，逐步流向投资不足的行业（即使这种流动的速度缓慢），表现出资本错配的自我调节特性。资本市场的摩擦、行政性市场进入壁垒以及资本的沉没成本使得资本错配表现出短期的惯性特点。

第四，要素错配对收入分配格局的影响。要素错配对收入差距的解释力度以金融危机为界，呈先下降后上升的"U"形趋势。其中，2014年劳动力、资本错配的叠加效应可以分别解释全国和东部、中部、西部省份间收入差距的19.4%、27.1%、10.4%、29.0%；2008年要素错配可以解释产业间收入差距的64.7%，但金融危机后由于二、三产业的劳动力、资本错配程度的快速上升，要素错配成为产业间收入差距的阻力。无要素错配状态下，各省份的劳动份额占比呈现以2006年为界点的先下降后上升的"U"形结构。与实际劳动报酬份额相比，要素错配并没有改变劳动报酬份额的变动趋势及"U"形结构，但明显降低了各省份的劳动报酬份额。

第五，要素错配、收入分配差距对产出增长的影响。其一，要素重置下，各省份的总产出和人均产出增长比例与劳动力、资本错配程度和劳动力、资本比重的波动密切相关。原有产出水平越低，劳动力和资本错配的叠加程度越大，劳动力、资本重置下的产出增长比例越大。比较东部、中部、西部地区，金融危机前无要素错配下西部地区的产出增长比例要高于东部和中部地区，金融危机后三者的差距并不显著。其二，与实际状态相比，无要素错配状态下地区间收入差距变小，意味着要素错配加大了地区间收入差距。同时，要素错配加剧了收入差距对经济增长的阻碍作用，2014年由于要素错配的存在，收入差距对经济增长的水平阻碍效应提高了22.1%。此外，收入差距对人力资本投资、物质资本投资和人均消费均有显著的阻碍作用，不利于经济的增长。而要素错配又扩大了中国的收入差距，进而加剧了这种阻碍效应，加深了对经济增长的负面效果。其三，比较两条路径的影响大小，要素错配通过配置效率对产出增长的影响更大；但要素错配通过收入差距对产出增长的影响仍然不容小觑，近年来此路径的影响有扩大的趋势，且2014年导致的经济增长缺口达到4.7%。两条路径的叠加影响更加显著，2014年无要素错配下，全国产出将在原来的基础上增加38.0%。

因此可见，结构性因素的存在，导致近年来中国各省份要素错配程度有拐头上升的趋势。不仅直接影响产出的增长，也扩大了收入分配差距，加剧了收入差距对经济增长的阻碍作用。结合中国经济进入新常态的特点，提出矫正中国劳动力、资本要素错配的具体路径，为中国现阶段供给侧改革提供一定的参考。

第二节 政策建议

目前中国的要素市场体系还不太健全，价格机制运行还存在障碍；市场规则公平性仍显不足，竞争机制运行还不太顺畅；部分领域地方政府仍管得较多，利益机制须完善。如此，生产要素的流动并不顺畅，要素出现错配现象。总体来看，经济要素的流动需要市场和政府的互动补充，市场"看不见的手"起决定性作用，政府"看得见的手"起辅助作用。市场负责发出信号、产生信息流，政府负责信息收集平台的建设。经济个体通过信息平台获取信息流，再由个体意志做出决策。在决策和实施阶段，政府需要弥补市场的不足，在市场不能有效发挥作用的地方主动补位。整体来说，并不是简单的政府少管一些、市场多管一些的问题，而是二者的有机结合。政府和市场理论上的合作机制在前文有具体的分析，这里就不再阐述。下面根据对要素错配加剧的影响因素的分析，给出优化要素配置，进而缩小收入差距，促进经济高质量增长的具体措施。

第一，建立以"负面清单"为基础的准入管理制度，减轻行政性市场进入壁垒。现行投资项目审批制度的设立，加大了政府过度干预市场的程度，降低了市场配置资源的效率。一方面，地方政府行政审批权力过大，会阻碍企业自由进出行业，形成较大的投资进入壁垒或歧视性进入壁垒。另一方面，地方政府权力边界模糊，会出现权力滥用的现象，行政审批制度不够透明化、开放化，容易滋生权力寻租。这样就会造成企业不追求扩大生产规模、提高生产效率，而热衷于维护政府关系的恶性循环。

建议以"法不明文禁止即可为"为导向，建立起以"负面清单"为基础的市场准入制度。即明文规定哪些行为不可为，民营企业只要不触碰这些底线即可。如此可降低地方政府过度干预市场的程度，提高民营企业投资的积极性，也有效地划定了地方政府的权力边界，将调节资源配置的主动权还给市场。另外，要最大限度地简化政府审理程序，提高审批效率，降低民营企业的进入门槛。优化立法程序，杜绝部门为保护其垄断权的"部门立法"行为。

第二，加快金融市场化改革，减轻中小企业的信贷约束。金融领域的市场化改革主要从两方面入手：（1）降低金融行业的进入门槛，优化金融行业的自由竞争环境，积极引导民营资本进入中小型金融机构；（2）减少政府对金融信贷的干预，提高金融机构自主决策的能力。

目前的金融行业主要以国有资本为导向，要减轻金融业的行政性市场进入壁垒，促进金融行业公平竞争环境的建设，积极培育金融业，扩大社会融资规模。引导民间资本进入中小型金融机构，鼓励其发展自负盈亏的民营银行、消费金融公司与金融租赁公司；降低金融服务门槛，发展普惠金融，鼓励中小型金融机构建立科学合理的小型、微型企业贷款定价机制，以此缓解中小企业融资贷款难的问题。

市场化改革过程中，金融资本的投放存在两个问题：一是信贷资本主要投放于政府项目、国有企业或与政府有关联的大中型企业；二是信贷资源集中流向房地产、重化工等行业，加重了行业内和行业间的资本错配程度。因为地方政府对银行信贷的干预，信贷资本投放的流向和流量一部分取决于地方政府，而不能完全遵循市场效率最大化原则，导致银行信贷决策能力受限，企业与银行之间的自由信贷契约遭到破坏。所以，要减轻政府对银行信贷的干预，提高银行自主决策能力，增加信贷资本的配置效率。同时，地方政府要加强金融机构相关规章制度的建设，积极完善企业信息披露机制，努力发展会计师事务所、律师事务所等第三方评级机构，促进银行根据企业经营状况给予其信贷额度。

第三，全面推进户籍制度改革，加快土地流转制度建设。户籍制度使得外出劳动力（特别是农民工）在就业、社会保障、公共服务等方面受到歧视，增加了劳动力的流动成本，也阻碍了外出劳动力融入城市的意愿。所以，要加快户籍制度改革的进程，优先考虑长期居住的外出劳动力市民化，使之真正享受到城市中的社会保障福利和公共服务。切实有效地解决好农民工的子女教育问题、户口定居问题、失业保险问题、城市生活最低保障问题等，降低劳动力外出迁移的成本，提高劳动力自由流动的意愿。

影响农村劳动力流动的另一个重要因素是土地问题。土地确权与流转问题不能得到有效解决，农村劳动力流动和土地流转的互动机制就不能有效建立。因此，要加快农村土地流转制度建设，健全土地流转程序，在农村土地确权、登记、颁证等流程上给予法律规定，保障农民对承包地的使用权和收益权。也积极引导农村土地流转市场的建立，鼓励农民以转包、出租、股份合作等形式将承包的土地向新型农业经营主体流转。一方面扩大了农村土地经营规模，提高了农业投入效率；另一方面也消除了农民外出而土地荒废的后顾之忧。

第四，建立城乡互动机制，加快城乡一体化进程。城乡一体化建设加强了城市与乡镇的互动，使得城市的资金、人才、技术和信息可以有效地扩散到乡镇，而乡镇的资源也可以有效地流入城市，填补城市中缺乏的劳动力和自然资源等要素。加快城乡一体化建设，可以有效促进城乡交流，有助于降低各产业间劳动力和资本的错配程度。为此，一是在推动农业向工业转型升级的同时，不失时机地推进城镇化建设，将农民转化为市民；二是从户籍、教育、居民福利、就业、交通设施等方面打破城乡分割，促进城乡融合。

针对目前的城乡二元经济差距，要切实做好农村的经济改革。一方面积极发展现代农业，加强农民的技术培训，提升农民文化技术水平，进而提高农业部门劳动力的生产率。同时加快乡镇企业的技术改造与产业升级，增加农村剩余劳动力的非农就业机会，最大限度地破除农村劳动力的流动障碍。另一方面深化农村金融体制改革，加快农村金融市场发展，促进资本向农村流动。尽管农村的资本回报率要高于城市，但由于高风险的特征，农村普遍存在资本稀缺的现象，严重阻碍了农村经济的发展（周月书、王悦雯，2015）。因此，建议放开农村金融市场的准入条件，对农村金融市场进行增量式改革，加大对农村新型金融机构的扶持力度，加快构建政策性、商业性和合作性等多种形式的农村金融合作组织体系，以此增加农村信贷供给规模。同时要加大对新型农村经营组织的扶持力度，充分发挥地方政府财政补贴在农村投资中的带动作用，以此增加农村的金融需求规模。

第五，积极有效地提高经济市场化程度。高程度的市场化水平可以有效保证"价格机制"和"工资机制"的正常运行，以及劳动力和资本要素的自由流动，极大地降低了要素流通阻力造成的额外成本。一些国有经济与民营经济相比，资本的利用效率相对较差，劳动力的活力不够，加上寻租、资源浪费等，一些国有经济的竞争活力低于民营经济。所以，要打破行业分割和行业垄断，降低民营资本在一些垄断行业（如公共服务业）的准入门槛。与此同时，还要积极发展和完善产品市场和劳动力、资本要素市场。当前，中国的产品市场有了长足发展，资本市场得到一定发展，而劳动力市场明显滞后。因此，要继续完善产品市场，积极补充资本市场，大力发展劳动力市场，从而实现三大市场均衡发展。通过上述措施，可以从根本上提高市场化程度，促进劳动力和资本的自由流动，降低劳动和资本的扭曲程度。

第六，促进城乡劳动力教育水平的均衡发展。教育水平的提高有效地促进了劳动和资本扭曲程度的降低。高教育水平的劳动力的工作选择更多，受到各种客观条件的限制较小；高教育水平地区劳动力素质较高，投资资本的选择性更广，资本流动性更大。所以，教育水平的提高有效地促进了劳动力和资本的自由流动，保证了"价格机制""工资机制"的正常运行。但是，目前中国的城乡劳动力教育水平的差距依然较大，各种人力、资金以及基础设施建设的差距明显。因此，需要保证城乡劳动力教育水平的均衡提高，以此降低劳动和资本的扭曲程度。为此，一是要加大乡村基础设施建设，大力发展乡村义务教育、高中教育和职业教育，提高农村劳动力的教育水平；二是积极发展现代农业，吸引和鼓励人才根植乡村，发展现代农村和现代农业。

第七，均衡提高产业间和城乡间的对外开放度。对外开放度的提高有效地降低了劳动力和资本的阻隔程度，促进其自由流动，所以对外开放可以降低各产业内部的劳动力和资本要素的扭曲程度。但是，目前对外开放在不同产业层次的发展并不平衡，其中第二产业的对外开放度较为充分，而第一产业和第三产业的对外开放度都存在一定程度的不足，这就使得对外开放对一、二、三产业之间以及城乡之间的资本要素扭曲程度的贡献不同，进而又加大了产业间和城乡间要素的资本扭曲程度。因此，需要提高第一产业和第三产业中对外开放的经济影响，促进对外开放度在产业间和城乡间的均衡提高，从而提高不同产业的资本要素边际产出，降低资本要素的错配程度。为此，一是要积极吸引外资企业投资农业，建立农业外资合作示范区；二是允许外资企业投资服务业，提高服务业的竞争力；三是推动农业产品出口和第三产业中金融业、教育业、交通运输业等的跨国服务，提高国际合作水平和合作范围。

第八，提高第一产业中的信息交流和技术进步含量。信息交流和技术进步的提高有助于生产效率的提高，即促进了劳动力和资本的有效利用，可以很大程度上降低劳动力和资本的扭曲程度。但是，由于信息交流和技术进步在不同产业和城乡间的分布密度不同，这样就导致信息交流和技术进步对一、二、三产业之间以及城乡之间的劳动力和资本扭曲程度的贡献不同，造成产业间和城乡间劳动力和资本的扭曲程度加大。全国各省份第一产业的信息交流和技术进步水平明显低于第二、第三产业的水平。因此，要大力提高各省份第一产业的信息交流和技术进步含量，促进农业机械化、农业科技以及农业信息化水平的提高。为此，一是要普及农村互联网、电视、电话网络、邮政通信和报刊发行渠道的建设，促进乡村信息交流；二是要大力发展科技农业，推进农业产业化建设，提高农业科技进步含量，实现农业的劳动力和资本生产率的同步提高。

第九，主动推进供给侧结构性改革，促进要素资源的优化配置。全国各省份均存在不同程度的产能过剩、供需不匹配、基础设施和公共服务空间布局不合理等问题。为了推进经济健康发展，在适度扩大总需求的同时，加快推进供给侧结构性改革，提高供给体系的质量和效率，加强经济可持续发展的动力。为此，一是推进产业结构转型和升级，在新增投资中，优化投资结构，提高第三产业占比，强化制造业的技术含量，限制污染行业的发展；二是加快低端产品和房地产的去产能和去库存，增加中高端产品的供应；三是合理规划基础设施和公共服务的空间布局，推动一、二、三产业协调、均衡发展，促进劳动力和资本要素的合理有效配置。

第三节　进一步研究方向

　　大小城市发展道路的选择问题是近年来学术界的一个争论焦点。以陆铭教授为代表的学者认为大城市具有更高的生产效率，不能强力遏制大城市的规模扩张，而应提高大城市的公共服务以缓解大城市出现的"城市病"问题。对于中国经济发展的整体空间布局，陆铭教授的观点可以归结为"在聚集中走向均衡"。基于市场规律，市场机制决定了要素在企业进入退出中的分布规律，区位价值决定了要素在地理空间上的分布规律，集聚效应决定了要素在经济体规模上的分布规律。当要素分布违背市场、区位和集聚的原理时，则会出现配置扭曲的状态。所以，可以从要素配置的角度研究大、小城市发展道路的问题，以及资源在不同城市规模、不同城市等级、不同城市区位的合理布局。

　　要素配置效率近年来得到学术界的高度关注，且要素错配被认为是导致经济产出和效率损失的重要因素。创新效率驱动的内涵式产业升级也是目前中国经济必要的发展方向。从要素配置效率的角度研究产业创新升级的路径势在必行，那么厘清要素配置与产业创新升级的作用机制十分必要。基于产业系统演化机理，可以分别从企业、行业、产业三个空间尺度以及产业结构高级化和产业结构合理化两个价值尺度研究要素配置与产业创新升级的作用机制，具体集中于要素配置与企业创新投入、制造业创新升级和产业创新协调的关系研究。

　　鉴于空间地理因素的影响和中国经济制度渐进性改革的特殊性，短期内完全消除要素错配是不现实的。要解决要素错配的问题，应基于目前中国经济的发展阶段和发展要求对症下药，严格把握"药量"。因此，有必要找出更加科学合理的要素错配的矫正空间，引导地方政府确定更为合理的经济发展目标，帮助地方政府做出更加有效的战略规划，尤其是经济发展战略体系、模式与途径的选择。

参考文献

一 中文文献

白重恩、钱震杰、武康平,2008,《中国工业部门要素分配份额决定因素研究》,载《经济研究》2008年第8期。

白重恩、钱震杰,2010,《劳动收入份额决定因素:来自中国省际面板数据的证据》,载《世界经济》2010年第12期。

白俊红等,2010,《研发要素流动、空间知识溢出与经济增长》,载《经济研究》2010年第7期。

白俊红、刘宇英,2018,《对外直接投资能否改善中国的资源错配》,载《中国工业经济》2018年第1期。

柏培文,2015,《国有企业双层分配关系的公平与效率研究》,载《统计研究》2015年第10期。

柏培文,2010,《中国城镇不同行业职工工资分配公平性测度》,载《统计研究》2010年第3期。

柏培文,2012,《中国劳动要素配置扭曲程度的测量》,载《中国工业经济》2012年第10期。

柏培文、杨志才,2016,《长三角地区劳动和资本要素的配置扭曲》,载《经济管理》2016年第9期。

柏培文、杨志才,2019,《劳动力议价能力与劳动收入占比——兼析金融危机后的影响》,载《管理世界》2019年第5期。

蔡昉、王德文、都阳,2001,《劳动力市场扭曲对区域差距的影响》,

载《中国社会科学》2001 年第 2 期。

蔡昉，2013，《中国经济增长如何转向全要素生产率驱动型》，载《中国社会科学》2013 年第 1 期。

蔡昉，2017，《中国经济改革效应分析——劳动力重新配置的视角》，载《经济研究》2017 年第 7 期。

钞小静、沈坤荣，2014，《城乡收入差距、劳动力质量与中国经济增长》，载《经济研究》2014 年第 6 期。

陈艳艳、罗党论，2012，《地方官员更替与企业投资》，载《经济研究》2012 年第 2 期。

陈飞、卢建词，2014，《收入增长与分配结构扭曲的农村减贫效应研究》，载《经济研究》2014 年第 2 期。

陈菲，2003，《行业收入差距与第三产业发展》，载《商讯商业经济文荟》2003 年第 5 期。

陈恒、李文硕，2017，《全球化时代的中心城市转型及其路径》，载《中国社会科学》2017 年第 12 期。

陈旭、邱斌，2020，《多中心结构、市场整合与经济效率》，载《经济学动态》2020 年第 8 期。

陈永伟、胡伟民，2011，《价格扭曲、要素错配和效率损失：理论和应用》，载《经济学季刊》2011 年第 4 期。

陈勇、唐朱昌，2006，《中国工业的技术选择与技术进步：1985—2003》，载《经济研究》2006 年第 9 期。

陈钊、陆铭、金煜，2004，《中国人力资本和教育发展的区域差异：对于面板数据的估算》，载《世界经济》2004 年第 12 期。

陈钊、陆铭、佐藤宏，2009，《谁进入了高收入行业？——关系、户籍与生产率的作用》，载《经济研究》2009 年第 10 期。

陈宗胜、宗振利，2014，《二元经济条件下中国劳动收入占比影响因素研究——基于中国省际面板数据的实证分析》，载《财经研究》2014 年第 2 期。

丛亚平、李长久，2010，《收入分配失衡威胁中国社会稳定》，载

《共产党员》2010年第13期。

褚敏、靳涛，2013，《政府悖论、国有企业垄断与收入差距——基于中国转型特征的一个实验检验》，载《中国工业经济》2013年第2期。

戴永安，2010，《中国城市化效率及其影响因素——基于随机前沿生产函数的分析》，载《数量经济技术经济研究》2010年第12期。

董碧松、张少杰，2009，《收入分配与经济增长——基于消费需求视角的研究》，载《经济问题》2009年第9期。

董直庆、刘迪钥、宋伟，2014，《劳动力错配诱发全要素生产率损失了吗？——来自中国产业层面的经验证据》，载《上海财经大学学报》2014年第5期。

段平忠，2011，《中国省际间人口迁移对经济增长动态收敛的影响》，载《中国人口·资源与环境》2011年第12期。

樊纲、王小鲁、朱恒鹏，2010，《中国市场化指数》，经济科学出版社。

樊纲、王小鲁、马光荣，2011，《中国市场化进程对经济增长的贡献》，载《经济研究》2011年第9期。

范剑勇、张雁，2009，《经济地理与地区间工资差异》，载《经济研究》2009年第8期。

方创琳，2018，《改革开放40年来中国城镇化与城市群取得的重要进展与展望》，载《经济地理》2018年第9期。

方军雄，2006，《市场化进程与资本配置效率的改善》，载《经济研究》2006年第5期。

方文全，2012，《中国的资本回报率有多高？——年份资本视角的宏观数据再估测》，载《经济学季刊》2012年第2期。

盖庆恩等，2015，《要素市场扭曲、垄断势力与全要素生产率》，载《经济研究》2015年第5期。

甘春华，2010，《劳动力配置的二次扭曲分析：兼论大学生就业难与企业用工荒》，载《深圳大学学报》（人文社会科学版）2010年第

3 期。

高帆、汪亚楠，2016，《城乡收入差距是如何影响全要素生产率的?》，载《数量经济技术经济研究》2016 年第 1 期。

龚强、王俊、贾坤，2011，《财政分权视角下的地方政府债务研究：一个综述》，载《经济研究》2011 年第 7 期。

郭庆旺、贾俊雪，2006，《中国区域经济趋同与差异的因素贡献分析》，载《财贸经济》2006 年第 2 期。

郭庆旺、吕冰洋，2011，《论税收对要素收入分配的影响》，载《经济研究》2011 年第 6 期。

郭晓丹、张军、吴利学，2019，《城市规模、生产率优势与资源配置》，载《管理世界》2019 年第 4 期。

韩剑、郑秋玲，2014，《政府干预如何导致地区资源错配——基于行业内和行业间错配的分解》，载《中国工业经济》2014 年第 11 期。

何凡，2002，《论劳动力市场扭曲对就业的影响》，载《经济体制改革》2002 年第 4 期。

何立新、潘春阳，2011，《破解中国的"Easterlin 悖论"：收入差距、机会不均与居民幸福感》，载《管理世界》2011 年第 8 期。

洪兴建，2010，《中国地区差距、极化与流动性》，载《经济研究》2010 年第 12 期。

胡凤霞、姚先国，2011，《城镇居民非正规就业选择与劳动力市场分割——一个面板数据的实证分析》，载《浙江大学学报》（人文社会科学版）2011 年第 2 期。

黄婧、纪志耿、张红扬，2011，《中国经济增长与就业非一致性的成因分析——基于要素配置扭曲的视角》，载《经济问题探索》2011 年第 1 期。

黄伟海、袁连生，2014，《1982—2010 年人口受教育水平的增长与 GIS 空间分布特征》，载《人口学刊》2014 年第 5 期。

黄先海、金泽成、余林徽，2017，《要素流动与全要素生产率增长：

来自国有部门改革的经验证据》，载《经济研究》2017 年第 12 期。

黄少卿、陈彦，2017，《中国僵尸企业的分布特征与分类处置》，载《中国工业经济》2017 年第 3 期。

纪志宏等，2014，《地方官员晋升激励与银行信贷——来自中国城市商业银行的经验证据》，载《金融研究》2014 年第 1 期。

简泽，2011，《企业生产率差异、资源再配置与制造业部门的生产率》，载《管理世界》2011 年第 5 期。

江求川、任洁、张克中，2014，《中国城市居民机会不平等研究》，载《世界经济》2014 年第 4 期。

江艇、孙鲲鹏、聂辉华，2018，《城市级别、全要素生产率和资源错配》，载《管理世界》2018 年第 3 期。

蒋含明，2013，《要素价格扭曲与中国居民收入差距扩大》，载《统计研究》2013 年第 12 期。

金碚，2018，《关于"高质量发展"的经济学研究》，载《中国工业经济》2018 年第 4 期。

金玉国，2004，《工资行业差异的制度诠释》，载《统计研究》2004 年第 4 期。

靳来群、林金钟、丁诗诗，2015，《行政垄断对所有制差异所致资源错配的影响》，载《中国工业经济》2015 年第 4 期。

靳涛、邵红伟，2016，《最优收入分配制度探析——收入分配对经济增长倒"U"形经济增长的启示》，载《数量经济技术经济研究》2016 年第 5 期。

康璞、蒋翠侠，2009，《贫困与收入分配不平等测度的参数与非参数方法》，载《数量经济技术经济研究》2009 年第 5 期。

雷欣、程可、陈继勇，2017，《收入不平等与经济增长关系的再检验》，载《世界经济》2017 年第 3 期。

李稻葵、刘霖林、王红领，2009，《GDP 中劳动份额演变的"U"形规律》，载《经济研究》2009 年第 1 期。

李宏彬等，2012，《父母的政治资本如何影响大学生在劳动力市场中的表现？——基于中国高校应届毕业生就业调查的经验研究》，载《经济学季刊》2012 年第 3 期。

李江一、李涵，2016，《城乡收入差距与居民消费结构：基于相对收入理论的视角》，载《数量经济技术经济研究》2016 年第 8 期。

李仁君，2010，《中国三次产业的人力资本存量及其指数化测算》，载《湖南大学学报》（人文社会科学版）2010 年第 5 期。

李实、罗楚亮，2011，《中国收入差距究竟有多大？——对修正样本结构偏差的尝试》，载《经济研究》2011 年第 4 期。

李实、赵人伟，1999，《中国居民收入分配再研究》，载《经济研究》1999 年第 4 期。

李艳、杨汝岱，2018，《地方国企依赖、资源配置效率改善与供给侧改革》，载《经济研究》2018 年第 2 期。

李勇刚、罗海艳，2017，《土地资源错配阻碍了产业结构升级吗？——来自中国 35 个大中城市的经验证据》，载《财经研究》2017 年第 9 期。

林伯强、谭睿鹏，2019，《中国经济集聚与绿色经济效率》，载《经济研究》2019 年第 2 期。

林伯强、杜克锐，2013，《要素市场扭曲对能源效率的影响》，载《经济研究》2013 年第 9 期。

刘冲、吴群锋、刘青，2020，《交通基础设施、市场可达性与企业生产率——基于竞争和资源配置的视角》，载《经济研究》2020 年第 7 期。

刘东黄、沈坤荣，2012，《要素分配、居民收入差距与消费增长》，载《经济学动态》2012 年第 10 期。

刘生龙，2009，《收入不平等对经济增长的倒"U"形影响：理论和实证》，载《财经研究》2009 年第 2 期。

刘盛宇、尹恒，2018，《资本调整成本及其对资本错配的影响：基于生产率波动的分析》，载《中国工业经济》2018 年第 3 期。

刘小玄，2003，《中国转轨经济中的产权结构和市场结构》，载《经济研究》2003 年第 1 期。

刘毓芸、戴天仕、徐现祥，2017，《汉语方言、市场分割与资源错配》，载《经济学》（季刊）2017 年第 4 期。

刘毓芸、徐现祥、肖泽凯，2015，《劳动力跨方言流动的倒"U"形模式》，载《经济研究》2015 年第 10 期。

刘竹青、佟家栋，2017，《要素市场扭曲、异质性因素与中国企业的出口——生产率关系》，载《世界经济》2017 年第 12 期。

鲁晓东，2009，《金融资源错配阻碍了中国的经济增长吗?》，载《金融研究》2009 年第 4 期。

鲁桐、党印，2014，《公司治理与技术创度：分行业比较》，载《经济研究》2014 年第 6 期。

陆铭，2016，《大国大城：当代中国的统一、发展与平衡》，上海人民出版社。

陆铭，2017，《城市、区域和国家发展——空间政治经济学的现在与未来》，载《经济学》（季刊）2017 年第 4 期。

罗楚亮、李实，2007，《人力资本、行业特征与收入差距》，载《管理世界》2007 年第 10 期。

罗楚亮，2012，《经济增长、收入差距与农村贫困》，载《经济研究》2012 年第 2 期。

罗楚亮，2008，《就业稳定性与工资收入差距研究》，载《中国人口科学》2008 年第 4 期。

罗楚亮，2010，《居民收入分布的极化》，载《中国人口科学》2010 年第 6 期。

罗德明、李晔、史晋川，2012，《要素市场扭曲、资源错置与生产率》，载《经济研究》2012 年第 3 期。

罗长远、张军，2009a，《经济发展中的劳动收入占比：基于中国产业数据的实证研究》，载《中国社会科学》2009 年第 4 期。

罗长远、张军，2009b，《劳动收入占比下降的经济学解释——基于中国省级面板数据的分析》，载《管理世界》2009 年第 5 期。

吕韬、曹有挥，2010，《"时空接近"空间自相关模型构建及其应用——以长三角区域经济差异分析为例》，载《地理研究》2010 年第 2 期。

毛其淋，2013，《要素市场扭曲与中国工业企业生产率——基于贸易自由化视角的分析》，载《金融研究》2013 年第 2 期。

聂辉华、贾瑞雪，2011，《中国制造业企业生产率与资源误置》，载《世界经济》2011 年第 7 期。

聂辉华等，2016，《中国僵尸企业的现状、原因与对策》，载《宏观经济管理》2016 年第 9 期。

欧阳葵、王国成，2014，《社会福利函数与收入不平等的度量——一个罗尔斯主义视角》，载《经济研究》2014 年第 2 期。

潘栋梁、项丽霞、彭金媛，2019，《供给侧结构性改革视角下缩小居民收入分配差距的对策研究》，载《财经界（学术版）》2019 年第 30 期。

彭冲、陆铭，2019，《从新城看治理：增长目标短期化下的建城热潮及后果》，载《管理世界》2019 年第 8 期。

祁毓、李祥云，2011，《财政分权、劳动保护与劳动收入占比》，载《南方经济》2011 年第 11 期。

覃成林、张伟丽，2009，《中国区域经济增长俱乐部趋同检验及因素分析》，载《管理世界》2009 年第 3 期。

曲兆鹏、赵忠，2008，《老龄化对中国农村消费和收入不平等的影响》，载《经济研究》2008 年第 12 期。

任国强、尚金艳，2011，《基于相对剥夺理论的基尼系数子群分解方法研究》，载《数量经济技术经济研究》2011 年第 8 期。

盛丹、张国峰，2018，《开发区与企业成本加成率分布》，载《经济学（季刊）》2018 年第 1 期。

石庆芳，2014，《要素价格扭曲、收入分配与消费需求》，博士学位论文，南开大学。

史丹、张成，2017，《中国制造业产业结构的系统性优化——从产出结构优化和要素结构配套视角的分析》，载《经济研究》2017年第10期。

宋建、王静，2018，《"扭曲之手"会加重"成本病"吗——基于经济增长分解框架下的测算与分析》，载《财贸经济》2018年第2期。

孙宁华、堵溢、洪永淼，2009，《劳动力市场扭曲、效率差异与城乡收入差距》，载《管理世界》2009年第9期。

谭语嫣等，2017，《僵尸企业的投资挤出效应：基于中国工业企业的证据》，载《经济研究》2017年第5期。

唐东波，2011，《全球化与劳动收入占比：基于劳资议价能力的分析》，载《管理世界》2011年第8期。

田成诗、柴思露，2012，《人口分布的相对变化对中国地区间收入趋同的影响研究》，载《统计研究》2012年第6期。

田卫民，2012，《省域居民收入基尼系数测算及其变动趋势分析》，载《经济科学》2012年第2期。

田新民、王少国、杨永恒，2009，《城乡收入差距变动及其对经济效率的影响》，载《经济研究》2009年第7期。

汪伟、潘孝挺，2015，《金融要素扭曲与企业创新活动》，载《统计研究》2015年第5期。

王婧、李裕瑞，2016，《中国县域城镇化发展格局及其影响因素——基于2000和2010年全国人口普查分县数据》，载《地理学报》2016年第4期。

王莉芳，2019，《市场分割、要素错配与经济收敛》，博士学位论文，浙江大学。

王美艳、蔡昉，2005，《城市劳动力市场上的就业机会与工资差异》，载《中国社会科学》2005年第10期。

王芇、武英涛，2014，《能源产业市场扭曲与全要素生产率》，载《经济研究》2014年第6期。

王颂吉、白永秀，2013，《城乡要素错配与中国二元经济结构转化滞后：理论与实证研究》，载《中国工业经济》2013 年第 7 期。

王小华、温涛、朱炯，2016，《习惯形成、收入结构失衡与农村居民消费行为演化》，载《经济学动态》2016 年第 10 期。

王业强、魏后凯，2018，《大城市效率锁定与中国城镇化路径选择》，载《中国人口科学》2018 年第 2 期。

王勇、沈仲凯，2018，《禀赋结构、收入不平等与产业升级》，载《经济学（季刊）》2018 年第 2 期。

王震，2010，《新农村建设的收入再分配效应》，载《经济研究》2010 年第 6 期。

王垚等，2015，《自然条件、行政等级与中国城市发展》，载《管理世界》2015 年第 1 期。

韦朕韬，2019，《要素市场扭曲对中国居民消费需求的影响机制研究》，博士毕业论文，南京师范大学。

魏敏、李书昊，2018，《新时代中国经济高质量发展水平的测度研究》，载《数量经济技术经济研究》2018 年第 11 期。

魏下海、董志强、赵秋运，2012，《人口年龄结构变化与劳动收入份额：理论与经验研究》，载《南开经济研究》2012 年第 2 期。

吴晓刚，2016，《中国当代的高等教育、精英形成与社会分层——来自"首都大学生成长追踪调查"的初步发现》，载《社会》2016 年第 3 期。

吴玉鸣，2010，《中国区域农业生产要素的投入产出弹性测算——基于空间计量经济模型的实证》，载《中国农村经济》2010 年第 6 期。

伍山林，2011，《劳动收入份额决定机制：一个微观模型》，载《经济研究》2011 年第 9 期。

徐业坤、马光源，2019，《地方官员变更与企业产能过剩》，载《经济研究》2019 年第 5 期。

徐建刚等，2006，《基于空间自相关的非洲经济格局》，载《经济地理》2006 年第 5 期。

徐君、李巧辉、王育红，2016，《供给侧改革驱动资源型城市转型的机制分析》，载《中国人口·资源与环境》2016 年第 10 期。

徐现祥、周吉梅、舒元，2007，《中国省区三次产业资本存量估计》，载《统计研究》2007 年第 5 期。

杨俊、廖尝君、邵汉华，2010，《经济分权模式下地方政府赶超与劳动收入占比——基于中国省级面板数据的实证分析》，载《财经研究》2010 年第 8 期。

杨耀武、杨澄宇，2015，《中国基尼系数是否真地下降了？——基于微观数据的基尼系数区间估计》，载《经济研究》2015 年第 3 期。

杨振、陈甬军，2013，《中国制造业资源误置及福利损失测度》，载《经济研究》2013 年第 3 期。

杨志才、柏培文，2017，《要素错配及其对产出损失和收入分配的影响研究》，载《数量经济技术经济研究》2017 年第 8 期。

杨志才，2019，《要素配置、收入差距与经济增长的实证研究》，载《经济与管理研究》2019 年第 10 期。

杨灿明，2014，《规范收入分配秩序研究》，经济科学出版社。

杨汝岱，2015，《中国制造业企业全要素生产率研究》，载《经济研究》2015 年第 2 期。

姚毓春、袁礼、董直庆，2014，《劳动力与资本错配效应》，载《经济学动态》2014 年第 6 期。

姚战琪，2009，《生产率增长与要素再配置效应：中国的经验研究》，载《经济研究》2009 年第 11 期。

于凌云，2008，《教育投入比与地区经济增长差异》，载《经济研究》2008 年第 10 期。

余莎、游宇，2017，《合伙卖地？地方政府合作与土地资源配置》，载《财经研究》2017 年第 12 期。

余泳泽、刘大勇、龚宇，2019，《过犹不及事缓则圆：地方经济增长目标约束与全要素生产率》，载《管理世界》2019 年第 7 期。

袁志刚、解栋栋，2011，《中国劳动力错配对 TFP 的影响分析》，载《经济研究》2011 年第 7 期。

臧旭恒、贺洋，2015，《初次分配格局调整与消费潜力释放》，载《经济学动态》2015 年第 1 期。

张杰等，2011，《要素市场扭曲是否激发了中国企业出口》，载《世界经济》2011 年第 8 期。

张军等，2009，《结构改革与中国工业增长》，载《经济研究》2009 年第 7 期。

张军、吴贵英、张吉鹏，2004，《中国省际物质资本存量估算：1952—2000》，载《经济研究》2004 年第 10 期。

张国峰、李强、王永进，2017，《大城市生产率优势：集聚、选择还是群分效应》，载《世界经济》2017 年第 8 期。

张奎、王主祥，2009，《收入不平等与两极分化的估算与控制》，载《统计研究》2009 年第 8 期。

张曙光、程炼，2010，《中国经济转轨过程中的要素价格扭曲与财富转移》，载《世界经济》2010 年第 10 期。

张天华、张少华，2016，《偏向性政策、资源配置与国有企业效率》，载《经济研究》2016 年第 2 期。

张晓晶、李成、李育，2018，《扭曲、赶超与可持续增长——对政府与市场关系的重新审视》，载《经济研究》2018 年第 1 期。

张勋、徐建国，2014，《中国资本回报率的再测算》，载《世界经济》2014 年第 8 期。

张松林，2015，《城市化过程中市场化对劳动收主占比演变的影响》，载《中国农村经济》2015 年第 1 期。

张自然、张平、刘霞辉，2014，《中国城市化模式、演进机制和可持续发展研究》，载《经济学动态》2014 年第 2 期。

章奇、刘明兴，2012，《民营经济发展地区差距的政治经济学分析：来自浙江省的证据》，载《世界经济》2012 年第 7 期。

赵文、程杰，2014，《农业生产方式转变与农户经济激励效应》，载

《中国农村经济》2014年第2期。

赵自芳，2007，《生产要素市场扭曲的经济效应——基于中国转型时期的实证研究》，博士学位论文，浙江大学。

郑江淮等，2018，《中国经济增长新旧动能转换的进展评估》，载《中国工业经济》2018年第6期。

钟春平，2004，《创造性破坏与收入差距的振荡扩大：基于中国行业工资的经验分析》，载《上海经济研究》2004年第2期。

周茂等，2018，《开发区设立与地区制造业升级》，载《中国工业经济》2018年第3期。

周一星、田帅，2006，《以"五普"数据为基础对中国分省城市化水平数据修补》，载《统计研究》2006年第1期。

周月书、王悦雯，2015，《二元经济结构转换与城乡资本配置效率关系实证分析》，载《中国农村经济》2015年第3期。

朱喜、史清华、盖庆恩，2011，《要素配置扭曲与农业全要素生产率》，载《经济研究》2011年第5期。

朱鹤、何帆，2016，《中国僵尸企业的数量测度及特征分析》，载《北京工商大学学报》（社会科学版）2016年第4期。

邹红、喻开志，2011，《劳动收入份额、城乡收入差距与中国居民消费》，载《经济理论与经济管理》2011年第3期。

二 英文文献

Acemoglu, D., F. Zilibotti, 2001, "Productivity Differences", *Quarterly Journal of Economics*, Vol. 116, No. 2.

Acemoglu, D., 2002, "Directed Technical Change", *Review of Economic Studies*, Vol. 69, No. 4.

Acemoglu, D. et al., 2013, "Innovation, Reallocation and Growth", NBER Working Paper, No. 18993.

Alfaro, L., A. Chari, 2012, "Deregulation, Misallocation and Size: Evidence from India", NBER Working Paper, No. 18650.

Aghion, P., E. Caroli, C. Garcia – Penalosa, 1999, "Inequality and Econoomic Growth: The Perspective of the New Growth Theories", *Journal of Economic Literature*, Vol. 37, No. 4.

Amaral, P. S., E. Quintin, 2010, "Limited Enforcement, Financial Intermediation, and Economic Development: A Quantitative Assessment", *International Economic Review*, Vol. 51, No. 3.

Aoki, S., 2012, "A Simple Accounting Framework for the Effect of Resource Misallocationon Aggregate Productivity", *Journal of the Japanese and International Economies*, Vol. 26, No. 4.

Arpaia, A., E. Pérez, K. Pichelmann, 2009, "Understanding Labour Income Share Dynamics in Europe", Economic Papers, No. 379.

Azariadis, C., L. Kaas, 2012, "Capital Misallocation and Aggregate Factor Productivity", FRB of St. Louis Working Paper, No. 046.

Backus, P., P. Kehoe, T. Kehoe, 1992, "In Search of Scale Effects in Trade and Growth", *Journal of Economic Theory*, Vol. 58, No. 2.

Bai, Chong-En, Chang-Tai Hsieh, Yingyi Qian, 2006, "The Return to Capital in China", *Brookings Papers on Economic Activity*, Vol. 37, No. 2.

Baily, M. N., C. Hulten, D. Campbell, 1992, "Productivity Dynamics in Manufacturing Plants", *Brookings Papers on Economic Activity: Microeconomics*.

Banerjee, A. V., E. Duflo, 2003, "Inequality and Growth: What Can the Data Say?", *Journal of Economic Growth*, Vol. 8, No. 3.

Banerjee, A. V., E. Duflo, 2005, "Growth Theory through the Lens of Development Economics", *Elsevier*, Vol. 1, No. 5.

Banerjee, A. V., B. Moll, 2010, "Why Does Misallocation Persist?", *American Economic Journal: Macroeconomics*, Vol. 2, No. 1.

Barro, R. J. et al., 1991, "Convergence across States and Regions", *Brookings Papers on Economic Activity*, No. 1.

Barseghyan, L., R. Dicecio, 2009, "Entry Costs, Misallocation, and

Cross – Country Income and TFP Differences", *Federal Reserve Bank of St. Louis Working Paper Series*.

Bartelsman, E. J., M. Doms, 2000, "Understanding Productivity: Lessons from Longitudinal Microdata", *Journal of Economic Literature*, Vol. 38, No. 3.

Bartelsman, E. J., J. Haltiwanger, S. Scarpetta, 2013, "Cross Country Difference in Productivity: The Role of Allocation and Selection", *American Economic Review*, Vol. 103, No. 1.

Baumol, W. J., 1986, "Productivity Growth, Convergence, and Welfare: What the Long-Run Data Show", *American Economic Review*, Vol. 76, No. 5.

Blanchard, O., F. Giavazzi, 2003, "Macroeconomic Effects of Regulation and Deregulation in Goods and Labormarkets", *Quarterly Journal of Economics*, Vol. 118, No. 3.

Blinder, A. S., 1973, "Wage Discrimination: Reduced Form and Structural Estimates", *Journal of Human Resources*, Vol. 8, No. 4.

Brandt, L., T. Tombe, X. D. Zhu, 2011, "Factor Market Distortions Across Time, Spaceand Sectors in China", *Review of Economic Dynamics*, Vol. 16, No. 1.

Brandt, L., J. V. Biesebroeck, Y. Zhang, 2012, "Creative Accounting or Creative Destruction? Firm – Level Productivity Growth in Chinese Manufacturing", *Journal of Development Economics*, Vol. 97, No. 2.

Buera, F., J. P. Kaboski, Y. Shin, 2011, "Finance and Development: A Tale of Two Sectors", *American Economic Review*, Vol. 101, No. 5.

Caselli, F., 2005, "Accounting for Cross-Country Income Differences", *Lse Research Online Documents on Economics*, Vol. 1, No. 5.

Caballero, R. J., T. Hoshi, A. K. Kashyap, 2008, "Zombie Lending and Depressed Restructuring in Japan", *American Economic Review*, Vol. 98, No. 5.

Chari, V., P. J. Kehoe., E. R. Mcgrattan, 2002, "Accounting for the Great Depression", *American Economic Review*, Vol. 92, No. 2.

Clarke, G. R, 1995, "More Evidence on Income Distribute and Growth", *Journal of Development letters*, Vol. 78, No. 2.

Collard-Wexler, A., J. De Loecker, 2015, "Reallocation and technology: Evidence from the US Steel Industry", *Social Science Electronic Publishing*, Vol. 105, No. 1.

Cutler, D. M., L. F. Katz, 1992, "Rising Inequality? Changes in the Distribution of Income and Consumption in the 1980s", National Bureau of Economic Research.

David, D., S. Wei, 2007, "Das (Wasted) Kapital: Firm Ownership and Investment Efficiency in China", IMF Working Papers, No. 13103.

De Long, J. B., 1988, "Productivity Growth, Convergence, and Welfare: Comment", *American Economic Review*, Vol. 78, No. 5.

Duranton, G., D. Puga, 2004, "Micro-Foundations of Urban Agglomeration Economies", *Handbook of Urban and Regional Economics*, No. 4.

Edmond, C., V. Midrigan, D. Y. Xu, 2013, "Competition, Market, and the Gains from International Trade", *Economics*, No. 105.

Foellmi, R., J. Zweimuller, 2006, "Income Distribution and Demand-induced Innovations", *Review of Economic Studies*, Vol. 73, No. 4.

Foellmi, R., M. Oechslin, 2012, "Globalization and Productivity in the Developing World", General Information Discussion Paper.

Forbes, Kristin J., 2000, "A Reassessment of the Relationship Between Inequality and Growth", *American Economic Review*, Vol. 90, No. 4.

Foster, L., J. C. Haltiwanger, and C. Syverson, 2008, "Reallocation, Firm Turnover and Effciency: Selection on productivity of protability?", *American Economic Review*, Vol. 98, No. 1.

Fukuda, S. I., J. I. Nakamura, 2011, "Why did Zombie Firms Recover in Japan", *The World Economy*, Vol. 34, No. 7.

Galor, O., J. Zeira, 1993, "Income Distribution and Macroeconomics", *Review of Economic Studies*, Vol. 60, No. 1.

Galor, O., O. Moav, 2004, "From Physical to Human Capital Accumulation", *Review of Economic Studies*, Vol. 71, No. 4.

Garda – Penalosa, C., S. J. Turnovsky, 2006, "Growth, Income Inequality: A Canonical Model", *Economic Theory*, Vol. 28, No. 1.

Griliches, Z., H. Regev, 1995, "Firm Productivity in Israeli Industry: 1979—1988", *Journal of Econometrics*, No. 65.

Grossmann, V., 2008, "Risky Human Capital Investment, Income Distribution, and Macroeconomic Dynamics", *Journal of Macroeconomics*, Vol. 30, No. 1.

Hatipoglu, O., 2007, "A demand Based Theory of Income Distribution and Growth", Bogazici University Working Papers.

Hayami, Y., 1969, "Sources of the Agricultural Productivity Gap among Selected Countries", *American Journal of Agricultural Economics*, Vol. 51, No. 3.

Hogrefe, J., M. Kappler, 2010, "The Labor Share of Heterogeneous Cause for Parallel Movements", ZEW – Centerfor European Economic Research Discussion Paper, No. 10024.

Hopenhayn, H. A., 2013, "On the Measure of Distortions", Society for Economic Dynamics Meeting Paper, No. 189.

Hsieh, C., 2002, "What Explains the Industrial Revolution in East Asia? Evidence from the Factor Markets", *American Economic Review*, Vol. 92, No. 3.

Hsieh, C. T., P. J. Klenow, 2009, "Misallocation and Manufacturing TFP in China and India", *Quarterly Journalof Economics*, Vol. 124, No. 4.

Hsieh, C. T. et al., 2013, "The Allocation of Talent and US Economic Growth", NBER Working Paper, No. 18693.

Hutchinson, J., D. Persyn, 2012, "Globalisation, Concentration and

Footloose Firms: in Search of the Main Cause of the Declining Labour Share", *Review of World Economics*, Vol. 148, No. 1.

Imai, K., 2016, "A Panel Study of Zombie SMEs in Japan: Identification, Borrowing and Investment Behavior", *Journal of the Japanese and International Economies*, No. 39.

Jayadev, A., 2007, "Capital Account Openess and the Labor Share of Income", *Cambridge Journal of Economics*, Vol. 31, No. 3.

Jeanne, O., G. Corneo, 2001, "Status, the Distribution of Wealth, and Growth", *Scandinavian Journal of Economics*, Vol. 103, No. 2.

Jones, C. I., 1995, "R&D – Based Models of Economic Growth", *Journal of Political Economic*, Vol. 103, No. 4.

Jones, C. I., 2011, "Misallocation, Economic Growth, and Input – output Economics", NBER Working Paper, No. 16742.

Jovanovic, B., 2014, "Misallocation and Growth", *American Economic Review*, Vol. 104, No. 4.

Karabarbounis, L., B. Neiman, 2014, "The Global Decline of The Labor Share", *Quarterly Journal of Economics*, Vol. 129, No. 1.

Khan, A. H., 1987, "Aggregate Consumption Function and Income Distribution Effect: Some Evidence from Developing Countries", *World Development*, Vol. 15, No. 10.

Klenow, P. J., A. Rodriguez – Clare, 1997, "The Neoclassical Revival in Growth Economics: Has It Gone Too Far?", NBER Working Paper, No. 11037.

Knight, M., N. Loyaza, D. Villanueva, 1993, "Testing the Neoclassical Theory of Economic Growth: A Panel Data Approach", *International Monetary Fund Staff Papers*, Vol. 40, No. 3.

Li, H. Y., H. F. Zou, 1998, "Income Inequality Is Not Harmful for Growth: Theory and Evidence", *Review of Development Economics*, Vol. 2, No. 3.

Lucas, R. E., 1998, "On the Mechanics of Economic Development", *Journal of Montary Economics*, Vol. 22, No. 1.

Malinen, T., 2013, "Inequality and Growth: Another Look with a New Measure and Method", *Journal of International Development*, Vol. 25, No. 1.

Mankiw, N. G., R. David, N. W. David, 1992, "A Contribution to the Empirics of Economic Growth", *Quarterly Journal of Economics*, Vol. 107, No. 2.

Marshall, A., 1890, Principles of Economics: An Introductory Volume, London, Ph. D. dissertation, MacMillan.

Marris, Robin, 1982, How Much of the Slowdown Was Catch – Up? In Slower Growth in the Western Word, London, Ph. D. dissertation, Heinemann.

Massell, B. F., 1961, "A Disaggregated View of Technical Change", *Journal of Political Economy*, Vol. 69, No. 6.

Melitz, M. J., and S. Polanec, 2013, "Dynamic Olly – Pakes Productvity Decomposition with Entry and Exit", NBER Working paper, No. 18182.

Miyagawa, T. et al., 2008, *Efficiency of Sector – Level Resource Allocation*, University of Tokyo Press.

Moscosoboedo, H. J., P. N. D' Erasmo, 2012, "Misallocation, Informality, and Human Capital", *Virginia Economics Online Papers*, Vol. 42, No. 3.

Mundlak, Y., 2000, *Agriculture and Economic Growth: Theory and Measurement*, Harvard University Press.

Murphy, M., A. Shleifer, R. Vishny, 1989, "Income Distribution, Market Size and Industrialization", *The Quarterly Journal of Economics*, Vol. 104, No. 3.

Nordhaus, W. D., 2001, "Productivity Growth and the New Economy", *Brookings Papers on Economic Activity*, Vol. 518, No. 2.

Oaxaca, R., 1971, "Male – Female Wage Differentials in Urban Labor Markets", *International Economic Review*, Vol. 14, No. 3.

Oberfield, E., 2011, "Business Networks, Production Chains, and Productivity: A Theory of Input – Output Architecture", FRB of Chicago Working Paper.

Olley, S., A. Pakes, 1996, "The Dynamics of Productivity in the Telecommunications Equipment Industry", *Econometrica*, Vol. 64, No. 6.

Restuccia, D., R. Rogerson, 2008, "Polity Distortions and Aggregate Productivity with Heterogeneous Establishments", *Review of Economic Dynamics*, Vol. 11, No. 4.

Restuccia, D., R. Rogerson, 2013, "Misallocation and Productivity", *Review of Economic Dynamics*, Vol. 16, No. 1.

Rogerson, R., 2008, "Structural Transformation and the Deterioration of European Labor Market Outcomes", *Journal of Political Economy*, Vol. 116, No. 2.

Romer, P. M., 1986, "Increasing Returns and Long – Run Growth", *Journal of Political Economy*, Vol. 94, No. 5.

Swiecki, T., 2017, "Intersectoral Distortions, Structural Change and the Welfare Gains from Trade", *Journal of International Economics*, Vol. 104, No. 6.

Shimer, R., 2008, *Labor Markets and Business Cycles*, Princeton University Press.

Shin, I., 2012, "Income Inequality and Economic Growth", *Economic Moselling*, Vol. 29, No. 5.

Solow, R. M., 1956, "A Contribution to the Theory of Economic Growth", *Quarterly Journal of Economics*, Vol. 70, No. 1.

Stiroh, K. J., 2002, "Information Technology and the U. S. Productivity Revival: What Do the Industry Data Say", *American Economic Review*, Vol. 92, No. 5.

Stockhammer, E., 2013, "Why Have Wage Shares Fallen? A Panel Analysis of the Determinants of Functional Income Distribution", Conditions of Work and Employment Series, No. 35.

Summers, R., A. Heston, 1988, "A New Set of International Comparisons of Real Product and Price Levels: Estimates for 130 Countries, 1950 – 1985", *Review of Income & Wealth*, Vol. 34, No. 1.

Susanu, C. G., 2012, "Divergent Perspectives on the Causal Relationship Between Economic Growth and Income Inequality", *Journal of Academic Research in Economics*, Vol. 4, No. 2.

Syrquin, M., 1986, *Productivity Growth and Factor Realloccotion*, *Industra Lization and Growth*. Oxford Vniversity Press.

Viane, J. M., I. Zitcha, 2001, "Human Capital Formation, Income Inequality and Growth", CESifo Working Paper Series, No. 512.

Vollrath, D., 2009, "How Important Are Dual Economy Effects for Aggregate Productivity", *Journal of Development Economics*, Vol. 88, No. 2.

Williamson, J. G., 1987, "Did English Factor Markets Fail During the Industrial Revolution?", *Oxford Economic Papers*, Vol. 39, No. 4.

Wu, X., J. M. Perloff, 2004, "China's Income Distribution over Time: Reasons for Rising Inequality", Institute for Research on Labor & Employment Working Paper, No. 11611.

Yao, S., Z. Zhang, 2001, "Regional Growth in China Under Economic Reforms", *Journal of Development Studies*, Vol. 38, No. 2.

Yang, M. J., 2016, "Micro – Level Misallocation andSelection: Estimation and Aggregate Implication", Society for Economic Dynamics, Meeting Papers, No. 1452.

Young, A., 1995, "The Tyranny of Numbers: Confronting the Statistical Realities of the East Asian Growth Experience", *Quarterly Journal of Economics*, Vol. 110, No. 3.

索 引

C

财政补贴　29,30,62,97,148,150,
　　154,156—158,160,166,167,170,
　　178,226,277
测度模型　18,42,67,270
测算方法　13,16,17,39,41,52,157
产业创新升级　280
产业集聚　1,4,5,26
产业间劳动力错配程度　49
产业间收入差距　213—215,223,
　　271,273
产业间要素错配　42
产业间资本错配程度　58,61
城市层面要素错配　88—91,116,
　　134,144,269,270,272
城市等级　94,139,140,143,145,
　　146,270,272,280
城市规模　90,91,96,134—139,143,
　　145,146,270,272,280
城市群　89,93,99—109,114—116
城乡间要素错配　28,67

城乡间要素的错配　67
城乡劳动力错配程度　73
城乡资本错配　77

D

叠加影响　206,208,209,211,213,
　　215,216,235—242,265—267,274
东部地区人均产出　237
东部地区收入差距　208
东中西空间区位　119,122
动态格局　89,91,117,144,270
对外开放度　53,61,76,118,119,
　　125,129,130,133—135,137,139,
　　140,143,152,155—158,160,163,
　　166,167,170,178,181,247,250,
　　253,272,278

E

二元经济结构　10,28,34,148,149,
　　151,181,272

F

反事实方法　89,224,243,267,271

非农业内部劳动力错配 53,54
非农业内部资本错配 62,63
分类机制表现 193,271

G

概念界定 13
个体异质性 68,70,73,77
供给侧改革 10—12,38—40,88,89,274
供求分析 184,271
拐点 74,75,77,78,84,94,97,145,220,228,231,233,235,237,238,240—242,249,250,253,255,257—259
规模格局 89,90,134,144,145,270

H

户籍制度 2,10,40,148—151,181,226,251,272,276

J

基尼系数 10,34,38,114,243,244,246—249,251—253,255,257—259,262
基准模型 158,247,248,257
技术进步 5,26,27,31,40,52,113,114,145,148,152,154—158,160,163,166,167,170,178,181,270,272,279
僵尸企业 29,62,89,91—99,103—112,114,144—146,150,270,272

教育水平 53,76,118,119,125,129,130,133,135,137,139,140,143,152,155,160,166,167,181,245,247,248,253,272,278
解释变量 117,118,134,135,154,166,167,178,244,247
进一步研究方向 268,279
经济 261
经济结构 1,3,4,10,26,28,34,39,40,148,149,151,152,154—158,177,181,270,272
经济影响 13,22,35,39,201,278
经济增长 10—12,15,16,23,24,26,33,35—37,40,88,102,125,151,173,183,184,224,225,243—248,250,251,253—262,265,267—269,271,274
经验分析 200,219
居民间收入分配 34
决策 5—9,154,158,187,200,262,263,274—276

K

开放经济的双重影响 149,173,271
空间格局 89,116,144,145,270
空间密度 1,2,4
空间区位 89,90,94,116—119,122,125,144,145,269,270
空间域 1,4,5
空间自相关性 42,80,81,83,87,270,271

L

劳动力　181

劳动力比重变动　236

劳动力错配　18,20,21,23—25,44,45,49,52—54,69,70,73—77,82—87,156—158,160,163,166,167,170,174,177,178,181,200,202,204,205,207,208,210,212,214,215,220,231,252,259,273

劳动力错配程度的分解　54

劳动力的错配　77,163

离大城市距离　90,117,118,125,128,129,134,145,146,270,272

离大港口距离　90,117,118,129,130,133,134,145,146,270,272

理论机制分析　188,271

P

配置效率　7,16,19,20,23,25,29—31,38,88,113,147,152,184,187,201,224—226,265—267,271,274,276,280

Q

全国层面人均产出　235

全国省份间收入差距　204,205

全要素生产率　9—11,15,16,18—24,27,29,30,36,39,42,88—91,105—109,111—114,117,119,122,125,128—130,133—140,143,145—147,151—153,183,184,200,201,225,261,269,270,272

R

人均产出排名　216

人力资本投资　224,261,262,265,267,271,274

S

生产效率　1,3,5,14,15,22,24,30,109,112,114,125,135,137,145,272,275,279,280

生产要素　1,5,6,8—10,26,28,30,67,88,150,153,274

时间收敛性　42,83,270

识别　5—7,91—93,96,108,111,119

实施　5,8—10,39,88,274

实证结果　119,158,204,220,248

市场化水平　29,30,33,53,76,152,154,155,157,158,160,163,166,167,170,178,181,245,247,248,250,272,277

收入差距　7,10—13,15,20,25,34—40,125,183,184,188,193,198—201,204—216,219,220,223—225,243—251,253—263,265—271,273—275

收入分配格局　11,183,184,188,219,223,270,271,273

数据处理　47,71,154,243

T

泰尔指数　39,243,244,248,250—252

弹性系数　49,106,117,245,258—260

W

稳健性检验　82,92,94,98,104,134,166,255,263,265

无要素错配下的收入差距　243,244,248,250

物质资本投资　224,245,247,248,253,261—263,265,267,271,274

X

西部地区人均产出　235,241

西部地区收入差距　212

消费　3,5,10,11,34,36—38,40,90,134,185—187,224,244,245,247,261—263,265,267,269,271,274,275

效率损失　19,88,89,105,106,108—111,145,272,280

信贷约束　27,29,30,32,147,149,150,201,275

信息交流水平　152,154—158,160,163,166,167,170,178

Y

研究结论　35,79,268

要素报酬份额　32,37,184,271

要素错配　1,9,11—13,16,19—30,38—42,47,52,53,61,67,70,77,80—83,87—91,94,114—117,134,144,147—152,154—158,163,167,174,177,178,181,183,184,188,193,199—201,203—205,207—216,219—229,235—241,243—246,249—251,253,258—263,265—275,280

要素错配的矫正空间　280

要素间收入分配　31

要素重置　228,235—243,267,273

异质性　20,22,26,27,29,70,122,125,130,136,137,140,255,256

影响因素　13,27,32,37,39,147—149,204,269,270,272,275

有效配置　10,70,149,279

Z

政策建议　274

政府干预　27,29,62,148,149,158,181,247,272

中部地区收入差距　210

资本比重变动　236,237,239,241,243

资本错配　23,27—30,41,45,53,54,58,61—64,77—87,89,147,154,156—159,163,166,167,170,173,177,178,181,182,200,202,205—213,215,216,219,220,223,224,

228,229,233,235,248—252,259,
260,267,270—273,276
资本错配程度的分解　64
资本的错配　41,42,67,80,86,158,
270,272
资源投入　7,90,112,117,122,125,
128—130,133,134,138,143,145,

146,153,272
自然禀赋　1
自我调节机制　177,178,181
作用机制　11,12,20,24,25,36,37,
40,88,184,201,216,219,224,243,
245,260,261,267—269,271,280